새롭게 만나는 공자

결기(仁), 윤리(禮), 배움(學)에 대한 다른 해석

김기창

김기창

서울대학교 법학과를 졸업하고 시카고 대학교 로스쿨에서 법학
석사학위를 받았다. 그 후 사법연수원을 수료하고 변호사로 근무하다가
케임브리지 대학교에서「중세 영국법에서의 외국인의 지위」를
학위 논문으로 제출해 박사학위를 받고 케임브리지 대학교 교수를 거쳐
현재 고려대학교 법학전문대학원 교수로 재직 중이다.
지은 책으로『중세법에서의 외국인 Aliens in Medieval Law』,
옮긴 책으로『법의 지배』,『유럽 역사에서 본 로마법』등이 있다.

새롭게
만나는
공자

결기(仁),
윤리(禮),
배움(學)에 대한
다른 해석

김기창 지음

이음

일러두기

이 책에 나오는 문헌은 겹낫표『』로, 문헌에 속한 편(篇)은 홑낫표「」로 표기하되, 책 전체에 걸쳐 등장하는 논어와 논어의 편(篇)은 예외로 하였다.

인용문에서 저자가 첨언한 내용은 모두 대괄호[ ]로 표기하였다.

서문

중학생 때 한문을 처음 배웠다. 논어 첫머리에 나오는 "학이시습지(學而時習之) 불역열호(不亦說乎)"가 "배우고 때로 익히면 즐겁지 아니한가"라는 뜻이라고 배운 것도 이때였다. 그런 해석이 어떻게 생겨났고 얼마나 근거 없는지에 대하여 설명 들을 기회는 물론 없었다. 시간 있을 때마다(공부보다 즐거운 딴짓을 하며 놀지 말고) 학습과 예습 복습에 전념하면서 그것을 즐겁게 여기라는 이런 교훈은 한 귀로 듣고 다른 귀로 비워내는 것이 상책이라고 나는 생각했다. 아이들이 즐겁게 놀지 못하게 하려는 어른들의 음모라고 믿었다.

　유가 사상의 핵심 내용이라고 제시된 '삼강오륜'은 시험 때 정답을 맞히는 용도로만 겨우 기억했던 것 같다. 임금과 신하 어쩌구 하는 것이 나와 무슨 관계가 있을 리도 없고, 임금이 없어진 지 오랜 요즘 세상에 왜 아직도 그런 말들을 가르치는지 납득하기 어려웠다. 옛 건물이나 정자에 놀러 가보면 현판에 간혹 적혀 있는 충(忠)이나 효(孝)라는 글자쯤은 알아볼 수 있었지만 별 감흥은 없었다. 특히 충(忠)이라는 글자를 볼 때마다, 고등학교 교련 시간에 목청껏 외치도록 강요되었던 '충성'이라는 말이 떠올라 쓴웃음이 입가에 번질 뿐이었다. 내가 태어나기 전부터 대통령이었고 내가 고등학생일 때도 여전히 대통령이었던 박정희가 궁정동 어느 집에서 젊은 여자들을 불러다 놓고 '시바스 리갈' 위스키를 마시다가 부하한테 총에 맞아 죽었다는 소식을 나는 반갑게 여겼으므로 충성이라는 말이 무슨 감동을 자아낼 리는 없었다. 똑똑하고 공부도 잘해서 어려운 시험에 합격했다는 검사와 판사들이 그 무슨 보안법이란 것을 내세워 사람들을 잡아다가 사형을 때리고 대법원의 확정 판결이 나자마자 바로 다음날 신새벽에 형을 집행하던 그런 비열한 시절에 충성은 무슨 빌어먹을 충성이냐는 생각만이 머리를 맴돌 뿐이었다.

공자와 유가 사상을 도매금으로 외면하면서 쓰잘데없는 껍데기라고 치부했던 이유는 아마도 예법(禮)을 예의범절이라고 생각했고, 인(仁)은 내가 꿈도 꿀 수 없는 경지에 도달한 성인 군자들의 비범한 인자함, 너그러움이라고 여겼기 때문이었던 것 같다. 상대방이 나를 공격해도 자비심 가득한 온화함으로 너그럽게 포용하고 인내하는 것이 인(仁)이라고 배웠다. 물론 그런 초인적이고 초월적인 인(仁)은 '도덕책'에나 적혀 있는 이야기고, 나와는 관련 없는 뜬구름 잡는 소리라고 여겼으므로 신속히 외면했다. 오르지 못할 나무는 쳐다보지도 말라는 말이 차라리 설득력이 있었다. 예법이라는 말을 들으면 제사나 결혼식 또는 장례식이 생각났고 뜬금없는지 몰라도 약간 노르스름하게 색이 바랜 안동포가 떠올랐다. 좀 더 일상적으로는 몸가짐과 옷 매무새를 단정히 하고 공손히 '예의를 차리는 것'이 예법이라고 생각했다. 공자에 대해서는, "그런 사람도 있었나 보군" 하는 정도 이상의 의미를 부여하지는 않았다.

그러나, 다행스럽게도 나는 나중에 논어를 새롭게 공부할 기회가 있었고 공자와 논어에 대하여 내가 과거에 품었던 것과는 완전히 다른 생각을 가지게 되었다. 이 책은 내가 어떻게 기존의 전통적인 해석에서 벗어나게 되었는지, 그리고 잘못된 해석의 멍에를 벗어나 내 스스로 발견한 공자의 가르침은 얼마나 멋있고 박력 있는지를 기록한 것이다. 공자가 말한 '배움(學)'은 내가 학교에서 배웠던 것과는 전혀 다른 것이었고, 그가 말한 '예법' 또한 내가 오해했던 예의범절과는 관련이 없었다. 인(仁)은 또 어떤가? 누가 시작했는지 몰라도, "어질 인(仁)"이라고 해놓고서는 아무도 '어질다'는 것이 무엇인지 제대로 설명하지 못하며 쩔쩔매는 그런 애매한 해석 전통을 벗어던지고 나니 새로운 세계가 눈앞에 펼쳐졌다. 논어에서 말하는 '인(仁)'이란 성인 군자들의 초월적이고 무한한 포용과 사랑, 자비심에 관한 이야기가 전혀 아니었다.

내가 공자를 오해했던 이유는 공자와 그 제자들이 남긴 절묘한 말들이 전국시대와 한나라 이래의 여러 학자들에 의하여 왜곡되고 오역되어 그 본모습이 감춰진 상태로 전해 내려왔기 때문이라고 생각한다. 오랜 세월 동안 오해된 상태로 제시된 논어의 구절들은 성리학과 같은 완전히 새로운 학문 영역과 관념적 사유 풍조가 만들어지는 바탕이 되기도 했지만, 대다수 비전공자들에게는 어느 모로 보나 지루하고 막연한 소리일 수밖에 없었다. 그저 흥미 없는 데 그치는 것이 아니라, 어떤 구절은 윤리적 판단 마비 상태를 초래하도록 왜곡되었고, 어떤 구절은 노골적 부패와 신분 차별적 세계관을 당연시하는 말로 오역되기도 했다. 특히 한나라 정부가 유학을 중국 전역에 확산시키는 과정에서 크게 공헌한 동중서는 자신의 독특한 음양관과 통치 질서에 대한 생각을 피력하면서 공자를 팔아댔기 때문에 유가사상은 통치권력에 대한 순종과 극심한 여성 차별적 세계관을 조장하고 뒷받침하는 메시지로 둔갑하기도 했다.

기존의 논어 해석은 인간이 매 순간 직면하는 윤리, 용기, 정의, 탐욕의 문제와 올바르게 산다는 것이 무엇인지, 국법과 공권력의 행사가 윤리적 기준에 어긋날 때 공동체를 위하여 우리가 할 일은 무엇인지에 대하여 단호하고 강단 있는 메시지를 제공하지는 않는다. 배움, 예법, 인(仁), 용기, 균형감각, 정치적 판단력 등에 관하여 공자와 그 제자들이 주고받은 힘차고 생생한 언설들은 해석자들의 손을 거쳐가면서 소극적 소시민의 자학적 수신(修身)론 또는 초월적 사랑 타령으로 둔갑

했고, 결국에는 생기를 잃고 아무런 감흥도 불러일으키지 못하는 죽은 말 더미로 변질되었다고 생각한다. 코인 투자와 부동산 투기를 위하여 '영혼'까지 끌어모은다는 어지러운 세태의 한복판에서, 오래된 책 냄새를 물씬 풍기며 "배우고 때로 익히면 즐겁지 아니한가"라고 외쳐본들 무슨 반향이나 울림이 있겠는가?

올바른 선택과 유리한 선택이 충돌할 경우 어느 것을 택할 것인지는 용기와 윤리적 결기의 문제다. 갑자기 드는 의문은, 동양 고전이라고 우리가 떠받드는 것 중에 '윤리적 결기'를 본격적으로 다룬 텍스트가 있기나 한가? 라는 것이다. 인간이 올바르고 떳떳하게 살아가는 데 가장 중요한 윤리적 결기와 용기에 관하여 우리는 과연 어느 고전의 어떤 구절을 인용하고 마음에 새기며 자신의 결의를 다질 수 있을까? 기존의 논어 해석은 인(仁)이라는 단어를 '어질다'라고 얼버무려 덮어버림으로써 윤리적 결기와 용기를 거론하고 설명하는 데 사용할 단어부터 없애버린 것이 아닐까? 윤리적 결기를 내세우며 두 눈 부릅뜨고 깐깐하게 굴지 말라. 그저 공손하고 겸손한 태도로 부드럽고 인자하게 모든 것을 포용하고 인내하며 무한한 사랑을 끝없이 베푸는 성인군자가 되는 것을 목표로 삼아 자기 수양이나 조용히 하라. 이런 식으로 괴상하게 변질된 억압적 이데올로기에 누구도 반론을 제기 못 하며 눌려 살아왔던 것은 아닐까?

무엇이 올바른 것인지 판단하는 능력을 기르는 것이 바로 배움(學)이다. 시험 성적 잘 받아 명문 대학 가는 데 필요한 배움이 아니라, 살아가는 매 순간 올바른 선택을 하고 올바르게 행동하는 데 필요한 균형감각과 판단력을 기르는 것이 배움이고, 그렇게 배웠으면 적절한 때에 그것을 실천해야 한다는 공자의 힘찬 메시지는 반드시 복원되어야 한다. 책 지식 늘리는 것이 배움이라고 오해하고 공부 잘하는 것이 궁극인 양 떠받드는 그릇된 논어 해석이 계속되는 한, 명석한 재주로 어려운 시험에 합격하여 판사 검사가 된 자들이 돈과 권력과 연줄에 휘둘려 궤변을 늘어놓는 파렴치한 광경을 거듭거듭 봐야 할지도 모른다. 스승이나 현인(賢人)을 흠모하고 공경하고 추종하는 것이 배움의 자세라고 오해하는 것은 지식권력의 저질스러운 지배 욕구를 반영하는 것이다. 스승이 따로 없고, 어느 누구건 간에 배울 만한 것은 배우고, 못된 짓은 반면교사로 삼으면 된다는 공자의 말과 모순되지 않도록 논어 해석이 이루어져야 한다.

법률가들은 흔히 "법은 구속력이 있으나 윤리는 구속력이 없다"는 말을 하기도 한다. 하지만 이 말은 자칫하면 아주 나쁜 방향으로 오해될 수도 있다. 윤리 규범은 어겨본들 당장에 무슨 불이익이나 처벌이 뒤따르지는 않으니 무시해도 그만이라는 소인배들의 입장을 대변하는 말이 될 수도 있기 때문이다. 공권력 행사와 법 제도의 작동이 윤리 규범에 어긋나지 않는 사회는 그야말로 이상적이고 행복한 사회일 것이다. 하지만 현실은 그렇지 않은 경우도 많다. 윤리 규범과 법 규범(또는 법의 이름으로 행사되는 공권력)이 서로 충돌하고 어긋날 때 공자와 그 제자들은 법을 준수하고 법에 구속되었을까? 아니면, 체포되어 감옥에 가고 법에 따라 처벌되고 심지어는 사형을 선고받아 죽게 되더라도 법이 아니라 오로지 윤리에 구속되는 삶(또는 죽음)을 선택하였을까?

이 책은 바로 이러한 문제의식에서 출발하여 논어의 텍스트를 완전히 새롭게 해석하여 제시한다. 장구한 세월 동안 누적된 왜곡과 오해를 걷어내고, 공자와 그 제자들이 나눈 원래의 말과 뜻을 생생하게 복원해내고자 한다. 논어에 기록된 공자와 그 제자들의 말은 애매하고, 막연하고, 신비로운 오리엔탈리즘으로 둘러쳐진 선문답이 아니라, 올바른 지도자의 자세가 무엇이며, 제대로 된 정치는 어떠해야 하며, 부끄럽지 않은 삶을 살아간다는 것이 무엇인지를 절묘한 말솜씨로 풀어낸 것이라고 생각한다. 이 책을 읽는 분들은 여태껏 접해보지 못한 완전히 새로운 논어 해석을 접하게 될 것이다.

지난 20년 넘게 논어 강의를 해오면서 나는 학생들과의 대화와 토론으로부터 많은 도움과 배움을 얻었다. 별 기대 안하고 수강신청을 했는데 인생의 가르침을 발견했다는 학생들의 뜨거운 반응은 공자와 그 제자들이 남긴 힘찬 말들이 2500년이 지난 아직도 여전히 생명력을 가지고 있음을 증명하기에 충분했다. 법학교수가 어찌하여 논어를 강의하게 되었냐는 질문도 자주 들었다. 하지만 법률가들이야말로 논어를 제대로 이해해야 한다고 생각한다. 가증스러운 억압과 잔인한 만행은 흔히 법의 이름으로 자행된다. 살벌했던 독재 정부를 떠받든 것도 법이고 폭력적인 신군부의 압제 또한 법의 힘을 보태어 저질러진 것이다. 이러한 폭정을 뒤집어 엎고 평화적인 민주화를 이룩해 낸 대한민국의 현대사를 직접 살아온 우리의 소중한 경험은 논어 해석에 큰 영감을 줄 수 있다. 민주화를 이루고 제도와 절차와 법과 규칙을 아무리 열심히 정비해 두어도, 비열한 마음가짐을 가진 인간들이 요직을 차지하고 나면 그 모든 것이 순식간에 무력해진다는 점도 우리는 경험했다. 부끄러움을 모르는 것들이 사법권력을 함부로 행사하고 흉기로 돌변한 법이 무고한 사람을 잔인하게 공격하는 데 동원되는 광경도 우리는 목격했다. 법이 우리를 구원해줄 것이라는 믿음은 결국 우리를 배반할 것이다. 어떻게 보면, 공자가 살았던 시대나 지금이나 별반 다를 게 없을 수도 있다.

이 책이 출간될 수 있도록 지난 여러 해 동안 나를 격려하고 재촉하고 인내해 준 주일우 대표께 감사드린다. 주일우 대표와의 인연은 1990년대 말 영국 케임브리지 대학교에서 시작되었다. 주 대표는 그때부터 나의 '특이한' 논어 해석에 주목하여 케임브리지 대학교 중국학 연구소(니담 연구소)에서 세미나 발표 기회를 주선해 주기도 했다. 어쩌면 이 책은 90년대 말에 진행되었던 그 세미나의 결실이라고 볼 수도 있다.

초고를 검토하고 큰 도움이 되는 조언을 주었을 뿐 아니라, 행복한 삶이 무엇인지를 끊임없이 일깨워주는 사랑하는 나의 아내에게 감사한다.

용기와 윤리적 결기를 가지고 올바르게 살아가고자 하는 모든 사람들에게 이 책이 조금이나마 도움이 되고 힘이 된다면 나에게 그보다 큰 기쁨은 없겠다.

제1장

공자의 면모

분서갱유(焚書坑儒)

진시황 34년(기원전213)에 이사(李斯)는 다음과 같이 시황제에게 건의했다:

이제 황제께서 천하를 아울렀으니 옳고 그름을 정하는 유일한 권위를 가지고 있습니다. 그런데도 배운답시고 사사로이 패거리를 이루어 법과 교시를 비방하고, 명령을 듣고도 자신이 배운 대로 그것을 해석하고 갑론을박하는 자들이 있습니다. 집안에서는 비판의 심정으로 가득하고, 집밖에서는 여기저기 몰려다니며 모의하기에 분주합니다. 군주에게 과시하는 방법으로 명성을 얻고, 이상한 말로 자신의 위상을 높이고, 무리들을 이끌며 [권력자에 대한] 비방을 지어냅니다. 이것을 금지하지 않으면 군주의 위세는 약화되고 당파가 형성될 것입니다. 금하시는 것이 좋습니다.

사관(史官)으로 하여금 진나라의 공식 기록이 아닌 것은 모두 불태우도록 하시기 바랍니다. 박사관(博士官)의 직에 있지 않은 자가 소장하는 시(詩), 서(書), 제자백가의 책들은 모두 모아 불태우고, 그런 후에도 감히 무리를 지어 시, 서를 들먹이는 자는 저잣거리에서 사형을 시키고, 옛 역사를 들먹이며 현재를 비방하는 자(以古非今者)는 멸족시키십시오. 이런 자들을 발견하고도 잡아들이지 않는 관리들 또한 같은 죄로 다스리십시오. 명령을 내린 후 30일 후에도 이런 책들을 불태우지 않은 자는 문신을 새겨서 변방의 노역장으로 보내십시오. 수거하여 태우지 않아도 되는 책은 의학, 약학, 점복, 종자와 수목에 관한 것들입니다. 법령을 배우고 싶은 사람은 관리로부터 배우도록 하십시오.[1]

진시황은 이사의 건의를 받아들여 조직적이고 무자비한 사상 탄압 정책을 폈는데, 이것이 그 유명한 분서갱유였다. 이때 가장 큰 탄압을 받은 자들이 바로 공자의 사상을 추종하던 자들이었다. 후한의 왕충이 지은 『논형(論衡)』이라는 책에 의하면 그때 대규모로 처형된 공자 계열의 인사(儒士)는 467명에 이르렀다고 한다.[2] 물론 이 사건의 규모와 처형의 구체적 방법에 대해서는 논란과 의문이 없지는 않다.[3]

이 사건을 그저 진시황의 난폭함과 잔인함의 표현이라고만 치부하는 것이 과연 올바른 역사 인식일까? 법가 사상가들이 득세한 진나라에서 유가 진영 인사들이 '아무 이유 없이' 억울하게 탄압받았다고 믿을 것인가? 물론, 진시황의 난폭함을 강조함으로써 유가 사상가들에 대한 탄압의 부당함을 부각하는 것이 한(漢)나라(이때는 유가 사상가들이 다시 권세를 회복했었다) 이래의 주류적 견해라는 점은 길게 말할 필요가 없다. 후한(後漢)의 역사가 반고(班固; 32-92)가 지은 『한서(漢書)』 또한 이런 입장에 서 있다. 그는 분서갱유를 언급한 뒤 곧이어 진시황이 사치에 골몰하고, 방종했으며, 난폭하고, 잔인했다면서 이 문제를 진시황의 성격 탓으로 몰고 있다.[4] 하지만, 진나라 재상 이사의 신랄한 비판이 과연 아무 근거 없이 지어낸 말이었을까? 공자의 가르침 중에는 "옛 역사를 들먹이며 현재를 비방"하고, 권위에 도전하며, 무리를 지어 정부의 법령에 불복하며 반란을 꾀하는 세력들의 '의식화'와 '정신 무장'에 결정적 역할을 해온 것들이 실제로 있었던 것이 아닌지 찬찬히 살펴볼 필요는 없을까?

반대로 생각해볼 필요도 있다. 만일 공자의 가르침이 권위에 순종하고, 예의 바르고 공손하게 인사 잘하고, 부모에게 효도하며, 형제 간에 우애 있게 지내라는 것에 그쳤다면, 과연 당시 정권이 공자의 추종자들을 위협적인 세력으로 여겨서 대대적으로 체포하여 처형하고, 관련 서적을 불태우기까지 했을까? 아무리 정권이 썩어빠졌더라도 고분고분 숨죽이고 윗사람에게 예의를 지키며 반란을 일으키지 말고 우선 자기 앞가림(이른바 수신제가修身齊家)부터 제대로 하라는 것이 정녕 공자의 가르침이었다면, 그리고 유사(儒士)라는 자들이 그런 순종적이고 소시민적인 가르침을 이상으로 여기고 실천하는 예의 바른 사람들이었다면, 진나라는 오히려 이들을 적극 채용하여 봉록을 주고 안정적인 삶과 지위를 보장하며 부려 먹었을 것이다. 공자의 추종자들이 돌려보는 서적들이 임금을 잘 받들고 정부의 명령에 복종하며 살라는 내용을 담고 있었다면 그런 책들을 정부가 불태워 없앨 이유는 결코 없었을 것이다.

공자의 추종자들이 대대적으로 처형되고 관련 서적이 모조리 금서로 지정당한 분서갱유는 진시황의 포악함만으로는 설명하기 어려운 역사적 사실이다. 어쩌면 이 사건은 공자가 실은 반란의 아이콘이었고 공자의 가르침을 제대로 실천하는 유사들은 억압적이고 폭압적인 정권에 과감하게 도전하는 위협적이고 '불온한' 세력이었다는 가설에 힘을 실어주는 것일 수도 있다.

반란의 아이콘? ──────────

논어의 제5장에는 공자의 제자들 중 두각을 나타낸 자들에 대한 인물평이 여럿 수록되어 있다. 그중 가장 첫 구절은 공야장(公冶長)이라는 제자에 관한 것인데 그 내용은 이러하다:

> 선생님이 공야장에 대해서 이렇게 말했다: "사위로 삼을 만해. 비록 감옥살이를 했지만 그 사람의 죄가 아니야." 선생님은 딸을 공야장에게 시집보냈다.[5]

공야장에 대해서는 별로 알려진 것이 없고, 이 구절의 의미에 대해서도 지금껏 그다지 깊이 있는 논의는 없었다. 하지만, 분명한 점은 공야장이 당시 공권력에 의하여 유죄 판결을 받아 투옥된 적이 있었고, 공자는 범죄자이며 전과자에 해당하는 공야장을 비난하는 것이 아니라 그를 범죄자라면서 잡아 가둔 공권력을 비난하고 있다는 점이다. "그 사람의 죄가 아니야"라는 말은, 공자가 공야장을 양심수로 여겼거나, 불의한 정부에 정면으로 항거하다 투옥된 용기 있는 사람으로 봤거나, 부패한 사법권력에 의하여 억울하게 누명을 쓰고 옥살이를 하게 된 유능하고 정직한 사람이라고 봤다는 뜻이리라. 요컨대, 공자는 공야장을 '유죄'라면서 잡아 가둔 공권력과 그 공권력이 휘두르는 '법'의 정당성을 정면으로 부정하고 있다는 점을 이 짤막한 구절이 극적으로 보여준다. 공자의 제자들에 대한 인물평을 여럿 수록한 논어 제5장의 첫 구절이 다름 아니라 실형을 살고 나온 '전과자'를 공자가 대견하게 여기며 사위로 삼았다는 이야기로 시작하는 것이다.

　공자의 주장이나 생각이 그 당시에 별 논란 없이 받아들여졌을 것이라고 상상한다면 그건 오해다. 공자를 매우 위험한 인물로 평가한 당시 사람이 없지 않았다는 점은 충분한 사료가 뒷받침한다. 제(齊)나라 제후 경공이 자신의 신하 안영(晏嬰; 기원전 578-500)에게 공자가 어떤 사람인가 물어보았는데, 안영은 한참을 망설인 끝에 다음과 같이 대답했다. 첫마디에서 드러나듯이 "공 선생님(孔子)"이라는 존칭으로 높여 부르지

않고, 공자의 이름을 그대로 불러가며 신랄한 비난을 담은 자신의 생각을 쏟아내놓는 상황임을 알 수 있다:

> 공구(孔丘)는 철저히 계획하고 모의해서 반란 세력을 지원하고, 열심히 생각하고 아는 것도 많은데 그것으로 사악한 행위를 감행하며, 아랫사람들을 부추겨서 윗사람을 끌어내리도록 하고, 신하들에게 주군을 살해하도록 가르칩니다. 이것은 현명한 사람이 하는 일이 아닙니다. 제후국을 방문해서는 반란 세력과 함께하는데, 이것은 올바른 사람이 하는 일이 아닙니다. 사람들에게 충성심이 없어졌음을 알고는 반란을 일으키도록 부추기는데, 이것은 좋지도 않고 옳지도 않습니다. 도망간 후에도 모의를 하고, 등 뒤에서는 나쁜 말을 퍼뜨립니다. 자신은 옳은 일을 한다고 믿겠지만 사람들이 보기에는 혼란스럽고, 그 사람이 기획하고 감행하려 준비하는 것에 군주나 신하들이 함께 할 수는 없는 것입니다.[6]

안영이 공자와 그 추종자들을 매우 부정적으로 평가했다는 사실은 사마천(司馬遷)도 기록하고 있다. 제나라 경공은 공자의 능력을 좋게 보아 제나라 땅 일부분을 공자에게 주고 직책을 맡기려 했는데, 안영이 다음과 같은 이유를 들어 만류했다는 것이다:

공자의 무리들은 매끄러운 말로 사람들을 현혹하므로 법을 지키도록 할 수가 없습니다. 그들은 오만하여 자기 입장만을 내세우니 아랫사람으로 기용할 수도 없습니다. 상례를 중히 여기고 슬픈 감정을 끝까지 추구하여 재산을 탕진하면서까지 후하게 장례를 지내니 이것으로 풍속을 삼을 수도 없습니다. 떠돌아다니며 사람들을 선동하고 재물을 구걸하니 나라 꼴이 말이 아닐 것입니다. 위대한 인물들이 자취를 감춘 후 주나라 왕실은 쇠퇴했고 예법과 문물제도에도 공백이 많아졌습니다. 하지만 공자는 외모를 성대하게 하고 치장을 화려하게 하여 조정에 들어오고 나갈 때의 예법과 빨리 걷고 천천히 걷는 예절을 번잡하게 만들었으니 몇 세대가 걸려도 그의 가르침을 다 배울 수는 없고 한두 해에 그의 예법을 다 알아낼 수도 없습니다. 군주께서는 그를 기용하여 제나라의 풍속을 바꾸려 하시지만 그는 일반 백성들의 스승이 될 만하지 못합니다.[7]

물론, 안영은 공자 앞에서는 자신이 공자에 대해서 가지는 부정적인 평가를 내색하지 않았음이 분명하다. 안영이 공자를 극도로 경계하면서 공자가 제나라의 관직을 맡지 못하도록 반대했다는 사실을 공자는 아마도 몰랐던지, 공자는 안영을 대체로 좋게 평가했다.[8] 물론, 세련되고 원만한 언행을 구사하는 '처세의 달인'과 같은 안영을 공자가 전적으로 신뢰하지는 않았음을 보여주는 일화도 있다. 제나라에 도착한 공자가 안영을 먼저 만나지 않은 점을 궁금히 여긴 제후 경공이 공자에게 그 이유를 묻자, 공자는 안영이 제나라의 세 제후를 연이어 보좌했음을 들어 안영이 기회주의적인 인물일 수 있으니 경계해야 한다면서 이렇게 말했다: "제가 듣기로 안 선생은 세 명의 군주를 모두 섬기면서 세 사람 모두의 마음에 들었다고 합니다. 이는 안 선생의 마음이 셋이라는 뜻이니, 제가 만나지 않았습니다."9

제후국의 최고 통치자와 독대하는 기회에 그의 마음을 사로잡아 자신의 영향력을 확대하는 한편, 자신을 견제할 가능성이 있는 자의 영향력을 줄여보려는 치열한 경쟁과 암투의 한복판에 있었던 공자가, 가는 곳마다 그 나라 기득권 세력의 비방과 공격 대상이 되었다는 점은 놀랍지 않은 일이다. 하지만, 우리가 주목할 점은 공자에 대한 비난과 비방이 그가 반란을 부추기고 권력에 대한 저항을 선동한다는 점에 초점이 맞춰져 있다는 것이다. 이 사실은 논어를 해석하는 데 무시할 수 없고, 무시해서도 안 되는 중요한 단서를 제공한다. 이 책은 공자의 주장 중 이러한 동시대의 신랄한 비난의 빌미를 제공할 여지가 있는 부분이 있었다면 과연 어떤 부분이었는지를 꼼꼼히 따져보는 것을 중요한 해석 과제로 삼는다. 이 문제를 본격적으로 다루기에 앞서, 우선 공자라는 인물의 개인적 성향이나 배경에 대하여 간략히 살펴볼 필요가 있다.

고아(孤兒), 빈곤 그리고 진보적 성향 ───────

논어에 수록된 다음 구절에서 드러나듯이, 공자는 스스로를 '중도 진보적' 인물이라고 자평하고 있다. 사회의 진보와 변혁의 '선봉'에 앞장서 나아가는 것은 아니고, 그렇다고 기존 질서와 체제를 수호하려는 '보수'적 입장은 분명히 아니지만, 진보적 입장보다는 한발 뒤에서 따라가며 진보적 지향점을 추구한다는 것이다. 자신의 입지를 야인(野人; 비주류/소외층)에 가까운 것으로 스스로 평가하면서 공자는 다음과 같이 말한다:

> 예(禮)와 악(樂)에 관해서 진취적인 자들은 야인(野人)들이고, 예와 악에 대해서 보수적인 자들은 군자(君子)들이야. 예악을 적용함에 있어서 나는 진취적인 자들을 따라가지.[10]

물론, 공자의 '개혁 성향'은 다음 구절에서 가장 분명하고 직설적으로 드러난다.

> 법도에 맞는 말을 따르지 않을 수 있겠나? 하지만 그것을 개선하는 것이 더 소중하지. 칭찬하는 말을 들으면 기쁘지 않을 수 있겠나? 하지만 그 말을 가려 듣는 것이 더 소중하지. 칭찬한다고 좋아하기만 하고 그 말을 가려 듣지 않고, 법도를 따르기만 하고 개선하지 않는 자들은 도무지 어찌

해야 할지 모르겠네.[11]

가난한 배경의 사람이라고 해서 언제나 개혁 성향을 가지게 되는 것은 물론 아니다. 하지만, 공자는 자신이 가난하고 비천한 어린 시절을 보냈다는 점을 다음과 같이 확인해주고 있다. 공자가 온갖 잡일에 대한 상세한 지식을 가지고 있다는 점을 의아하게 여긴 어떤 고위관리가 공자의 제자 자공(子貢)에게 도대체 어떻게 그게 가능한 일인지를 물어보았고, 자공은 선생님을 미화하기에 급급했는데, 공자가 한마디로 솔직담백하게 "그건 내가 비천했기 때문이지"라고 잘라 말하는 장면이다:

> 어느 고위관리가 자공에게 이렇게 물었다. "선생님이 성인(聖人)이라고? 그럼 어째서 여러 재능이 있지?" 자공이 이렇게 대답했다. "선생님은 원래 하늘이 성자로 내려주신 분이시고요, 능력도 많으세요." 선생님이 이 말을 듣고 이렇게 말했다. "그 고위관리가 나를 아는구나. 내가 어릴 적에 비천해서 온갖 잡일을 할 줄 알게 된 것 뿐이야. 군자가 여러 재능이 있는 줄 알아? 그렇지 않아."[12]

사마천도 공자가 젊은 시절에 가축관리인, 창고지기 등의 일을 했다고 적고 있다.[13] 가난이 무엇인지 어린 시절부터 몸소 경험했던 공자가 부와 가난에 대해서 이야기하는 내용은 남다른 울림이 있다.

> 가난해도 남을 원망하지 않기는 어려워. 부유하면서도 교
> 만하지 않는 것이야 쉽지.[14]

> "가난해도 비굴하지 않고, 부유해도 교만하게 굴지 않는다
> 면, 어떤가요?"라고 자공이 질문하자 선생님이 이렇게 말
> 했다: "그럴 수도 있겠지. 하지만 가난해도 즐겁고, 부유하
> 면서 예법을 기꺼이 지키는 것만은 못하지."[15]

> 부를 추구해서 부가 얻어진다면야 나도 채찍을 들고 교통
> 정리하는 일이라도 했겠지. 하지만 부는 추구한다고 얻어
> 지는 것이 아닌 듯하니, 난 그저 내가 좋아하는 일을 할 뿐
> 이야.[16]

가난하고 비천했던 어린 시절을 보낸 공자는 나이가 들어서도
매우 광범하고 독특한 친구관계를 유지했던 것으로 보인다.
다음 구절이 논어 중에도 공자의 성향이나 특징을 설명하는
구절들을 모아둔 제10편(篇)에 수록되어 있다는 것 자체가 상
당한 의미가 있다고 생각한다.

> 선생님 친구가 사망했다. 그를 장사 지내줄 사람이 아무도

없었다. 선생님이 "빈소를 내 집에 차려라"고 했다.[17]

사망했는데 "돌아갈 곳이 없다(無所歸)" 즉, 장사 지내줄 이가 없다는 말이 무슨 뜻일까? 아무도 찾지 않는 행려사망자이거나, 자식도 친척도 없이 지내던 노숙자에 가까운 사람이었거나, 철저한 외톨이였을 터이다. 그런데 바로 이 사람이 공자의 '친구(朋友)'였다는 것이다. 길에서 죽은 아무나 거두어들여 공자가 장례를 지내줬다는 말이 아니라, 공자가 친구로 지냈던 사람들 중에는 죽어도 아무도 거들떠보지도 않을 그런 부류의 독특한 사람도 있었을 만큼 공자의 '친구 관계'의 범위는 특이했다는 뜻이다.

공자가 가난한 어린 시절을 보냈을 뿐 아니라 공자의 아버지는 공자가 아주 어릴 적에, 어머니는 공자가 10대 소년일 때 돌아가셨기 때문에 고아의 삶을 살았다는 점은 상세한 기록으로 확인되는 바이다. 사마천의 『사기(史記)』「공자세가(孔子世家)」에는 주(周)의 제후국 송(宋)나라 출신인 공숙량흘이 안(顏)씨 성을 가진 여인과 혼례를 치르지도 않고 관계를 가져 ― 야합(野合)하여 ― 노나라의 추읍(陬邑)에서 공자가 출생했고, 공자가 태어나자 공숙량흘이 사망했다고 기록되어 있다.[18] 위(魏)나라의 왕숙(王肅; 195-256)이 전한(前漢)의 공안국(孔安國; 기원전 2세기-1세기경)의 이름을 빌려 편찬한 것으로 여겨지는 『공자가어(孔子家語)』도 공자가 세 살 때 아버지를 여의고

홀어머니 슬하에서 자라다가 어머니마저 공자가 어릴 적에 사망하여 공자는 고아가 되었다고 기록하고 있다.[19] 사마천은 공자가 모친상 중에 계손씨의 가신 양화(陽貨)에 의해서 문전박대 당한 일화를 기록하면서 이때 공자의 나이가 17세였다고 적고 있다.[20]

『예기(禮記)』에 수록된 다음 구절은 10대 후반의 소년에 불과했던 공자가 자기 어머니의 관을 마을 번화가에 갖다 놓고 지나가는 사람들에게 자기 아버지 무덤이 어디 있는지 수소문한 끝에야 겨우 그 위치를 알아내어 어머니를 아버지와 합장할 수 있었다는 내용이다.

> 공자가 어렸을 적에 고아가 되어, [아버지] 묘의 위치를 알지 못했다. 오부 마을의 번화가에 시체를 안치한 관을 갖다 두었다. 그것을 본 사람들은 장례 지내는 것으로 알고 비록 관을 덮어둔 데 불과하지만 삼가는 태도를 보였다. 공자의 고향인 추읍(郰邑) 출신 만부(曼父) 어머니에게 물어본 끝에 어머니를 방산(防山)에 묻힌 아버지와 합장할 수 있었다.[21]

공자가 아버지 묘 위치를 알지 못한 이유에 대해서 『사기』는 공자 어머니가 공자 아버지 묘가 어디 있는지 말하기를 꺼려 했다고 적고 있다.[22] 공자의 나이도 어렸고, 공자의 모친도 정식 혼인관계가 없었으므로 공자가 부친의 장례식에 참석하지 못하여 위치를 몰랐을 것이라는 추측도 있긴 하지만,[23] "말하기를 꺼려했다"는 사마천의 기록은 좀 더 복잡한 사연이 있었음을 암시하는 것으로 볼 여지가 있다. 게다가 공자 어머니는 공자가 10대 소년이 될 때까지는 살았으므로 단순히 나이가 어려서 공자에게 아버지 묘의 위치를 이야기해주지 못했을 것이라는 추측은 설득력이 없다.

아버지를 세 살때 여의고, 홀어머니는 어찌된 이유인지 아버지 이야기를 꺼내는 것조차 피하다가 돌아가셔서 10대 후반에 고아가 된 공자의 어린 시절이 평탄하거나 순조롭지 않았을 것은 분명하다. 공자 스스로는 막상 효도를 하려 해도 제대로 해볼 기회도 없었음은 물론이다. 고아인 공자에게 '부모님'은 실재하는 존재가 아니라, 그 부재가 촉발하는 아련한 기억과 그리움의 대상이었을 것이다. 효(孝)에 대하여 공자가 한 여러 말들은 공자가 고아의 삶을 산 사람이었다는 점을 감안할 때 더욱 절실하게 와닿는 부분이 있다.

풍부한 감정, 민감한 감수성 ─────────

『예기』에는 이런 저런 이유로 논어에 포함되지 못한 공자와 관련된 많은 구절들이 있다.[24] 그 중에는 상가에 조문을 가서 생긴 일을 기록한 것들도 여럿 있는데, 예를 들어 다음 구절은 공자가 감정이 풍부할 뿐 아니라 민감한 감수성을 가지고 있음을 드러낸다.

> 공자가 자로(子路)의 상가(喪家) 뜰 가운데서 곡을 하던 중, 조문 온 사람이 있었다. 선생님이 인사하고 그를 맞이하였다. 그자가 곡을 마치자 사람을 보내 그자에게 자로의 죽음에 관해서 물어보았다. 물어본 사람이 와서 "시체를 소금에 절였다는군요"라고 했다. 이에 선생님이 젓갈을 모두 버리라고 명했다.[25]

자로는 공자와 가장 오랫동안 생사고락을 같이했던 제자다. 말이 '제자'이지, 나이 차이도 9살밖에 나지 않았고, 무예에 능하고 용맹하였던 터라 공자의 개인 경호원, 수행비서 역할도 겸했던 평생 동지와 같은 자였다.[26] 자로는 말년에 위(衛)나라 대부 공회(孔悝)의 가신으로 발탁되었는데, 위나라 제후 출공(出公)의 아버지 괴외(蒯聵)가 군주 자리를 노리고 침공해 들어왔을 때 대부 공회를 방어하다가 살해되어 그 시체가 토막 나 소금에 절여지는 형(醢刑)을 받았다(기원전 480). 자신과 평생 고락을 같이하다시피 했던 자로의 육신이 소금에 절여졌다는 소식에 공자는 젓갈을 먹을 마음이 완전히 사라진 것이다. 비록 음식일 망정 살점이 소금에 절여진 것을 볼 때마다 자로의 참혹한 종말이 연상되어 견딜 수 없다는 것이리라. 이때 공자의 나이가 이미 일흔이 넘었고, 공자는 자로의 비극적 죽음으로 인한 슬픔과 충격을 극복하지 못하고 이듬해(기원전 479) 여름에 세상을 떠났다.[27]

논어에도 조문 광경을 묘사한 구절들이 몇 개 수록되어 있는데 이것들은 모두 제자 안연(顔淵)의 죽음에 관한 것이다. 안연은 공자가 가장 아끼고 높이 평가했던 제자였다. 가난한 집안 출신이고 어린 나이에 공자의 문하생이 되었지만, 안연은 건강 문제가 있어 29세에 이미 머리가 백발이 되었고 32세에 사망했다.[28] 공자의 슬픔은 다음 구절에서 매우 생생히 묘사되어 있다.

> 안연이 죽었다. 선생님이 이렇게 말했다. "어이구! 하늘이 나를 버리는구나, 하늘이 나를 버려."[29]

> 안연이 죽었다. 선생님이 지나칠 정도로 슬퍼하며 통곡을 하였다. 수행원들이 "선생님, 너무 슬프게 곡을 하십니다"라고 하자, 선생님이 이렇게 말했다. "너무 슬프게 곡을 한다고? 안연이 죽었는데 너무 슬프지 않으면, 누가 죽어야 이만큼 슬프겠느냐?"[30]

주체할 수 없는 슬픔에 압도되어 몸부림을 치며 대성통곡을 하는 광경을 생생하게 떠올리게 하는 구절이다.[31]

물론 때로는 감정이 좀 지나치게 분출되어 요즘 말로 '오바'한 경우도 있었던 것 같다. 논어에 수록되어야 할 만한 내용이 아니라고 판단되었던지 『예기』에만 남아 있는 다음 구절은 그런 일화를 소개하고 있다:

공자가 위나라에 갔는데 과거에 묵은 적이 있었던 숙소의 주인이 마침 사망하여 상중이었으므로 공자가 들어가서 슬프게 곡을 했다. 공자가 나와서 자공에게 지시하여 마차를 끄는 데 필수적이지 않은 세 번째 말[32]을 풀어서 부의로 드리라고 했다. 자공이 "우리 문하생이 상을 당해도 말을 부의로 준 적이 없는데, 과거에 묵었던 숙소 주인 상에 말을 부의로 주는 건 과하지 않습니까?"라고 하자, 선생님이 이렇게 말했다: "조금 전 들어가서 곡을 하는데 슬픔이 왈칵 밀려와 눈물을 흘리며 울었어. 눈물까지 흘려놓고 부조도 안하고 가면 안 되지. 그러니 시키는 대로 하게."[33]

남의 고통을 진정 나의 고통으로 절실하게 느끼는 능력, 즉, 공감 능력과 예민한 감수성은 공자를 이해하는 데 매우 중요하다. 인간 사회의 부조리함이 초래하는 문제들을 무신경하게 방관하거나, 부당한 권력이 자행하는 폭압적 정치에 신음하는 민초들의 고통을 남의 일로 치부하고 무디고 무감각하게, 심지어는 '낯 두껍게' 외면한 채 자신의 잇속만을 챙기는 행위를

공자는 경멸했음이 분명하다:

> 원헌(原憲)이 부끄러움에 대해서 물어보자 선생님이 이렇게 말했다: "나라가 제대로 굴러가건 나라가 엉망이건 먹고사는 것에만 골몰하는 것, 그게 부끄러운 것이지."[34]

우연히도 공자와 비슷한 시기에 살았던 고타마 싯다르타(기원전 563-483 경)도 남의 고통에 특별히 예민한 감수성을 가졌다는 점은 잘 알려져 있다. 기원후 1세기-2세기에 활동했던 시인 아슈바고샤(Ashvaghosha)가 문학적 상상력을 가미하여 묘사한 다음 장면은 고타마 싯다르타의 지극히 섬세하고 예민한 감수성을 생생히 보여준다:

> 하루는 싯다르타가 궁정 신하의 자제들인 그의 친구들과 함께 숲 속 조용한 곳에서 쉬려고 궁궐 밖으로 소풍을 나왔다. 말을 타고 가던 싯다르타는 농부들이 쟁기로 땅을 갈아엎어 흙이 파도처럼 넘실대는 곳을 지나게 되었다. 땅을 파 뒤집어 놓은 곳에는 어린 새싹들이 쟁기에 찢겨 사방에 흩어져 있었고, 땅속에 사는 벌레와 애벌레들은 몸이 잘려 꿈틀대고 있었다. 싯다르타의 마음은 마치 일가 친척들이 죽임을 당한 것 같은 슬픔으로 가득 차올랐다. 또한 일하는 농부들의 얼굴은 흙먼지와 따가운 햇살과 바람에 찌들어

있었고, 그들이 부리는 소들도 무거운 흙더미 끌기에 힘겨워하고 있었다. 싯다르타는 연민의 심정을 걷잡을 수 없었다. 말에서 내린 싯다르타는 슬픔이 가득한 마음으로 파혜쳐진 땅 한가운데로 천천히 걸어갔다. 그곳에서 그는 세상 만물의 탄생과 파멸에 대해서 깊은 명상에 잠겼고 그의 입에서는 "정말 딱하구나!"라는 말이 절로 흘러나왔다.[35]

싯다르타는 빠져나갈 길이 없는 중생의 고통을 그 순간 절실히 느꼈을 것이다. 농사를 지어야 먹고살 터인데, 그러자니 귀여운 어린 새싹이며 땅 속에 사는 무수한 벌레들이 무자비하게 죽임을 당하게 되고, 그러지 않으려니 사람이 굶어 죽게 생겼고…

부처와 마찬가지로 공자가 타인의 아픔을 자신의 아픔으로 느낄 뿐 아니라, 동물 또한 함부로 대하지는 않는 사람이었다는 점은 다음 구절에서도 생생하게 드러난다. 때는 바야흐로 까투리(암꿩)가 노니는 계절이었고, 공자와 자로는 아마도 산길을 가던 중이었을 것이다.

꿩들이 주변 기색을 살피다 날아올라 몇 바퀴 돈 다음 다시 모여들었다. 선생님이 이렇게 말했다. "산에 노니는 까투리로구나. 제철이지! 제철이지!" 자로가 [까투리를 잡아서] 꿩요리를 해드렸다. 선생님은 세 번 냄새를 맡고는 자리에

서 일어나셨다.[36]

이 구절은 그 동안 해석이 불가능한 것으로 치부해 왔거나, 자로가 꿩에게 존경을 표하는 의미로 두 손을 모아 쥐고 절을 하자 꿩이 세 번 날개짓을 했다느니 하는 식의 터무니없는 오리엔탈리즘으로 가득한 환상의 나래를 마구 펴댄 오역 때문에 원래의 뜻이 가려져 왔었다.[37] 그러나 위(魏)나라 하안(何晏; 195-249)의 주(注)에 북송(北宋) 형병(邢昺; 932-1010)이 풀이(疏)를 추가한 『논어주소(論語注疏)』는 다음과 같이 이 구절을 해석한다.

> 이 구절은 공자가 동물과 감응하여 애석해함을 기록한 것이다. ⋯ 공자가 산에 있는 다리 근처를 가던 중 까투리가 물을 마시고 모이를 쪼아 먹는 것을 보고 '이 산의 까투리는 제때를 만났구나!'라면서 사람들은 제때를 얻지 못함을 대조하여 이야기한 것이다. 그런데 자로가 그 뜻을 오해하여 선생님이 '제때'라고 하신 뜻이 한창 먹기 좋은 '제철 물건'이라는 것인 줄 생각하여 그 꿩을 잡아 바친 것이다. 공자는 그것이 자신의 본 뜻이 아니므로 그 요리를 먹을 수 없겠지만, 또 한편 자로의 충심을 거스를 수도 없었다. 그러므로 세 번 흠향하고 일어나신 것이다.[38]

공자는 대자연에서 마음껏 노니는 까투리를 발견하고 흐뭇한 마음에서 "좋은 시절 마음껏 누리라"는 뜻으로 "제철이지!"라고 했는데, 자로는 이 말을 오해해서 "선생님께서 꿩요리가 먹고 싶은가 보다"라고 생각했고, 까투리를 잡아서 요리를 준비해서 선생님께 바친 것이다. 꿩요리를 보는 순간 이런 사정을 순간적으로 파악한 공자는 자로를 나무랄 수도 없었을 것이다. 하지만 자신이 기쁜 마음으로 내뱉은 말로 인해서 그 꿩이 결국은 죽임을 당하게 되었으니 착잡한 심정이었을 것으로 짐작된다. 요리를 먹자니 꿩에게 미안하고, 안 먹자니 자로에게 미안한 상황이다.

　여기서 해석의 결정적 단서는 세 번 흠향(三嗅)하는 행위이다. 순자는 「예론」편에서 제사는 귀신이 '있는 듯 없는 듯' 해야 한다고 설명하면서(귀신이 마치 진짜로 있는 것처럼 제사를 준비하는 것은 순자의 기준으로 볼 때 세련되지 못한 것이다), 제사에 사용될 요리는 완전히 익혀서는 안 되며, 진설된 음식은 세 번 냄새를 맡는 데 그치고 실제로 먹어서는 아니된다고 설명하고 있다.[39] 공자는 자로가 해다 바친 요리를 먹을 수도 없고, 먹지 않을 수도 없는 상황에서 그 요리를 세 번 흠향하는 행위를 함으로써 꿩요리를 마치 제사에 바쳐진 희생물(祭需)처럼 대우하고 제의적 의미를 부여한 것이다. 요리를 먹는 대신 흠향하는 행위를 함으로써 '식사'가 '제사'로 순식간에 그 의미가 바뀌고, 꿩에 대한 안타까움과 자로에 대한 미안함도 일거에 해결되었다.

이처럼 공자는 어느 극단으로 치닫거나 외통수에 빠지는 사람이 아니다. 자신이 그날 낮에 본 까투리가 죽임을 당한 것을 안타까워하기는 하지만, 그렇다고 부처와 같이 동물을 도살하여 제사를 지내는 행위를 전면적으로 거부하는 것은 아니다.[40] 다음 구절은 공자가 제사와 제수에 대하여 취하는 입장을 보여준다:

> 자공이 월초에 지내는 제사에 양을 쓰는 것을 그만하려 하자, 선생님이 이렇게 말했다: "사(賜; 자공의 이름)야, 너는 양을 사랑하는구나, 나는 예법을 사랑한다."[41]

고급스러운 취향 ─────────────

가난했던 성장 배경과는 달리 공자는 매우 고급스러운 취향을 가지고 있었다. 제자들이 보기에도 범상한 수준을 넘어서는 것이었으므로 다음과 같은 구절들이 기록으로 남아 논어에 수록되기에 이르렀을 것이다.

> 검은 옷에는 흑염소 털옷을 걸쳐 입으셨고, 흰 옷에는 흰사슴 털옷을 걸쳐 입으셨으며, 황토색 옷에는 여우 털옷을 걸

쳐 입으셨다.

잠옷은 꼭 입으셨는데, 몸 길이의 한배 반이 되는 것이었다. 거실에서는 여우와 담비의 털가죽을 두툼하게 채워서 그 위에 앉으셨다. 상(喪)을 당한 기간이 아니면 반드시 패물을 장식으로 차셨다.[42]

밥은 곱게 깎은 쌀로 지은 것을 좋아하셨고, 고기는 가늘게 썬 것을 좋아하셨다. 보기에 안 좋으면 드시지 않았고, 냄새가 안 좋아도 드시지 않았고, 너무 익혀도 드시지 않았고, 제철이 아니면 드시지 않았다. 반듯하게 자르지 않은 것도 드시지 않았으며, 간이 맞지 않아도 드시지 않았다. 고기가 많이 있어도 많이 먹지 않으셨다.

하지만 술은 무한정 드셨으나 술주정을 하지는 않으셨다. 시장에서 파는 술이나 육포는 드시지 않으셨다.[43]

좌석이 제대로 마련되어 있지 않으면 앉지 않으셨다.[44]

외출할 때에는 색상의 조화가 완벽하도록 겉옷을 멋있게 걸쳐 입고 나갔고, 잠옷으로는 유난히 풍성하고 여유로운 분위기를 연출했으며, 평소 기거하는 공간은 호사스러운 털가죽으로 두툼하고 푹신하게 해두었고, 상을 당한 기간을 제외하고는 반드시 패물로 멋을 부렸다는 것이리라.

음식에 대해서는 섬세한 식도락을 즐기는 수준이라고 할 수 있겠다. 시장에서 흔하게 사고파는 술이나 육포는 공자의 고급스러운 취향에 미치지 못했음이 분명하다. 만든 이가 누구인지 확실한 고급스러운 술이나 육포를 드시는 까다로운 미식가라고나 할까? 하지만 주량은 무한정이었다는 점을 제자들이 특히 기억할 정도였다니 술을 좋아했음은 부인할 수 없겠다.

우아하고 고급스러운 취향은 물론 공자 스스로의 선택이기도 하겠지만 상황상 어쩔 수 없었던 부분도 있었다. 다음 구절은 공자가 가장 아끼던 제자 안연의 죽음을 몹시 슬퍼하며 통곡하던 장면과는 자못 다른 분위기를 드러내 보이고 있어서 흥미롭다.

안연이 죽었다. 안연의 아버지 안로(顔路)가 선생님의 수레를 팔아서 겹관을 만드는 비용에 쓰도록 해달라고 부탁했다. 선생님이 이렇게 말했다. "이건 돈 문제가 아니고, 당신이나 내 아들에 관한 문제지요. 내 아들 공리(鯉)가 죽었을 때 나는 겹관 없이 홑관으로 장례를 지냈어요. 내가 수레를 팔고 걸어 다니면서까지 겹관을 해주려 하지는 않았어요. 높은 사람들을 수행해야 하는 내가 걸어 다닐 수는 없잖아요."[45]

공자는 "돈 문제가 아니다"라고 극구 부인하지만, 돈 문제가 걸려 있다는 점을 부인하기는 어렵지 않을까? 공자나 그 문하생들이 애초에 돈이 두둑이 있었더라면 사랑받던 제자 안연의 장례를 격식에 맞게 치러주기 위해서 선생님의 수레와 수레를 끄는 말을 파느니 마느니 하는 이야기가 나왔을 리 없지 않았겠는가? 공자는 제자 안연을 자기 아들처럼 대하고 싶어했고, 공자는 자기 아들도 겹관 없이 장례를 치렀다는 점을 강조한다. 그렇지만 아들 장례때에도 겹관을 해줄 돈이 충분하지 못해서 그랬던 것 아니던가?

예법에 따라 장례를 성대히 제대로 치르려면 돈이 많이 드는 것은 물론이다.[46] 하지만 모두가 경제적으로 풍족할 수는 없는 이치이므로, 가난한 사람은 예법을 제대로 지킬 수 없게 되는 상황 또한 피할 수 없다. 공자는 '가난'과 '예법' 간의 이러한 불가피한 긴장 또는 충돌 상황에서 확실히 가난한 사람들 편에 섰던 것은 분명하다. 제자 임방(林放)이 예법의 근본에 대해서 질문했을 때 공자는 자기 형편에 비추어 과도한 지출을 해가며 예법을 지키려는 시도를 '사치(奢)'로 규정하며, 그런 외형적 사치에 골몰하기보다는 진정한 마음이 더 중요하다면서, 예법을 지킬 경제적 여력이 없는 가난한 사람들의 마음을 어루만져준다:

임방이 예의 근본에 대해서 묻자 선생님이 이렇게 말했다: "대단한 질문이군! 예(禮)는 말이야, 사치스럽기보다는 검소해야 하고, 상(喪)을 당해서는 묘를 멋지게 꾸미기보다는

숙연한 슬픔이 있어야 해."⁴⁷

하지만, 안연의 죽음을 공자가 진정으로 슬퍼했다면 과연 수
레를 못 팔겠다고 버텼을까? 바로 이런 의심이 스멀스멀 고개
를 드는 상황이었기 때문에 공자는 자기 아들의 죽음을 거론
한 것으로 보인다. 아들의 죽음에 아버지가 진정으로 슬퍼했
다는 점을 의심할 여지는 없지 않겠는가? 아들의 죽음으로 인
한 슬픔이 극심한 상황에서도 공자는 수레와 말을 내다 팔아
아들 겹관을 마련해주려 하지는 않았다는 점을 내세운다. 공
자는 자기에게 수레와 말은 사치품이 아니라 업무상 없어서는
안 될 필수품이라는 점을 열심히 설명하고 있는 것이다.

　　그러나 결국에는 제자들이 다른 곳에서 돈을 마련해서 안
연의 장례를 후하게(두툼한 겹관까지 마련해서) 치렀던 것으로
보인다. 진작에 다른 곳에서 이렇게 돈을 마련했더라면 공자
가 수레를 못 팔겠다고 버텨야 하는 거북한 딜레마 상황에 몰
리지는 않았을 터였는데… 하여간 공자는 안연의 장례와 관련
하여 제자들에게 일말의 섭섭함을 털어놓았던 것 같다:

　　안연이 죽었다. 제자들이 후하게 장례를 치러주고자 했으
　　나 선생님이 그럴 수 없다고 했다. 제자들이 결국 후하게
　　장례를 치러주자 선생님이 이렇게 말했다: "회(回; 안연의
　　이름)는 나를 아버지로 대했는데, 나는 안연을 아들로 대할

수 없게 되었네. 내 탓이 아니고 다 너희들 탓이야!"[48]

제자 안연의 장례를 후하게 치르는 데 드는 비용을 어떻게 해서든 마련할 것인가, 아니면 형편이 닿는 수준에서 소박하게 장례를 치를 것인가를 둘러싼 논란과는 별개의 문제로서 공자가 돈을 아깝게 여겼다거나 말이나 수레와 같이 값이 꽤 나가는 재산에 집착하는 속물주의자가 아니라는 점을 분명히 각인시켜두기 위해서 논어에는 다음 구절이 수록되어 있다:

> 마구간이 불에 탔다. 선생님이 조정에서 퇴근하여 이렇게 물었다: "다친 사람은 없냐?" 말에 대해서는 묻지도 않으셨다.[49]

아들이 죽었을 때도, 사랑하는 제자 안연이 죽었을 때도 팔 수 없다고 버텼던 수레와 말이지만, 정작 수레나 말의 재산적 가치에 대해서는 무관심했다는 뜻이다.

진정한 자유인

제자들은 공자의 사람됨을 이렇게 요약했다:

> 선생님은 네 가지에 얽매이지 않았다: 선입견에 얽매이지 않

았고(무의毋意), 꼭 이래야 한다는 당위에 얽매이지 않았고, 고루함에 얽매이지 않았고, 자기 자신에 얽매이지 않았다.[50]

이 구절에 나오는 '의(意)'라는 글자에 대해서 다산 정약용은 지레짐작, 억(億)측하여 가지는 견해를 뜻하는 것으로 해석한다.[51] 이러한 설명은 『황제내경』의 설명과도 일맥상통한다: "마음이 짐작하여 생긴 것을 '의(意)'라고 하고, 이것 중 [쉽게 사라지지 않고] 남아 있는 것을 '지(志)'라고 한다."[52] 지레짐작이나 억측하여 형성하는 견해가 바로 선입견이므로, "무의"는 공자가 선입견에 얽매이지 않았다, 열린 마음을 가지고 있었다는 정도의 뜻으로 보면 무난할 것이다.[53]

공자 스스로도 자신이 상당히 유연한 입장을 유지하는 사람이라고 여겼던 것이 분명하다. 혼탁한 세상과 비굴하게 타협하기보다는 차라리 깊은 산중에서 굶어 죽기로 선택했던 백이(伯夷), 숙제(叔齊), 아무 임금에게나 열심히 최선을 다해 봉사했던 유하혜(柳下惠), 그리고 머리카락을 모두 자르고 몸에 문신을 하고 은둔 생활을 하며 막말을 해댔던 우중(虞仲) 등 몇몇 유명한 사람들에 대해서 공자는 다음과 같이 평가한다:

자신의 뜻을 굽히지 않고, 자신의 몸을 더럽히지 않은 이들이 바로 백이, 숙제 아닐까? 한편 유하혜와 소련(少連)은 뜻도 굽혔고, 몸도 더럽혔지만 말은 바르게 했고 행동도 사려 깊었을 뿐이지. 우중과 이일(夷逸)은 은둔생활을 하면서 거침없이 말을 했지만 신변을 깨끗하게 유지했고 은둔생활을 하기로 한 그들의 결정도 상황상 불가피했지.[54]

그런 다음, 공자는 자기 자신에 대해서 이렇게 말했다:

그런데 난 이 사람들과는 달라. 그래도 된다는 것도 없고, 그러면 안 된다는 것도 없어.[55]

나중에 순자(荀子)도 공자가 선입견이나 고정 관념에 갇혀 있거나, 어느 한 관점에 집착한 나머지 다른 관점을 놓친 사람이 아니라고 평가한 바 있다. 순자가 보기에 묵자, 송자, 장자 등 다른 사상가들은 어느 한 관점에 치우쳐서 다른 관점을 소홀히 한 바가 있으나, 공자는 치우침이나 속박이 없었다는 것이다. 어떠한 관점이나 입장에도 묶이거나 얽매이지 않았다는 것이리라:

묵자는 실용에 골몰한 나머지 문명을 몰랐고, 송자는 욕망을 억누르는 데 골몰한 나머지 성취를 몰랐고, 신자(慎子)는 법에 골몰한 나머지 현명함을 몰랐고, 신자(申子)는 기예에 골몰한 나머지 지혜를 몰랐고, 혜자는 수사(修辭)에 골몰한 나머지 실질을 몰랐고, 장자는 하늘에 골몰한 나머

지 사람을 몰랐다. … 공자는 올바른 지혜가 있었을 뿐 아니라 가리워져 막힌 곳이 없었다.[56]

공자가 인생의 멋을 아는 자유로운 사람이라는 점은 다음 구절에서 매우 극적으로 묘사되어 있다. 공자가 각별히 아끼는 네 명의 제자들과 대등한 입장에서 속내를 털어놓고 이야기를 나누는 장면인데 좀 긴 구절이긴 하지만, 점진적으로 진행되는 대화 내용과 의외의 반전이 마치 영화의 한 장면을 보는 듯하므로 여기에 인용한다:

자로, 증석, 염유, 공서화가 선생님과 함께 앉아 있었다. 선생님이 이렇게 말했다, "내가 자네들 보다 몇 살 더 많지만, 나는 그걸 별것 아니라고 생각하네. 자네들은 '아무도 나를 몰라주는군!'이라면서 [뜻을 펼칠 기회가 오지 않는다고 분통을 터트리며] 여기 이러고 있는데 말이야, 만일 누가 자네들을 알아준다면 자네들은 어떻게 할 건가?"

자로가 경솔하게 먼저 나서서 대답하기를 "수레 1000대의 병력을 동원할 수 있는 나라가 더 큰 나라들 틈에 끼어서 군사적으로 포위되고 기근까지 덮쳤다고 칩시다. 제게 이런 나라를 맡겨주시면 3년 내로 사람들을 용감하게 만들고 살아갈 해법도 알아내도록 하겠습니다."

선생님이 씁쓸하게 웃으시면서, "염유, 너는 어쩔 거니?"라고 물었다. 염유가 이렇게 대답했다, "사방 60-70리 또는 50-60리 되는 고을의 통치를 제게 맡겨주시면, 3년 내로 일단 사람들이 풍족하게 살도록 하겠습니다. 예악(禮樂)에 관한 문제는 뒤에 나타날 군자에게 맡기겠습니다."

"공서화, 너는 어쩔 거니?" 공서화가 이렇게 대답했다, "저는 능력이 부족하므로 배우고자 합니다. 나라에 큰 제사가 있을 때나, 중요한 회의가 있을 때 저는 하급 직원으로서 검은 모자를 쓰고 짙은 색 가운을 입고 현장에서 배우고자 합니다."

"증석, 너는 어쩔 거니?"라고 선생님이 물었다. 가야금 뜯던 소리가 서서히 줄어들다가 마침내 '띠딩'하면서 멈추었다. 증석이 가야금을 치워놓더니 자리에서 일어서면서 "저는 세 사람이 지금 쪽 늘어놓은 것과는 다른데요"라고 했다. 선생님이 말했다, "뭐 어떠니. 각자 자기 뜻을 말해보는 거야."

그러자 증석이 이렇게 대답했다: "느지막한 봄날, 봄 옷을 성대히 차려 입고, 청년 대여섯, 아이들 예닐곱과 함께 기수(沂水) 강변에서 목욕하고, 무우(舞雩) 제단(祭壇)에서 바람을 쐬다가 노래를 부르며 돌아올 거예요."

선생님이 탄성을 내시면서 "와! 나도 증석과 함께 갈 테다!"라고 했다.[57]

제1장 주석

1 史記, 秦始皇本紀, 38

2 語增, 35, 36

3 예를 들어, Michael Nylan, *The five "Confucian" classics* (Yale University Press, 2001) pp. 29-30. 하지만 Nylan의 회의적 가설은 사마천의 상세한 기록을 뒤집기에 충분한 뚜렷한 근거를 제시하지는 못하고 있다.

4 漢書, 五行志下之上, 54 (燔詩書, 阬儒士; 奢淫暴虐)

5 子謂公冶長, 「可妻也。雖在縲絏之中, 非其罪也」。以其子妻之。(公冶長 5.1)

6 墨子, 非儒下, 8

7 史記, 孔子世家, 10 대체로 같은 내용이 晏子春秋, 外篇下에도 수록되어 있다.

8 "안평중(안영)은 인간관계를 훌륭하게 유지해서 사람들이 그를 오랫동안 존경했지(晏平仲善與人交久而敬之)". (公冶長 5.17)

9 晏子春秋, 外篇下, 仲尼見景公.

10 先進於禮樂, 野人也; 後進於禮樂, 君子也。如用之, 則吾從先進 (先進 11.1)

11 法語之言, 能無從乎? 改之為貴。巽與之言, 能無說乎? 繹之為貴。說而不繹, 從而不改, 吾末如之何也已矣。(子罕 9.24)

12 大宰問於子貢曰: 「夫子聖者與? 何其多能也?」子貢曰: 「固天縱之將聖, 又多能也。」子聞之, 曰: 「大宰知我乎! 吾少也賤, 故多能鄙事。君子多乎哉? 不多也。」(子罕 9.6)

13 史記, 孔子世家, 5

14 貧而無怨難, 富而無驕易。(憲問 14.10)

15 子貢曰: 「貧而無諂, 富而無驕, 何如?」子曰: 「可也。未若貧而樂, 富而好禮者也。」(學而 1.15)

16 富而可求也, 雖執鞭之士, 吾亦為之。如不可求, 從吾所好。(述而 7.11)

17 朋友死, 無所歸。曰: 「於我殯。」(鄕黨 10.15)

18 史記, 孔子世家, 1

19 孔子家語, 本姓解, 1

20 史記, 孔子世家, 3

21 禮記, 檀弓上, 10 (공자=耶人之子)

22 史記, 孔子世家, 2 (孔子疑其父墓處, 母諱之也)

23 김기주, 황지원, 이기훈 역주,『공자세가, 중니제자열전』(예문서원, 2003), 16면 참조.

24 禮記라는 텍스트의 형성과 전승 과정에 대해서는 Liu Yucai and Luke Habberstad, "The Life of a Text: A Brief History of the Liji 禮記 (Rites Records) and Its Transmission", *Journal of Chinese Literature and Culture* (2014) 1(1-2): 289-308 참조.

25 禮記, 檀弓上, 7

26 James Legge, *The Confucian Analects, the Great Learning & the Doctrine of the Mean* (1893, reprinted 2009), p.114. 흔히 공자의 생몰 연대는 기원전 551 - 479, 자로는 기원전 542-480로 여겨진다.

27 춘추좌전, 애공16년 4월(夏, 四月, 己丑, 孔丘卒。) Yong Huang, *Confucius: A Guide for the Perplexed*, (London, 2013), p. 34

28 Legge, *The Confucian Analects* …, pp. 112-113

29 顏淵死。子曰:「噫! 天喪予! 天喪予!」(先進 11.9)

30 顏淵死, 子哭之慟。從者曰:「子慟矣。」曰:「有慟乎? 非夫人之為慟而誰為!」(先進 11.10)

31 《廣韻·去聲·送·洞》慟:慟哭哀過也

32 말 두 필이 끄는 마차의 경우, 예비용으로 멍에 바깥에 고삐를 매어 데리고 다니는 말을 말한다.

33 禮記, 檀弓上, 45

34 憲問恥。子曰:「邦有道, 穀; 邦無道, 穀, 恥也。」(憲問 14.1)

35 아슈바고샤의 Buddhacarita (부처의 일생), 제5장 '도망' 편의 도입부 (5.2-5.7) 참조. E. H. Johnston, trans. *The Buddhacarita or Acts of the Buddha*. Lahore, 1936. 2 vols. (Cantos 1-14 in Sanskrit and English). Reprint: Delhi, Motilal Barnasidass 1978

36 色斯舉矣, 翔而後集。曰:「山梁雌雉, 時哉! 時哉!」子路共之, 三嗅而作。

(鄕黨 10.18)

37 주희는 이 귀절에 몇 글자가 탈루되었지 않았을까(然此必有闕文)라면서,
해석이 어렵다는 입장을 취했다. D C Lau는 子路共之를 자로가 까투리에게
존경의 표시로 두 손을 모아 잡고 고개를 숙였다는 식으로 해석하고 있다.
최근에 출간된 Annping Chin (trans.), *The Analects (Lunyu)*, (2014)
역시도 D C Lau의 오류를 그대로 답습하고 있다.

38 此記孔子感物而歎也。梁, 橋也。共, 具也。嗅, 謂鼻歆其氣。作, 起也。
孔子行於山梁, 見雌雉啄飮得所, 故歎曰:「此山梁雌雉, 得其時哉!」
而人不得其時 也。子路失指, 以爲夫子云時哉者, 言是時物也, 故取而共具之。
孔子以非已本意, 義不苟食, 又不可逆子路之情, 故但三嗅其氣而起也。

39 利爵之不醮(=盡)也, 成事之俎不嘗也, 三臭之不食也, 一也。(荀子, 禮論, 11)

40 Aggi-Sutta, Angutara Nikaya, Vol.IV, 41-46은 제사에 동물을 희생으로
사용하는 브라만 전통에 대한 부처의 신랄한 비판을 담고 있다.

41 子貢欲去告朔之餼羊。子曰: 賜也 爾愛其羊 我愛其禮 (八佾 3.17)

42 緇衣羔裘, 素衣麑裘, 黃衣狐裘 … 必有寢衣, 長一身有半。狐貉之厚以居。
去喪, 無所不佩 (鄕黨 10.6)

43 食不厭精, 膾不厭細。… 色惡, 不食。臭惡, 不食。失飪, 不食。不時, 不食。
割不正, 不食。不得其醬, 不食。肉雖多, 不使勝食氣。惟酒無量, 不及亂。
沽酒市脯不食。(鄕黨 10.8)

44 席不正, 不坐。(鄕黨 10.9)

45 顏淵死, 顏路請子之車以爲之椁。子曰:「才不才, 亦各言其子也。鯉也死,
有棺而無椁。吾不徒行以爲之椁。以吾從大夫之後, 不可徒行也。」(先進 11.8)

46 孟子, 公孫丑下, 7에서 맹자는 부모의 장례에는 돈을 아끼지 말아야 한다는
식의 주장을 펴고 있지만, 맹자의 이런 생각은 공자의 입장과는 많이 다르다.

47 林放問禮之本。子曰:「大哉問! 禮, 與其奢也, 寧儉; 喪,與其易也, 寧戚。」
(八佾 3.4)

48 顏淵死, 門人欲厚葬之, 子曰:「不可。」門人厚葬之。子曰:「回也視予猶父也,
予不得視猶子也。非我也, 夫二三子也。」(先進 11.11)

49 廐焚。子退朝, 曰:「傷人乎?」不問馬。(鄕黨 10.12)

50 子絕四: 毋意, 毋必, 毋固, 毋我。(子罕 9.4)

51 논어고금주, 제2권, 351면.

52 黃帝內經, 靈樞經, 本神, 2 (心有所憶謂之意; 意之所存謂之志)

53 오규 소라이는 "毋意"를 해석함에 있어서 형병의 논어주소에 피력된
견해를 취하여 "공자는 道에 따라 판단했을 뿐 자기 임의에 따르지는 않았다"
라면서 공자를 일종의 道人으로 치켜세우며 과도한 신비주의로 흐르고 있다.
논어징, 제2권, 242면.

54 「不降其志, 不辱其身, 伯夷。叔齊與!」謂:「柳下惠。少連, 降志辱身矣。
言中倫, 行中慮, 其斯而已矣。」謂:「虞仲。夷逸, 隱居放言。身中淸, 廢中權。」
(微子, 18.8) 맹자는 유하혜가 "더러운 임금 섬기기를 부끄럽게 생각하지
아니하였고, 작은 벼슬도 사양하지 아니하였다(不羞汙君, 不卑小官)"고
기록하고 있다. 孟子, 公孫丑上, 9

55 「我則異於是, 無可無不可。」(微子 18.8)

56 荀子, 解蔽, 5(... 孔子仁知且不蔽) 순자는 "仁知且不蔽"라는 말을 공자 뿐
아니라 포숙, 영척, 습붕 등 훌륭한 신하와 여망, 소공 등 명망 있는 주나라
왕실 귀족들에 대해서도 쓰고 있고(解蔽, 4), 위 귀절들의 맥락상 "仁知"는
'올바른 지혜' 정도로 해석하는 것이 적절하다. 반면에, 인(仁)에 대한
본격적 논의는 제5장 참조.

57 先進 11.26

제2장

배움과 실천

논어가 어떤 내용을 담고 있는지 자세히 몰라도, 그리고 공자의 삶이나 인간됨에 대한 배경 지식이 없는 이들도 "배우고 때로 익히면 즐겁지 아니한가"라는 말은 한 번쯤 들어봤을 것이다. 그러나, 논어의 첫 구절을 이렇게 잘못 해석해왔기 때문에 논어와 공자에 대한 그릇된 선입견이 형성되고 전파되어 왔다고 생각한다. 첫 구절부터 이렇게 왜곡되고 나면, 나머지 구절들이 제대로 이해되기 어려울 것이라는 점은 길게 설명할 필요도 없다.

배움과 관련하여 우리가 상식적으로 던져야 할 질문은 첫째, 무엇을 배울 것인가, 둘째, 어떻게 배울 것인가? 셋째, 배워서 어쩌자는 것인가? 그리고 끝으로, 배우면 뭐가 좋아지는가? 등일 것이다. 아래에서 살펴보겠지만, 지금까지의 주류적 해석은 이 모든 질문들에 대하여 엉뚱한 대답을 제시해왔고, 그 결과 우리는 공자의 '가르침'이 무엇이고, '배움'이 무엇인지를 완전히 오해한 부분이 많다.

무엇을 배울 것인가? ─────────────

논어에는 시를 배운다거나(學詩), 예법을 배우는 것(學禮)에 대한 언급도 있고, 문왕과 무왕의 도(文武之道)를 배운다는 이야기도 있다.[1] 하지만 이것들은 모두 '학문(學文)'에 해당한다. 학문(學文)과 배움(學)은 다르다. 그리고 학자들이 직업적으로 수행하는 연구와 탐구 활동을 뜻하는 학문(學問)이라는 개념도 시(詩), 서(書), 예(禮), 악(樂)을 배우는 학문(學文)과는 다른 뜻이다. 학문(學問)이건 학문(學文)이건 간에, 이 둘은 공자가 말하는 배움(學)과는 상당한 거리가 있다는 점을 유념해야 한다.

지금까지 주류 해석의 오류는 학문(學文)이 곧 공자가 말한 배움이라고 오해한 데서 시작되었다고 볼 수 있다. 학문(學文)은 문헌을 위주로 과거의 문명과 문물제도를 공부하고 그에 관한 지식을 습득하는 것, 특히, 시(詩), 서(書) 등 예로부터 전해온 문헌과 주나라의 예법과 문물을 공부하는 것을 말한다. 주희는 도(道)가 드러난 것이 문(文)이고, 예악과 제도를 모두 아울러서 문(文)이라 부른다고 설명하고 있다.[2] 요컨대, 과거와 현재의 문명, 문물과 제도가 바로 '문(文)'이므로, 시(詩)를 배운다거나 예(禮)를 배운다거나 과거의 문물과 제도, 문왕이나 무왕 등 과거 선왕의 행적을 공부하는 것이 바로 '학문(學文)', 즉, 문명과 문물과 제도를 배우는 것이다.

그러나 이러한 학문(學文)은 공자가 말하는 '배운 사람'이 되는 데 중요하기는커녕, 더 시급히 배워야 할 여러 가지 다른 것들을 열심히 배우고 힘이 남아돌면 그때 하면 족하다는 것이 공자의 입장이다:

선생님이 이렇게 말했다: "너희들 말이야, 집에서는 효도

하고 밖에서는 형제애로 사람을 대해야 한다. 매사에 최선을 다하고 신의를 지켜야 해. 모든 이를 두루 사랑하되, 특히 가까운 사이일수록 윤리성에 유념해야 한다. 이렇게 하고도 힘이 남으면 그때는 학문(學文)을 해."[3]

시급히 배워야 할 일은 이 구절에 분명히 제시되어 있다. 집안에서 가족들 간에 어떻게 행동해야 하는지, 집밖에서 접하게 되는 다른 사람들과의 관계에서는 어떻게 처신해야 하는지, 신의를 제대로 지킨다는 것이 무엇인지, 사랑이 무엇인지, 친밀한 관계에서 윤리적으로 행동한다는 것이 과연 어떤 것인지를 배우는 것이 바로 공자가 말하는 배움(學)이다. 책을 뒤적이며 옛 문물과 현재의 제도를 공부하는 '학문(學文)'도 물론 배움(學)의 일부를 이루긴 한다. 하지만 굳이 우선 순위를 따지자면 최하위로 밀려나 있다는 점은 분명하다.

　　한나라의 사마천은 나중에 공자의 일대기를 적으면서 공자가 시(詩), 서(書), 예(禮), 악(樂)을 수단으로 삼아 제자들을 가르쳤다고 기록하였지만,[4] 막상 공자의 제자들은 공자가 다음 네 가지를 가르쳤다고 기억한다:

　　선생님은 네 가지를 가르치셨다: 문물과 제도(文), 행실과 실천(行), 충직함(忠), 믿음직함(信).[5]

네 가지 중 세 가지(행실과 실천, 충직함, 믿음직함)는 모두 삶과 정치의 현장에서 실제로 어떻게 처신하고 행동할 것인지에 관한 것이다. 옛 문헌을 섭렵하는 독서나 문물제도를 배우는 학문(學文)을 공자가 배움의 핵심 내용으로 강조한 것은 아니었다.

배움에 관한 다음 구절 역시 독서나 시(詩), 서(書), 예(禮), 악(樂)에 관한 학문(學文)은 거론조차 안 되고 있다:

> 선생님이 이렇게 말했다. "고귀한 군자는 배부르게 먹으려 하지 않고, 안락한 삶을 추구하지 않아. 일처리는 기민하게 하고, 말은 신중하게 하며, 올바른 길을 택해 나아가며 바른 태도를 유지한다면 배우기를 좋아한다고 할 만하지."⁶

욕망의 노예가 되지 않도록 배우라는 것이고, 요즘으로 치면 아파트 평수를 키우고 물질적 풍요로움을 추구하느라 판단력이 흐려지지 않도록 배우라는 것이다. 더불어, 자신에게 맡겨진 일처리를 제대로 하고, 언사를 신중히 하며, 올바른 삶의 자세를 잃지 않도록 배우라는 것이 바로 공자가 말하는 배움이다.

공자의 수제자로 일컬어지는 안연(顏淵)이 언급되는 다음 구절 역시 배움(學)은 행동과 실천의 문제이며 올바른 판단력을 기르기 위한 것이지, 독서나 학문으로 지식의 분량을 늘이고 말과 글을 능수능란하게 구사하는 세련된 문화적 역량을 기르려는 것이 아니라는 점을 보여준다:

애공(哀公)이 공자에게 "제자 중 누가 배우기를 좋아합니까?"라고 물었다. 공자가 대답하기를, "안회[안연의 본 이름]라는 자가 배우기를 좋아했습니다. 분노를 거두어들이지 않고(不遷怒), 잘못을 되풀이하지 않았습니다. 불행하게도 일찍 죽었습니다. 지금은 배우기를 좋아하는 자가 있다는 소리를 들어보지 못했습니다."[7]

"불천노(不遷怒)"라는 말은 분노를 옮기거나 변경하지 않는다는 뜻이므로 "분노를 거두어들이지 않는다"는 말이다. 불의와 부당함에 대하여 분노하고 그 분노를 일관되게 유지했다는 뜻이다. 분노의 대상을 정확하게 파악했다는 뜻도 물론 당연히 전제되어 있다. 부당한 일에 냄비처럼 파르르 끓어올랐다가 언제 그랬느냐는 듯 금방 잊어버리고 흐지부지하고 마는 그런 사람이 아니었다는 뜻일 것이다. 공자가 가장 높이 평가하는 제자, 배우기를 좋아한다고 공자가 자신 있게 단언한 안연의 가장 중요한 특징 두 가지가 첫째, 분노를 거두어들이지 않고, 둘째, 잘못을 되풀이하지 않는다는 것이니, 공자가 말하는 배움은 책상머리에 앉아서 책갈피를 뒤적이며 지식을 늘리는 것과는 초점이 완전히 다르다는 것을 알 수 있다.

비열하고 비겁한 지식인, 저급한 욕망의 노예에 불과한 지식인, 이른바 '아는 것'은 많을지 몰라도 그 언행은 경솔하기 짝이 없는 지식인은 공자가 말하는 '배움'과는 거리가 멀다. 책과 글에 의존하는 '지식'에 대한 숭배는 공자가 말하는 배움이 아니며, '책 지식'이나 내세우는 자는 공자의 기준으로는 못 배워 먹은 자에 해당한다. 독서를 하지 말라는 것은 아니지만, 독서가 배움의 핵심을 이루는 것이 아니라는 점은 다음 구절에서도 익살스럽게 드러나고 있다:

> 자로가 자고(子羔)를 천거하여 비(費) 고을의 행정을 맡도록 했다. 선생님이 "네가 애를 버리는구나"라고 말하자 자로가 이렇게 대꾸했다: "백성도 돌봐야 하고, 제사도 모셔야 할 것 아니겠습니까? 꼭 책을 읽어야만 배우는 것입니까?" 그러자 선생님이 "이래서 내가 말재주 좋은 것을 미워해"라고 하셨다.[8]

공자는 자고가 아직 실무를 감당할 역량이 없다고 판단하였기 때문에[9] 자고에게 그 능력을 넘어서는 일자리를 알선해 준 자로의 처신을 못마땅하게 여겨 자로를 책망했다. 그러나 "꼭 책을 읽어야만 배우는 것은 아니다"는 자로의 말대꾸 자체는 흠잡을 데 없고, 틀린 데가 없으므로 공자는 "이래서 내가 말재주 좋은 것을 미워해"라고 쏘아붙인 것이다.

책벌레, 시험의 달인, 세상 물정 모르고 책만을 탐닉하는 이른바 '백면 서생(白面書生)'은 공자가 말하는 '배움'과는 거리가 한참 멀다는 점을 누구보다도 공자가 속 시원하게 이렇게

말하고 있다:

> 시 300편을 달달 외우지만, 막상 나라 일을 맡겨보면 해내
> 지 못하고, 외교 사신으로 보내면 혼자서는 상대방을 대하
> 지도 못하는 자들. 이런 자들이 아무리 많아 본들 어디에
> 써먹겠나?[10]

송경(誦經), 독례(讀禮)가 배움이라고?

그러나, 문헌(文)을 통하여 문물제도를 공부하는 '학문(學文)'
이 곧 배움(學)이라고 착각하고, 오로지 '책 읽기'에 골몰하는
태도는 불행하게도 상당히 일찍부터 나타난다. 공자가 죽은
후 200년가량 지난 시점에 저술 활동을 하던 순자(기원전 310-
235)는 배움(學)을 경전 외우기(誦經)과 예법 제도에 대한 문헌
을 읽는 것(讀禮)이라고 오해한 나머지 다음과 같이 적고 있다:

> 배움은 어디서 시작하여 어디서 끝이 나는가? 배움의 순서
> 는 경전 암송에서 시작하여 예법에 관한 문헌을 읽는 것으
> 로 마무리된다.[11]

이런 오해는 위(曹魏)나라 시절 논어 해석가들에게 널리 퍼져,

왕숙(王肅; 195-256)도 배움과 관련하여 "시(時)는 배운 것을 때맞추어 암송(時誦)함으로써 익히는 것을 말한다. 암송하여 익히는 것을 때맞추어 함으로써 배운 것을 잃어버리지 않으니 그것이 기쁜 이유이다"는 식의 설명을 내놓는다.[12]

　　17세기 일본의 유학자 오규 소라이도 이런 해석 전통을 답습하여 "학이시습지 불역열호(學而時習之 不亦說乎)"를 해설 하면서, 현실 세계에서 벼슬을 얻지 못하여 실패한 공자가 일 선에서 물러나 제자들과 함께 학문과 집필 활동을 하면서 위 안을 얻었다는 식으로 묘사하고 있다. '시습(時習)' 또한 학기 별, 계절별 학습 커리큘럼이라고 이해하여, "봄에는 시를 암송 하고, 여름에는 악기를 연주하며, 가을에는 예법을 배우고, 겨 울에는 옛 문헌을 읽는다"는 『예기』의 구절을 인용한 북송시 대의 『논어주소(論語注疏)』에 제시된 설명을 그대로 소개하고 있다.[13] 현실 세계에서 자신의 정치적 꿈을 제대로 펼쳐보지 못 한 공자가 현실에서 물러나 제자들과 함께 각 계절에 적합한 다채로운 학습 커리큘럼을 갖춘 일종의 사립학교를 운영하며 학문 활동과 제자들과의 모임에서 삶의 기쁨을 찾고, 세상이 알아주는 인물이 되지 못한 아쉬움을 애써 억누르며 일종의 '정신 승리'를 구가하는 상황을 해석자의 상상으로 만들어낸 후, 공자가 말하는 '배움'이 이런 식으로 현실과 유리된 책벌레 의 삶, 스승과 제자 간의 훈훈하고 끈끈한 인간 관계라고 단정 하는 것이다. 오랫동안 반복되어 왔던 이런 B급 멜로드라마 같은 상상과 해석이 과연 옳은지는 원전을 좀 더 살펴본 연후에야 판단할 수 있을 것이다.

육예(六藝)를 배우라고?

공자의 가르침과 배움에 관하여 이른바 육예(六藝; 여섯 과목)라는 것이 흔히 언급되기도 한다. 애초에 육예라는 표현은 동중서(董仲舒; 기원전 179-104)가 시(詩), 서(書), 예(禮), 악(樂), 주역(易), 춘추(春秋)로 이루어진 여섯 문헌에 대한 배움(六學)을 언급하면서 시작된 것으로 보인다. 동중서 역시 공자가 말하는 배움(學)을 오로지 문헌에 의존한 지식 축적이나 지적 탐구 작업이라고 잘못 파악한 해석 전통을 더욱 고착시키는 데 기여했음은 물론이다.[14]

그러나, 얼마 안 가서 동중서가 말한 육예는 살짝 그 내용이 바뀌게 된다. 전국시대 문헌으로 추측되긴 하지만 신(新)나라(9-23) 때 유흠(劉歆)이 수정, 편집한 것으로 여겨지는『주례(周禮)』에는 공식적인 교육 커리큘럼으로서 육예가 언급되는데, 이때부터 육예는 예(禮), 악(樂), 사(射), 어(御), 서(書), 수(數)를 지칭하는 용어로 그 뜻이 바뀌었다.[15] 아마도 책만 보면 건강에 해로우니, 활도 쏘고(射), 수레도 몰아보는(御) 등 신체 단련도 하고 산수(數)도 공부해서 기술 교육의 기초도 좀 마련해 보라는 뜻이리라.

그러나 공자가 말한 배움은 이런 내용과는 무관할 뿐 아니라, 오히려 논어에는 정반대되는 내용도 있다. 후대 해석가들의 근거 없는 오해의 깊이는 때로는 놀라울 정도다. 배움과 관련된 논어의 어느 구절에서 공자가 활 쏘기나 수레 몰기를 거론한 것은 맞다. 그러나 공자가 활 쏘기나 수레 몰기를 열심히 배우라는 뜻으로 말한 것은 전혀 아니다. 배움이 마치 세속적 명성을 쌓고 이름을 드날리기 위한(이른바, 입신양명) 수단이라고 착각한 채 헛소리를 늘어놓는 어느 마을 사람의 천박한 견해를 불쾌하게 여긴 공자가 역설적으로 조롱을 섞어 쏘아붙인 말이었을 뿐이다:

> 달항미을 시람이 이렇게 말했다. "공자 그 사람 대단하지. 배운 것은 많아도 명성을 드날린 분야는 하나도 없어." 선생님이 이 말을 듣고 제자들에게 이렇게 말했다. "난 뭘 하면 좋을까? 수레 몰기를 할까? 활 쏘기를 할까? 수레나 몰아야겠다."[16]

명사수로 이름을 드날리고, 훌륭한 운전 기술로 유명해지는 것, 즉, 명성을 추구하는 것이 '배움'의 목적은 결코 아니라는 점을 강조하려는 것이지, 활 쏘기를 배우고 수레 몰기를 배우라는 뜻이 아니었다.

한편, 공자가 과연 산수 공부를 열심히 하라고 권했을까? 이 또한 후대 해석가들의 근거 없는 상상일 뿐이다. 공자는 실용적 기술의 습득을 소인(小人)의 일이라고 보았다. 제자 중 한 명이 곡식 농사를 배우려 하고, 과수원 경영을 배우려 하자 공자가 못마땅해하면서 폄하하는 다음 구절이 있다.

> 번지(樊遲)가 농사일 배우기를 청하자 선생님이 "난 농부가 아닌데"라고 하셨다. 과수원 경영을 배우고 싶다고 하자, "난 과수원 주인이 아닌데"라고 하셨다. 번지가 나가자 선생님이 이렇게 말했다: "번지는 소인이로군. 윗사람이 예법을 기꺼이 지키면 백성들이 감히 함부로 하지 못하고, 윗사람이 옳음을 기꺼이 실천하면 백성들이 감히 불복하지 않고, 윗사람이 신뢰를 기꺼이 지키면 백성들이 진심을 다하게 되지. 이렇게 되면 사방에서 사람들이 애를 포대에 싸서 안고 업고 몰려들 텐데 농사는 배워서 뭐 해?"[17]

국가 지도자가 할 일과 국민 개개인이 할 일은 분명히 다르다. 공자는 제자들이 지도층 인사가 되거나 국가의 지도자를 잘 보좌하고 자문하여 백성들이 자부심을 가지고 각자 자기 분야에서 진심을 다하여 열심히 일하도록 이끌어내는 '정치적 역량'을 발휘하기를 기대한 것이지, 생산 현장에서 직접 팔을 걷고 농사를 짓거나 물건을 만드는 데 필요한 기술을 연마하기를 권한 것이 아니다.

정치를 제대로 하면 국민들이 진심으로 국가 시책에 호응하고 열심히 일하게 될 뿐 아니라, 이웃 나라 사람들까지 몰려들어 노동력이 풍부해지므로 농사뿐 아니라 모든 경제활동이 전반적으로 활발해지고 나라가 부유해진다는 것이 공자의 설명이다. 당시에는 노동력 확보가 가장 중요한 과제였기 때문에 인구 유입, 즉, 이민자가 몰려드는 상황은 가장 반갑고 바람직한 상황으로 인식되었다.

번지와 같이 농사일이나 직업 교육, 기술 교육을 받기를 원하는 사람이라면 굳이 공자의 문하에 기웃거리며 문을 두드릴 이유가 없다(이른바 '번지 수'를 잘못 찾은 것이다). 여러 분야의 다양한 직업적 능력은 비천한 배경을 가진 사람이나 터득하는 것이라는 생각을 공자는 가지고 있었고, 자신은 어릴 때 비천했기 때문에 온갖 잡일에 능하게 되었을 뿐이며, 군자나 성자(聖者)가 그런 지엽말단의 것을 습득할 이유는 없다고 잘라 말한 적이 있다.[18]

공자나 유가의 가르침이나 배움과 관련하여 육예라는 말을 들먹이거나, 기예라는 뜻을 가진 낱말(藝)을 소환함으로써 우리가 범하게 되는 크나큰 잘못은 공자가 정말로 가르치려 했고 배워야 한다고 강조한 것이 정작 무엇이었는지를 가리고 잊어버리게 만드는 것이다. 예(藝)는 다양한 재능이나 기예를 뜻하는데, 공자는 예(藝)를 취미생활 또는 여가활동이나 여흥의 대상으로 보는 것이지, 모든 노력을 다해 '배워야(學)' 할 대상으로 삼은 것은 아니다.

> 선생님이 이렇게 말했다: "도(道)에 뜻을 두고, 덕(德)에 근거하며, 인(仁)에 의지하고, 놀때는 기예(藝)를 펼쳐봐."[19]

> 선생님이 "난 제대로 기용된 적이 없었기 때문에 기예에 능하게 되었지"라고 한 적이 있다고 제자 금뢰(琴牢)가 말했다.[20]

진정으로 배워야 할 것

온갖 힘과 노력을 다 기울여 진정으로 배워야 할 내용은 경전도 아니고, 육예도 아니며, 활 쏘기나 수레 몰기는 더더욱 아니다. 무엇을 배워야 하는지는 논어의 제1편(學而)에 거듭 제시되어 있다. 부모와 자녀 간의 수직적 관계, 형제 간의 수평적 관계에서 어떻게 처신해야 하는지를 배워야 하고(1.2; 1.11), 나라를 제대로 통치하려면 어떻게 해야 하는지를 배워야 하고(1.5), 동료나 친구들과의 관계에서 충심과 신의를 지킨다는 것이 무엇인지를 배워야 하고(1.4; 1.8), 중생을 널리 사랑한다는 것이 무엇인지, 특히 친밀한 관계일수록 윤리성에 유념한다는 것이 무엇인지를 배워야 한다(1.6). 타인 앞에서 진정한 위엄을 유지하는 방법을 배워야 하고, 자신의 잘못을 솔직히 인정하고 개선하는 자세를 배워야 한다(1.8). 예법의 용도가 무엇인지, 한계가 무엇인지를 배워야 하고(1.12; 1.9), 사람들과의 관계에서 온화하고 예의바르고 겸손하게 행동하는 매너를 배워야 하고(1.10), 세속적이고 물질적인 욕망을 극복하고, 올바른 길을 늘 추구하는 진솔한 자세를 배워야 한다(1.14). 이러한 배움은 끝없는 노력을 통하여 점진적으로 개선되는 과정이며(1.15), 스스로 더 나은 사람이 되기 위한 것이지, 다른 사람들로부터 인정받거나 칭찬받기 위한 것이 아니라는 점(1.1; 1.16)을 배워 깨달아야 한다.

책갈피를 뒤적이며 글을 읽고, 경전을 암송하는 것이 배움이라고 오해한 '못 배운' 사람들은 배움에 관한 논어 제1편에 어째서 부모와 자녀 간의 사랑(孝), 형제 간의 우애(弟), 사심 없는 충직함(忠), 믿음직스러움(信), 사랑(愛), 윤리성(仁) 등에 관한 구절들이 거듭 거듭 등장하는지 의아해하게 된다. 심지어는 논어의 편제 자체를 문제 삼기도 한다. 즉, 논어의 각 편에는 주제별로 일관된 구절들이 모여 있는 것이 아니라면서, 제1편도 배움에 관한 구절들이 모여 있는 것이 아니라 배움과 상관없는 구절들이 마구 섞여 있다는 식의 주장을 내세우기도 한다. 책 읽기가 배움의 전부라고 착각하는 사람의 편협한 눈에는 충심과 신의에 대한 구절이나(1.4, 1.8), 자기 잘못을 깨닫고 개선하라는 구절(1.8)이 배움과는 무관하게 보이겠지만, 공자가 말하는 배움은 바로 이런 것이다. 올바르게 행동하고, 처신하고, 판단하는 것을 배우라는 것이다. 자신의 상관을 충직하게 보좌한다는 것이 어떤 것인지를 배우고, 동료와 친구들과의 관계에서 신의를 지킨다는 것이 무엇인지를 배우라는 것이다. 물질적 욕심과 감각적 욕망이 배신과 배반의 길로 유혹할 때 어떻게 이것을 극복하고 올바른 선택을 할 수 있을지를 배우라는 것이다. 배움에 관한 논어의 제1편에 "배부르게 먹으려 하지 말고, 안락한 삶을 추구하려 하지 말라"는 구절(1.14)이 나오고, "감각적 욕망을 잡초 잘라내듯 쳐내라"는 구절(1.7)이 나오는 이유도 바로 여기에 있다.

그러나 무엇보다도 배움의 가장 중요한 계기는 자기 스스로의 과오와 잘못이 아닐까? 잘못(過)을 저지르지 않는 사람이 어디 있겠는가? 그러나 자신의 잘못을 뼈저리게 깨닫고 이를 악물고 분발하여 더 나은 사람이 되라는 것이 바로 공자가 말하는 배움의 핵심 내용이다:

> 선생님이 이렇게 말했다. "분노하지 않고서는 깨달을 수 없고, 이를 악물지 않고서는 발전이 없어. 내가 한 쪽을 드는데, 너희들이 나머지 세 쪽을 들지 않는다면 나는 다시 되풀이하지 않아."[21]

자신의 잘못을 누가 지적해주면(한 구석을 들어주면), 과오를 깨닫고, 철저히 그리고 완전히 개선하라(나머지 세 구석을 들어 올리라)는 것이다. 자신의 잘못을 인정하고 개선하는 것을 주저 말라는 공자의 말(1.8)이 논어의 제1편에 배치되어 소개되는 이유도, 잘못을 깨닫고 개선하는 것이야말로 공자가 말하는 배움의 가장 중요한 부분이기 때문이다. 제자 안회가 누구보다도 "배우기를 좋아했다"면서 공자가 그를 칭찬하는 이유도 "잘못을 되풀이하지 않았"기 때문이다(6.3). 이것이 바로 공자가 말하는 배움(學)이다.

　책갈피나 뒤적이며 공자왈, 맹자왈 하는 것과 공자가 말한 배움과는 큰 거리가 있다.

어떻게 배울 것인가? ─────────────

책을 읽고 책 속의 지식을 습득하는 것이 배움이라고 오해하고 나면, 어떻게 배울 것인지에 대해서도 상당한 수준과 분량의 헛소리를 늘어놓게 된다. 시도 때도 없이 반복하여 늘 경전을 암송하라거나, 봄에는 시를 암송하고, 여름에는 악기를 연주하며, 가을에는 예법을 배우고, 겨울에는 옛 문헌을 읽는다는 가소로운 '학습 방법론'이 판을 치는 이유는 모두 무엇을 배울 것인지에 대한 오해에서 비롯되며, 문물 제도에 대한 지식을 문헌(文)을 통하여 습득하는 것, 즉, 학문(學文)이 곧 배움

(學)이라고 오해하고 착각하여 벌어지는 일이다.

배움(學)의 방법이 무엇인지는 공자가 여러 차례 설명하고 있다. 사람은 견(見)과 문(聞)을 통해서 배운다.

> 자장(子張)이 직장을 구할 생각으로 배우고자(學) 했다. 선생님이 이렇게 말했다: "여러 가지를 많이 듣고(多聞), 의심스러운 것을 가려낸 후 남는 것을 신중하게 말하면 실수가 적을 것이다. 여러 가지를 많이 보고(多見), 위태로운 것을 가려낸 후 남는 것을 신중하게 행하면 후회가 적을 것이다. 언사에 실수가 적고 후회할 행동이 별로 없게 되면 직장도 생기게 마련이야."[22]

'듣는다(聞)'는 것은 소리로 듣는 것만을 의미하는 것이 아니라, 전해 듣는 모든 것을 다 포함하는 말이다. 남의 이야기를 귀로 듣거나, 남의 글(즉, 책이나 문헌)을 읽어서 접하게 되는 모든 정보가 바로 여기서 말하는 '듣는 것(聞)'에 해당한다. 요컨대, 남의 말이나 글을 통한 간접 경험이 '聞'이다. 한편, '본다(見)'는 것은 단순히 눈으로 구경하고 본다는 뜻도 물론 포함되어 있지만, 자신의 행동이나 경험을 통해서 체험하고 목격하게 되는 모든 내용, 즉 직접 경험을 의미하는 말이다. 그렇기 때문에 위 인용 구절에서도 '본다(見)'는 것은 '행동(行)'과 직결되어 있다. 견(見)과 문(聞)을 통하여 언사(言)와 행동(行)에 후회가 없도록 하는 것이 공자가 말하는 배움(學)이다.

배울 필요도 없이 아는 사람이 없지는 않겠지만, 공자는 자신이 그런 사람은 아니라고 한다.[23] 쉽게 배우는 사람도 있고 어렵게 배우는 사람도 있겠지만, 어쨌든 대개의 경우는 배움을 통하여 알게 될 것이다.[24] 간접 경험을 통하여 폭넓게 지식을 쌓고(多聞), 직접 경험을 풍부히 함(多見)으로써 알게 된다는 다음 구절 역시 다문(多聞)과 다견(多見)이 배움의 방법임을 거듭 확인한다:

> 선생님이 이렇게 말했다: "잘 알지도 못하면서 이러쿵저러쿵 하는 사람들도 있겠지만, 나는 그렇지 않아. 많이 듣고 (多聞) 그 중 좋은 것을 가려서 따르고, 많은 경험(多見)을 통해서 깨닫게 되지. 이게 바로 앎의 방법이야."[25]

책을 많이 읽고 대학에 진학하여 학위를 해야 배운 사람이 될 수 있을 것이라고 흔히 생각할지는 모르겠으나 공자가 말하는 배움은 이것과는 완전히 다르다는 점을 공자의 제자인 자하(子夏)가 이렇게 확인하고 있다.

> 자하가 이렇게 말했다. "학식과 재능에 현혹되지 않고(賢賢), 감각적 유혹을 물리치고(易色), 온 힘을 다해서 부모를 모시고, 온 몸을 바쳐서 임금을 섬기며, 친구 간에 교제할

때 그 언사가 믿음직스럽다면, 비록 남들은 그 자를 못 배운 사람이라고 할지라도 나는 반드시 그 자를 배운 사람이라고 하겠다."[26]

현현역색(賢賢易色)

여기 인용한 구절 첫 부분에 나오는 "현현역색(賢賢易色)"은 여태껏 "현인을 숭상하고 좋아하기를 여자 좋아하듯 하고"라거나, "여자를 좋아하는 그런 마음으로 현인을 좋아하고"라는 식으로 해석해왔다.[27] 이런 해석은 "현현(賢賢)"이라는 표현이 문장 구조상 수행할 수 있는 역할과 의미에 상당한 무리를 가하고, 역(易)이라는 글자는 해석자가 원하는 의미나 기능이라면 뭐든지 부여해도 될 것처럼 전제하고 무리한 상상력을 동원할 때에나 가능한 것이다. 더 심각한 문제는 이런 해석은 학식과 재능이 많은 자, 즉, 현인에 대한 숭배와 흠모를 바람직하고 당연한 것으로 여기는 순종주의적 가치관과 지식 권력에 대한 복종 심리를 고스란히 표출한다는 점이다. 심지어, 예를 들어, 오규 소라이는 '현현역색'에 대해 "현인을 좋아하는 지극한 마음이 바깥으로 드러나서 안색이 바뀔 정도이고"라는 해석이 옳다고 주장하기도 한다.[28]

학(學)을 "먼저 깨달은 사람을 본받는 것"이라고 해석하는 주희의 주석에도 물론 현인 숭배 발상이 진하게 배어 있다.[29] 스승과 제자 간의 관계를 권위적 지배복종 관계로 받아들이도록 강요하고 그것을 당연시하는 태도도 역시 현인 숭배 발상에 근거한다. 잘난 사람 주변을 맴돌며 모방하는 것이 바로 공자나 유가에서 말하는 배움이라는 식으로 상상하면서, 잘난 사람(賢人)을 보면 안색이 바뀔 지경으로까지 숭배하고 흠모하는 맹목적 굴종의 자세를 유지하기만 하면, 남들이야 그 사람을 못 배웠다 하더라도 "나는 반드시 그 사람은 배운 사람이라고 하겠다"고 공자의 수제자인 자하가 이야기했다는 식으로 이 구절을 해석함으로써, 현인 숭배, 현인 흠모를 유가 사상의 으뜸가는 미덕으로 내세우게 된다. 이런 해석은 "현현역색"이라는 텍스트의 문법적 기초를 완전히 무시한 채 맹목적인 현인 숭배 컬트(cult)를 원전에 투사하여 원전의 뜻을 멋대로 왜곡한 끔찍한 결과라고 생각한다. "어진 사람 보기를 여자 보듯 좋아하고"라는 한심한 해석에서 삐질삐질 번져 나오는 억압된 남성 성욕의 문제도 있긴 하지만, 그것은 지식 권력에 대한 숭배와 굴종을 강요하는 체계적 오역과 왜곡이 안고 있는 문제의 규모와 심각성에 비하면 그저 가소로울 지경이다.

원전의 표현을 문법적 가능성 내에서 차분하게 살펴볼 필요가 있다. "현현(賢賢)"이라는 표현에서 첫 번째 현(賢)은 이기다, 승리하다는 뜻이고, 두 번째 현(賢)은 재능이나 훌륭함을 뜻한다. 누가 누구를 '이긴다', 누가 누구보다 '낫다', '뛰어나다'는 뜻으로 현(賢)이 사용되는 경우는 흔하다. 논어에도 "자공이 중니보다 낫다"거나, "중니가 어찌 당신(자공)보다 뛰어나겠습니까?"는 등의 표현에 현(賢)이 등장한다.[30] 한편, 두번째 현(賢)은 명사로서, 학식과 재능이 많고 행동이 훌륭하다는 뜻이다.[31]

따라서 현현(賢賢)은, 학식과 재능을 이겨내고, 극복하고, 넘어선다는 뜻이다(賢於賢). 학식과 재능이 많은 것이 '현(賢)'이고, 그것을 넘어서고, 극복하고(克), 이겨내고(勝), 그것보다 더 나아지는 것(賢), 즉 학식과 재능을 넘어서는 것이 '현현(賢賢)'이다. 그러므로 이 구절은 현명한 사람(賢人)을 숭상하고 경배하라는 뜻이 아니다. 학식과 재능을 궁극인 양 떠받들고 예찬하라는 뜻이 아니라, 오히려 그것마저도 넘어서고 극복하라는 뜻이다. 이 말은 자신에게도 적용되고 남에게도 적용된다. 자신의 재주나 학식과 재능을 대단한 것이라 여기면서 남들이 감탄하고 숭배하기를 기대하거나 오만하게 굴지 말고, 그걸 진심으로 대수롭지 않은 것으로 여기고 겸손해지라는 의미이기도 하고, 남의 학식과 재능, 재주 역시 그것에 압도되거나 주눅 들지 말라는 의미도 된다. 상대방에게 학식과 재능이 있다고 해서 그 권위에 당장 굴복하여 복종과 숭배로 일관할 것이 아니라, 학식과 재능을 넘어서서 그 사람의 진정한 값어치를 올바로 평가하라는 뜻이다.

학식과 재능(賢)을 극복하고 넘어서라(賢)는 자하의 말은 요즘 말로 예를 들자면, 자신의 명문대 박사학위가 무슨 대단한 것인 양 으스대지도 말고, 남의 거창한 가방끈에 주눅 들거나 압도당하지도 말고, 자신과 상대방의 진정한 사람됨을 직시하라는 뜻이다. 자신이 명문대를 나왔다고 우쭐해하거나 상대방이 학식과 재능이 많지 않다는 이유만으로 얕잡아 보는 '못 배운' 짓거리를 극복하고 벗어나라는 뜻이다. 비록 독서를 많이 할 기회도 없었고 변변한 학식을 쌓지는 못했지만, 그 사람됨이 올바르고 믿음직하다면 "비록 남들은 그 자를 못 배운(未學) 사람이라고 할지라도 나는 반드시 그 자를 배운(學) 사람이라고 하겠다"는 자하의 말이 바로 학벌 숭배는 집어 치우라는 뜻이 아니면 무슨 뜻이겠는가?

　"역색(易色)"은 동사(易)+목적어(色)의 구조를 가지는 것이다. 易은 풀이나 나무를 잘라내는 것을 말한다.[32] 『예기』에는 "역묘비고야(易墓非古也)"라는 말이 있는데, 그 뜻은 묘지에 난 풀을 쳐내고 이쁘게 단장하는 것은 최근에 나타난 트렌드라는 뜻이고[33], 논어에는 "상, 여기역야녕척(喪, 與其易也寧戚)"이라는 구절이 있는데, 그 뜻은 "상례의 [근본은] 무덤에 난 풀을 쳐내고 가꾸는 것이라기보다는 진정한 애도의 심정을 간직하는 것"이라는 의미이다.[34] 색(色)은 여색(女色)을 포함한 일체의 감각적 자극과 유혹을 뜻한다. 따라서 "역색(易色)"은 무성하게 자라나서 시야와 앞길을 가로막는 잡초들을 자르고 쳐내듯이 일체의 감각적 자극과 유혹을 물리치라는 뜻이다. "현현역색"이라는 네 글자를 "어진 이 섬기기를 여색을 좋아하듯 흠모하라"는 뜻이라고 잘못 해석할 경우, 이 구절은 학식과 재능을 가진 사람을 떠받들고 흠모하지 않으면 배운 사람으로 쳐주지 않겠다는 그릇된 지식인의 유치한 지배 욕망과 군림 욕망을 드러내 보이게 될 뿐이다. 스승이나 지식인에 대한 복종과 숭배를 요구하는 태도는 이러한 저열한 욕망에 근거한다. 여색뿐 아니라, 일체의 욕망과 유혹을 잡초 쳐내듯 말끔히 걷어내라는 자하의 입장과는 달라도 너무나 다르다.

"현현역색"이 "마치 여자를 좋아하듯 현인을 흠모하라"는 뜻이라고 이 구절(學而 1.7)을 그동안 잘못 번역해왔기 때문에 학벌, 학식, 스승에 대한 흠모와 추종이 곧 유교적 배움이라는 식의 순종적이고 권위적인 가짜 메시지가 판을 치게 되었다. 자하가 실제로 한 말은 학식과 재능을 극복하라는 것이었는데, 이 구절이 오히려 학식과 학벌에 대한 숭배와 굴종을 조장하고 노골적으로 강요하는 사악한 구절로 둔갑해버린 것이다. 고전 번역의 역사상 이렇게 철저하고 교묘한 반역(反譯)이 또 있을까 궁금해질 지경이다.

학식과 재능을 이겨내고(그것에 현혹되지 않고), 물질적 욕심과 감각적 욕망을 물리치는 것을 배움의 핵심 내용으로 제시하는 자하의 이 구절은 "배부르게 먹으려 하지 않고, 안락한 삶을 추구하지 않는 것"을 배움의 경지로 제시하는 공자의 설명(學而 1.14)과도 일맥상통한다. 부모와의 관계, 직장 상사와의 관계, 친구와의 관계에서 올바르지 못한 행동을 하게 되는 가장 흔한 이유는 무엇일까? 자신의 학식이나 재능에 대한 자만심, 타인의 학식이나 재능에 대한 무비판적인 굴종이나 폄하, 그리고 물질적 욕심, 감각적 욕망… 바로 이런 것들에 휘둘릴 때 그릇된 행동을 하게 된다는 것이 자하의 통찰이다. 공자가 여러 번 강조한 배움의 방법 또한, 많이 듣고(多聞) 많이 보고(多見) 견문과 경험을 쌓음으로써 신중하게 말하고 후회없이 행동할 수 있게 된다는 것이지, 스승 주위를 맴돌며 현인이랍시고 "여자를 탐하듯" 숭배하고 복종하라는 것이 아니었다. 스승이 따로 없고, 어느 누구건 간에 따를 만한 것은 따르고, 못된 부분은 반면교사로 삼으라는 것이 오히려 공자의 일관된 입장이었다.[35]

배워서 어쩌자는 것인가?

사실 논어의 제1장 제1절 첫 구절인 학이시습지(學而時習之)를 '배우고 때때로 익힌다'는 학업 훈육 교훈으로 왜곡, 오해해 온 지는 꽤 오래되었다. 논어 해석에 지대한 영향력을 행사한 주희(朱熹, 1130-1200)는 『논어집주(論語集注)』에서 이 구절을 다음과 같이 설명하고 있다.

학(學)이라 함은 본받는 것이다. 인간의 본성은 모두 선하지만 깨닫는 시점에는 선후(앞서고 뒤지고)가 있다. 나중에 깨닫는 자는 먼저 깨달은 자의 행위를 반드시 본받아야 한다. 그래야 더욱 선해지고 그 시초의 모습을 회복할 수 있게 된다. 습(習)은 새가 여러 차례 날갯짓을 하듯 자주 함을 뜻한다. 배움을 중단해서는 안 되며 새가 여러 차례 날갯짓을 하듯 계속 반복해야 한다. 열(說)은 기쁘다는 뜻이다. 이미 배운 것을 또다시 때때로 거듭 익히면, 배운 내용이 무르익게 된다. 기쁨은 바로 거기에서 나온다. 그것을 맛본 자는 그만할 수 없게 되는 것이다. 정(程)선생[程頤; 1033-1107 북송시대의 학자]은 "습(習)은 반복 학습을 뜻한다. 시간 날 때마다 반복해서 생각해보고 풀어보면 그 내용에 흠뻑 젖게 된다. 바로 이것이 기쁨이다"라고 했다. 그는 또 "배운다는 것은 장차 그 내용을 실행하기 위함인데, 배운 내용을 자주 반복 학습하면 배운 것이 내 것이 되므로 기쁜 것이다"라고 했다. 사(謝)씨[謝良佐; 1050-1103]는 "시습(時習)은 익히지 않는 때가 없이 언제나 익힌다는 뜻이다. 앉아 있을 때에는 시동[尸童, 제사를 지낼때 신위 대신 그 자리에 앉히던 아이]처럼 곧게 자세를 유지하는 것을 익히고, 서 있을 때는 엄숙하고 가지런한 자세를 유지하는 것을 익히는 것이다"라고 했다.[36]

"반복해서 생각해보고 풀어본다"는 정이(程頤)의 설명은 습(習)을 오로지 관념이나 개념의 이해를 목표로 한 지적 훈련(intellectual exercise)으로만 여기고 있음을 보여준다. 실천이나 행동이 아니라, 책 속에 파묻혀 이런 저런 개념이나 주장, 사상의 상관관계, 상보 관계, 상충 관계를 반추하는 '정신 작업'을 습(習)이라고 생각하며, 이것을 통해 자신의 사고가 무르익는다고 믿고 있다. 오로지 책 읽기에 골몰하고 거기서 희열을 느끼는 백면서생이 빠지기 쉬운 함정이 바로 이것이다. 주희, 정이, 사량좌는 모두 학자들이고, 이들은 예외 없이 자신들이 업으로 하는 '문헌 연구', 즉, 학문(學文)이 바로 공자가 말하는 배움(學)이라고 혼동하는 것이다. 논어의 첫 구절에 언급된 '기쁨(說)'을 학자들이 책을 읽거나 이론 논쟁이나 논의를 하면서 느끼는 지적 희열이라고 오해한 이분들은 '시습(時習)'을 시도 때도 없이, 멈춤 없이, 시간 날 때마다, 언제나, 늘, 끊임없이, 자주 반복 학습(重習)하라는 뜻으로 해석하고, 끝내 주희는 이런 관념적 행위에 대한 중독 상태("그것을 맛본 자는 그만할 수 없게 되는 것")를 기쁨(說)이라고 이해한다.

이처럼 학자들이 자기의 직업적 특성을 객관화, 상대화시키지 못하여 저지르는 원전 왜곡은 아직도 진행 중이다. 오늘날 논어에 대한 전문적 연구를 수행하는 분들 역시 책에 파묻혀 시간을 보내는 서생들이며 이들도 주희가 이야기하는 일종의 지적 중독 상태에 빠져 있기도 하다. 주희, 정이, 사량좌 등의 해석이 수백 년간 집요하게 반복되고 수용되어 온 데에는 학문(學文 또는 學問)을 직업으로 하는 연구자 자신들의 개인적 경험과 직업적 익숙함에 기인한 착각, 즉, 문헌을 연구하고 해석하고 책에 적힌 내용을 알아가는 것이 바로 배움(學)이며 그것이 바로 기쁨이라는 생각이 중요하게 작용했을 것이다.

학문(學文 또는 學問)을 직업으로 하는 학자들의 편협한 시각으로 보기에는 학업은 그 자체가 즐거운 것이니, 자꾸 반복하여 그 즐거움을 끊임없이 맛보는 것이 궁극의 경지라는 해석이 설득력 있을지 모르겠으나, 이런 해석은 "학이시습지(學而時習之)" 다섯 글자 중, 첫글자인 학(學)을 학문이라고 착각한 것이고, 중간에 있는 시(時)도 '때때로'라고 잘못 번역했으며, 뒤에 나오는 습(習) 또한 예습, 복습, 반복 학습이라고 오해한 것에 불과하다. 학문(學文)은 공자가 말한 배움의 덜 중요한 일부분일 뿐이라는 점은 이미 설명했다. 이하에서는 시(時)가 무슨 뜻인지, 습(習)이 무슨 뜻인지를 설명함으로써 "배우고 때때로 익히면"이라는 철저한 오역이 어떻게 공자의 핵심적 메세지를 가려 덮어왔는지를 드러내고자 한다.

시(時)란 무엇인가?

자주, 시간 날 때마다, 때때로, 늘, 언제나 반복 학습하라는 권고가 논어의 첫 구절에 담겨 있다는 식의 해석은, '시(時)'라는 단어가 실제로 논어에 어떤 뜻으로 사용되는지를 살펴보고 나면 터무니없는 오해라는 사실이 분명해진다. 논어에서 '시(時)'가 등장하는 다음 구절들을 먼저 살펴보자.

백성을 동원해서 일을 시키려면 적절한 시점을 택해야 한다. 使民以時 (1.5) (시도 때도 없이 함부로 동원하면 안 된다는 뜻)

산에 있는 까투리로구나. 제 철이지! 제 철이지!(「山梁雌雉, 時哉時哉」) (10.18)

그분은 말씀하실 때가 된 연후에 말씀하시기 때문에 사람들이 그분 말씀을 싫어하지 않고 … (夫子時然後言, 人不厭其言) (14.13) (때가 아닌데 함부로 끼어들어 말하지 않는다는 뜻)

하(夏)나라의 달력(절기節期)에 따르고 (行夏之時) (15.11)

나이가 어릴 때에는 몸과 마음의 기운이 불안정하니 욕정을 조심하고 (少之時, 血氣未定, 戒之在色) (16.7)

공자는 그 사람(양화, 陽貨)이 없는 때를 골라, 그에게 답례 방문을 했다. (孔子時其亡也, 而往拜之) (17.1)

사계절이 때맞춰 오고, 온갖 생물이 태어나지만 어디 하늘이 말을 하더냐? (四時行焉, 百物生焉, 天何言哉) (17.19)

이 모든 구절에서 '시(時)'는 적절한 시점이나 특정한 시점을 뜻하는 것이지, '자주'라거나, '때때로'라는 식의 '반복'이나 '빈번함'을 뜻하는 것이 아니고, '언제나', '늘', '계속해서'라는 뜻은 더더욱 아니다. 특히 논어에 나오는 다음 문장은 이 점을 가장 뚜렷하게 대비하여 드러내주고 있다:

나라 일에 종사하고 싶어하면서도 자꾸(亟) 그 적절한 때(時)를 놓친다면, 지혜롭다 할 수 있겠는가?[37]

이 문장에 나오는 '기(亟)'는 자주, 자꾸 또는 여러 번이라는 말이므로 빈도나 반복을 뜻하는 것이고, '시(時)'는 적절한 시기, 기회, 타이밍을 말하는 것이다. 논어에서 '시(時)'는 '적절한 시점'이라는 뜻으로 사용되는 단어이지, 무엇을 '자주' '자꾸' '여러 번' '시도 때도 없이' 거듭한다는 뜻이 아니므로, 학이시습지(學而時習之)에서의 시(時) 또한 '적절한 때에'라고 해석하는 것이 옳다.

　학(學)은 독서나 문헌 연구가 아니라 다양한 직접 경험(見)과 간접 경험(聞)을 통하여 올바르게 처신하고, 판단하는 것을 배운다는 뜻이다. 이렇게 배운 것을 '적절한 때(時)'가 왔을 때 습(習)한다는 것이 바로 학이시습지(學而時習之)일 터이다. 책 읽은 내용을 복습, 반복 학습하는 것이야 굳이 '적절한 때'를 기다려야 하는 것이 아니다. 아무 때나 하고 또 하고 할 수 있는 것이 반복 학습이므로, '적절한 때'가 왔을 때에 한다는 '시습(時習)'은 주희가 착각한 반복 학습(重習)이 아니라는 점은 우선 분명하다. 그렇다면 습(習)은 과연 무슨 뜻일까?

습(習)이란 무엇인가?

습(習)은 어떤 행위를 '실제로', '몸소' 하는 것을 뜻한다. 예를 들어, 활 쏘기를 실제로 하는 것을 습사(習射)라고 한다. 활 쏘기를 배워본 사람은 알겠지만, 제대로 배우지 않고 활시위를 아무렇게나 당겨서 화살을 원하는 곳에 보낼 수는 없다. 상당한 기간 동안 교육과 예비 훈련을 거치면서 화살 없이 빈 활을 잡고 올바로 활을 당기는 데 필요한 자세를 갖추고 힘을 기른 후에야 비로소 활 쏘기를 '실제로' 해볼 수 있게 되는데, 이렇게 실제로 화살을 메워 활을 쏘는 것을 습사라고 한다. 무용을 배워 '실제로' 춤을 추는 것을 습무(習舞), 나팔을 배워서 부는 것을 습취(習吹), 화살, 창, 방패 등 다섯 가지 병기를 자신이 실제로 다루는 것을 습오융(習五戎)이라고 한다. 활 쏘기, 음악, 춤, 무기나 병장기를 다루는 것 등은 모두 기예(藝)에 해당하겠

는데, 이처럼 예능이나 기예를 자신이 몸소 실행하는 것을 습(習)이라고 한다.[38]

물론, 습(習)이라는 단어가 예능이나 기예에만 한정되어 사용된 것은 아니다. 무엇이건 자신이 직접, 실행하는 것을 습(習)이라고 부른다는 점은 다음 구절에서도 알 수 있다:

> 부모를 모시고 사는 사람은 모름지기 외출시에는 어디 가는지 알리고, 돌아와서는 인사드리며, 여가 활동은 어엿해야 하며, 하는 일은 버젓해야 한다(所習必有業).[39]

여가 시간을 노름, 도박, 음주 등 저열한 오락으로 소일하지 말고, 자신이 몸소 하는 일(所習)은 남 앞에 버젓이 내놓을 만해야 한다는 뜻이다. 여기서 습(習)을 예습, 복습, 연습, 반복 학습이라고 풀이할 여지는 없다. 공자의 제자이며 스스로도 여러 제자를 나중에 거느리게 된 증자(曾子)는 자신이 하루에 세 가지를 반성한다면서 다음과 같이 말했다:

> 나는 매일 세 가지 측면에서 내 스스로를 돌아본다. 타인을 위해서 일을 도모함에 충심을 다했는지, 친구들과 교류함에 신의를 지켰는지, 내가 배우고 가르치는 내용을 내가 몸소 실천(習)하는지?[40]

세 가지 중 처음 두 가지가 남들과의 관계에서 충심으로 대하는지(忠), 친구와의 관계에서 신의를 지키는지(信)를 반성한다는 것이므로 실제 행동과 실천에 관한 이야기이다. 이 점을 고려하면, 세 번째 내용에 와서 난데없이 예습, 복습하는 이야기를 꺼낼 상황이 아니라는 점은 짐작이 갈 것이다. 게다가 자신이 이미 제자들에게 가르쳐 준 내용이라면 이제 와서 뒤늦게 그것을 예습, 복습, 연습한다는 것도 앞뒤가 맞지 않는다. 전불습호(傳不習乎)는 '스승이랍시고 말로만 번드르르하게 남을 가르치면서(傳) 정작 자신은 그 내용을 실천 안 하고(不習) 있지는 않은지?' 라는 뜻이다.

습(習)이라는 글자는 논어에 3번 등장하는데(1.1, 1.4, 17.2), 그 중 마지막 구절 역시 예습, 복습, 연습, 반복 학습과는 상관없는 내용이다.

선생님이 이렇게 말했다: "인간의 본성(性)이야 서로 비슷하겠지만, 실제로 하는 일(習)로 인해 서로 달라지게 된다."[41]

이 구절에서도 습(習)은 각자가 '실제로' 몸소 행하는 것을 뜻한다. 인간의 본성을 이야기하다가 뜬금없이 예습, 복습 이야기를 꺼낼 계제는 아니라는 점은 분명하다. 인간의 본성이야 비슷할지 몰라도 사람 중에는 선한 행동을 몸소 하며 선한 삶을 사는 이도 있고, 몸소 악행을 저지르며 악한 삶을 사는 이도 있으므로 3세기 하안의『논어집해』는 "군자는 몸소 행하는 일에 신중해야 한다(君子愼所習)"는 공안국의 설명을 이 구절에서 소개한다. 그리고 북송 시대의『논어주소』는 사람들이 타고나는 본성은 아직 바깥세상과 감응하지 않은 상태에서는 서로 비슷하지만, 바깥세상과 감응하여, 즉 실제로 몸소 행하는 바를 통하여 본성이 완성된다(習以性成)면서, 선한 일을 실제로 몸소 행하면(習於善) 군자가 되고, 악한 일을 실제로 몸소 행하면(習於惡) 소인이 되며, 이로써 사람들이 서로 달라지게 된다고 설명한다.[42]

　습(習)을 책에 있는 내용을 예습, 복습, 반복 학습하는 것이라고 해석할 경우, 이상 살펴본 여러 구절들은 뜻이 통하지 않게 된다. "군자는 몸소 행하는 일에 신중해야 한다"는 구절을 군자가 예습, 복습을 '신중하게' 해야 한다고 풀이하는 것도 웃기고, 몸소 행하는 바를 통하여 본성이 완성된다는 구절(習以性成)에서도 습(習)이 읽은 책을 예습, 복습, 반복 학습하는 것이라고 해석하는 것은 터무니없다. 습어선(習於善), 습어악(習於惡)이라는 말도 선행이나 악행을 실제로 몸소 행한다는 뜻이지, 책상머리에 앉아 선함이나 악함을 예습, 복습, 연습하는 것이라고 해석할 여지는 없다.

　논어의 첫 구절(學而時習之)에 나오는 '습(習)'을 익힌다, 무르익게 만든다(熟), 새가 날갯짓을 반복하듯 반복한다(重習), 외워서 암송한다(誦習), 아무 때나 자꾸 복습한다(又時時習之)

라고 잘못 해석해온 이유는, 첫 글자인 '학(學)'을 독서(讀書)와 송경(誦經)으로 하는 학문(學文) 또는 직업적 학문(學問)이라고 오해했을 뿐 아니라, '시(時)' 또한 논어에 이 글자가 실제로 어떤 뜻으로 사용되는지 살펴보지도 않은 채, 아무 때나, 수시로, 때때(時時)로, 심지어는 '시도 때도 없이' 라고 곡해하였기 때문이고, 몸소 행하는 실천을 뜻하는 습(習)마저도, 실천과는 정반대로 책상머리에서 아무 때나 할 수 있는 예습, 복습, 반복학습이라고 오해했기 때문이다. 오역과 오해도 이 정도로 일관되게 체계적으로 이루어지면 오래도록 위세를 떨치게 된다.

'습(習)'이라는 글자가 적절한 때를 뜻하는 '시(時)'와 연결되어 "적절한 때에 습한다(時習)"라고 되어 있는 이유는, 습(習)의 의미가 책 지식을 머리 속에서 반복 학습한다는 뜻이 아니라(이런 반복 학습이야 굳이 '적절한 때'를 기다려야 할 필요는 없다), 자신이 배워 깨달은 것을 몸소 실행, 실천한다는 뜻이기 때문이다. 배워 깨달은 내용을 몸소 실천하는 것은 아무 때나 함부로 할 수 있는 것이 아니다. '적절한 때'가 왔을 때에야 비로소 할 수 있고, 그때 해야 한다. 시도 때도 없이 실천하겠다고 덤벼드는 것만큼 멍청하고 무모하고 위험한 것도 없다. '시습(時習)'은 아무때나 예습, 복습한다는 뜻이 아니라, '적절한 때에 실천한다'는 뜻이다. 때를 못 만나거나, 타이밍이 좋지 않으면 아무리 옳은 내용, 좋은 내용이라도 실패할 것이기 때문이다.

학이시습지 불역열호(學而時習之 不亦說乎)

논어의 첫머리에 배치된 "배우고, 적절한 때에 그걸 실천하면 기쁘지 않겠나?"라는 공자의 말은 이러한 실천적 배움이 추구하는 바를 절묘하게 요약한 것이다. 공자의 제자 자하도 '실천적 배움'을 다음과 같이 간결하게 설명하고 있다:

> 자하가 이렇게 말했다: "맡은 일을 잘 하려면 배워야 하고, 잘 배우려면 일을 맡아 해야 한다."[43]

'배워서 어쩌자는 것인가?'라는 물음에 대한 대답이 바로 논어의 첫 구절에 제시되어 있다. 실천하기 위해 배우고, 배우기 위해 실천한다. 실천 없이는 배울 수 없고, 배움 없이 실천하겠다고 설쳐대서도 안 된다. 그리고 배웠다고 해서 시도 때도 없이 실천, 실행하려는 것도 위험하기 짝이 없다. 물론 제대로 배워 깨달았다면 아무 때나 함부로 나서는 우를 범하지는 않을 것이다. 공자가 말한 배움은 실천과 분리될 수 없고, 실천도 배움과 분리될 수 없다.

그러나 그동안 논어의 첫 구절은 책 지식에 대한 중독 증세를 겪는 창백한 공부벌레들이 느끼는 관념적 사유의 즐거움이나 칭송하는 차원에서 "배우고 때로 익히면 즐겁지 아니한가"라는 식으로 오역되어 왔다. 그 결과 공자의 가르침은 실천과 참여와는 정반대의 메세지, 즉, 책상머리에 앉아 책갈피나 뒤적이며 현실 세계와는 거리를 둔 한가로움을 즐기거나 수험 준비나 열심히 하라는 훈계로 변질되어 제시되어 왔다.

배워 깨달은 것을 적시에 실천했을 때 느끼는 기쁨은 학자들이 책갈피를 뒤적이며 맛보는 학문의 즐거움과는 차원이 다른 것이다. 삶의 현장에서, 정치 현실에서 부딪히고 부대끼면서 온갖 다양한 경험을 통해 배워(學) 깨달은 것을 적절한 기회를 잡아(時) 실천에 옮김(習)으로써 더 많은 사람들의 삶과 제도를 개선하는 데 마침내 성공할 때 느끼는 엄청난 성취감이 바로 논어의 첫 구절에서 말하는 기쁨(說)이다. 논어의 첫 문장을 학자의 관념적 즐거움이나 책 지식을 쌓아가는 두뇌 활동의 기쁨을 찬미한 것이라고 해석할 경우, 공자나 유가 사상은 혈기 방장한 젊은이들을 도서관에 조용히 가두어 놓고 책갈피나 뒤적이도록 만들 수 있는 교묘하게 효과적인 도구가 된다. 그러나 수백 년간 반복되어 왔던 이러한 주류적 해석과는 다르게 배움(學), 적절한 때(時), 실천(習), 기쁨(說)의 원래 뜻을 제대로 살려낼 경우, 논어의 첫 구절은 그동안 숨겨져 있었던 의미를 드러낸다. 논어의 첫 구절을 말 그대로 "배우고, 적절한 때에 그걸 실천하면 기쁘지 않겠나?"라고 제대로 해석할 경우, 논어는 시의적절한 실천과 사회 참여를 적극 권장하고 촉구하는 공자의 힘찬 메시지로 포문을 여는 범상치 않은 텍스트가 된다.

배우면 뭐가 좋아지는가?

공자의 제자이며, 논어가 편찬될 시점에는 이미 그 스스로도 제자들을 거느리게 되어 '선생님'이라는 존칭이 사용되었던 유자(有子)는 신의를 지킨다는 것과 공손함을 유지한다는 것이 결코 간단한 문제가 아니고, 배워야 할 어렵고 미묘한 측면이 있다는 점을 강조하면서 다음과 같이 말했다. 물론 이 구절은 배움에 관한 구절들을 모아둔 논어 제1편에 수록되어 있다.

> 유자(有子)가 이렇게 말했다. "약속(信)이 의로움에 가까우면, 약속한 말 그대로 실행할 수 있다. 공손함(恭)이 예법에 가까우면 치욕스러움을 멀리할 수 있다. 그렇게 하고도 친한 사이가 멀어지지 않게 할 수 있는 자는 또한 우두머리가 될 수 있다."[44]

신의는 일방이 한 약속이 지켜질 것이라는 상대방의 믿음과 기대를 뜻하기도 하고, 쌍방이 합의한 내용이 합의대로 이행될 것이라는 양 당사자의 믿음과 기대를 뜻하기도 한다. 어느 경우건, 말(言)에서 생겨나는 사람들의 믿음과 기대가 신의(信)이다. '약속은 지켜야 한다'거나 '합의는 이행되어야 한다(Pacta sunt servanda)'는 것은 누구나 아는 신뢰의 기본 원칙에 해당하겠다. 하지만, 이런 기본적인 윤리 규범이 실제 삶과 정치의 현장에서 과연 어떻게 실천, 실행될 수 있는지는 복잡한 문제일 수밖에 없다.

약속이나 합의를 했으면 무조건 지켜야 할까? 약속이나 합의의 내용이 애초부터 정의롭지 못했던 경우라거나(여러 불가피한 압박에 못 이겨 그러한 약속이나 합의를 해주었던 상황을 예로 들 수 있다), 약속이나 합의를 할 때는 별 문제가 없었으나 그 후의 사정 변화로 이제는 그것이 정의롭지 못하게 된 경우에 약속을 지키거나 합의를 이행한다면 결국 정의롭지 못한 일을 행하는 것이 된다. 이런 상황에서는 '약속은 지켜야 한다'거나 '합의는 이행되야 한다'는 원칙은 고매한 윤리적 요청이라기보다는, 자신의 악행을 정당화해 보려는 파렴치한이 둘러대는 허울 좋은 방패막이로 전락한다.

다른 한편, 멀쩡한 약속이나 합의를 지키지 않으려고 나중에 와서 그 내용이 옳지 않다거나 정의롭지 않다면서 약속과 합의를 부정하고 빠져나가는 것은 비겁하고 기만적인 태도이다. 애초부터 옳지 않은 약속이나 합의였다면 그런 약속이나 합의는 하지 말았어야 할 뿐 아니라, "그때는 그때고, 지금은 지금"이라는 주장은 비열한 사기꾼들이 무성의하게 내놓는 자기 합리화에 지나지 않을 가능성도 많다. 특히나, 정의나 옳음(義)을 내세워 자신이 한 약속이나 합의를 스스로 부정하는 행위는 상대방의 눈에는 독선을 가장한 뻔뻔한 배신 행위로 보이기 십상이다. 요컨대, 약속이나 합의로 생겨나는 신의를 지키는 것도 윤리적으로 늘 간단한 문제가 아니고, 약속이나 합의한 내용이 옳지 않다는 이유로 그것을 사후에 파기하는 것도 간단한 문제는 아니다.

이렇듯 어려운 실천적 문제에 대해서 올바르고 적절한 판단을 내려서 자신이 말한 대로 실행해도 될지를 가늠하고 결단하는 능력을 기르는 것이 공자나 유자가 말하는 '배움'이다. "의롭지 않은 약속이나 합의는 지키지 않겠다"는 입장을 고수하는 자는 자신이 정의의 화신이라고 믿을지 모르겠으나, 의(義)와 불의(不義)에 대한 그자의 판단이 올바르지 않을 경우 그 자는 스스로 불의를 저지르는 것은 물론이고, 반성마저 않는 뻔뻔한 인간으로 평가될 것이다. 그리고 옳은지 그른지에 대한 자신의 판단이 비록 정확하더라도, 약속이나 합의가 이행되리라 믿고 기대했던 상대방에게는 실망을 안겨주는 것이므로 상대방과 사이가 멀어지거나 적대적인 관계가 되는 것이 보통이다. 유자가 위 구절에서 지적하는 바는 바로 이런 상황에서도 상대방과 좋은 관계, 가까운(親) 관계를 유지할 수 있는 자라면 능히 남들을 이끄는 우두머리(宗)가 될 수 있다는 뜻이다. 옳음만을 추구한 나머지 남들로부터 미움을 사는 자는 독선에 머무를 뿐, 사람들을 아우르고 이끌어가는 리더가 될 수는 없고, 사람들과의 친밀한 관계를 유지하는 데만 급급하여 옳고 그름을 따지지도 않고 약속이나 합의를 무턱대고 이행하는 자는 범죄자로 전락할 뿐이다. 범죄 조직원들이 서로 간에 굳게 지키는 '의리'니 '신의'니 하는 것이 바로 이런 것 아니던 가? 공자도 "신의(信)만을 좋아하고 배우기를 좋아하지 않으면 도적이 되는 폐해가 있다"고 했다.[45]

공손함(恭) 또한 쉽지 않은 문제이다. 아무에게나, 아무 상황에서나 공손하게 구는 것은 비굴함일 뿐이다. 공자도 공손함이 내포하는 이런 위험을 분명히 지적한 바 있다:

> 선생님이 이렇게 말했다: "듣기 좋은 말이나 하고, 좋은 낯으로 대하고, 아주 공손하게 행동하는 것을 좌구명(左丘明)은 부끄러워했어. 나도 그래. 원한을 감추고 친구처럼 좋게 대하는 짓을 좌구명은 부끄러워했어. 나도 그래."[46]

"공손하기만 하고 예법을 따르지 않으면 그저 고될 뿐이다"라는 공자의 말도 함부로 굽신거리고 비굴하게 구는 짓을 경계한 것이다.[47] 굽신거리지 않고 공손하지 않은 태도를 흔히 '무례(無禮)'하다, '예의가 없다'고들 하지만, 공자는 오히려 함부로 굽신거리는 것이야말로 예법에 어긋나는 무례한 행위라고 보았다. 공손한 마음가짐이 곧 예법이라는 생각은 맹자의 그릇된 설명에서 시작된 것이다.[48] 맹자가 공자의 생각을 오해하고 왜곡한 수준과 규모는 나중에 별도의 책으로 다루어야 할 만큼 엄청나다. 공손함이 곧 예법이라고 착각해서는 안 된다.

유자가 말한 내용도 함부로 공손하게 굴지 말고, 상황을 제대로 판단하여 예법에 부합할 때에만 공손하게 행동해야 치욕을 멀리할 수 있다는 것이다. 하지만, 상대방의 입장에서는 이런 태도를 불손하고 오만하다고 여길 가능성이 물론 있을 것이다. 예법에 맞지 않으면 공손히 굴기를 거부하는 빳빳한 태도를 견지할 경우 치욕을 면할 수는 있겠지만 상대방으로부터 멀어질 위험 또한 있다. 유자가 말한 경지는 매우 높은 수준의 섬세한 판단력을 필요로 한다. 공손함을 유지하되, 예법에 맞는 수준으로 공손함의 한계를 설정함으로써 치욕과 모욕을 면하고, 그러면서도 동시에 사람들과의 친밀한 관계를 잃지 않는(不失其親) 역량과 수완과 판단력을 길러야 한다는 것이다. 그러면 우두머리가 될 자격이 있다.

윤리와 규범에 대한 올바른 판단을 내팽개치고 오로지 약속, 의리, 친목과 인기만을 추구하며 여기 저기 굽신거릴 경우에는 지도자가 되기는 커녕, 조직폭력배 중간 보스 수준의 인물이 될 뿐이다. 유자가 지적하는 바와 같이, 신뢰(信), 공손함(恭), 옳음(義), 예법(禮), 친밀함(親) 등은 서로 충돌하기도 하고 서로 긴장 관계에 놓이기도 한다. 이처럼 복잡하게 얽힌 가치들과 행동 규범들 간에 적절하고 절묘한 균형 감각을 키우고, 자신이 그때 그때 처하게 되는 사태와 상황을 정확히 판단하여, 궁극적으로는 늘 옳음을 유지하고 예법을 준수하면서도 원만하게 상대방과의 친밀함을 잃지 않도록 처신하고 행동하는 것을 배우라(學)는 것이고, 바로 이런 이유로 이 구절이 배움에 관한 논어 제1편에 제시되는 것이다.

유자(有子)는 신의를 지키고 공손하게 행동한다는 것이 얼마나 복잡 미묘한 문제들을 초래하는지를 잘 배우고 적절히 처신하라는 가르침을 남겼지만, 공자는 신의(信)와 공손함(恭)뿐 아니라, 신중함(愼), 용감함(勇), 정직함(直) 등 인간이 추구해야 하는 바람직한 윤리적 이상들이 모두 간단한 문제가 아니라는 점을 다음과 같이 설명하고 있다:

> 선생님이 이렇게 말했다: "공손하기만 하고 예법을 따르지 않으면 고되기만 하고, 신중하기만 하고 예법을 따르지 않으면 겁쟁이가 되고, 용감하기만 하고 예법을 따르지 않으면 반란이나 일으키게 되고, 정직하기만 하고 예법을 따르지 않으면 옴짝달싹을 못 하게 되지."[49]

공손함, 신중함, 용감함, 정직함이라는 일견 바람직한 행동 원칙들도 모두 나름의 한계가 있고, 때와 장소 그리고 행위자가 처한 상황에 따라서는 그런 행동 원칙을 곧이곧대로 고수하다가는 부정적인 결과(고되기만 하거나, 겁쟁이가 되거나, 반란이나 일으키거나, 올가미에 옥죄어 옴짝달싹 못하게 되는 결과)를 낳을 수 있다. 공자가 말하는 예법(禮)은 무조건 공손하고, 신중하고, 용감하고, 정직하게 행동하라는 것이 전혀 아니다. 공손함, 신중함, 용감함, 정직함이 '실제로' 어떤 경우에 바람직하고, 어떤 경우에는 바람직하지 않은지에 대한 역동적인 판단 기준, 궁극적 행동 기준이 바로 공자가 생각하는 예법이다. 공자가 말하는 예법은 때와 장소, 자신이 처한 상황에 따라 항상 역동적으로, 그리고 사안별로, 그리고 무엇보다도 구체적 상황에 따라 그때 그때 다르게 작동할 수밖에 없다. 예법에 관해서 옛 문헌에 적혀 있는 그대로 행동해야 한다는 고착적이고, 시대착오적이며, 경전 숭배적인 태도는 공자의 입장과는 거리가 멀고, 그런 태도야말로 '못 배운' 자들의 행태이다. 배우면 이런 꽉 막힌 고루한 태도(固)를 극복할 수 있게 된다는 공자의 말이 바로 이 뜻이다.[50] 배운 사람과 못 배운 사람 간의 가장 큰 차이가 바로 이런 고루함을 극복하였는지, 아니면 경전과 율법의 노예로 남아 있는지 여부에 있다. 예법의 의미에 대해서는 앞으로 더 상세하게 살펴보겠지만, 우선 분명한 것은 공자가 말하는 예(禮)는 역동적이고 변화무쌍하게 그때그때 개별 사안의 특수성을 고려하여 운용되는 판단 기준이라는 점이고, 경전에 기록된 글자에 구속되어 화석처럼 굳어진 죽은 율법이 아니라는 것이다.

예(禮)를 배운다(學)는 것은 이처럼 시시각각 변하는 개별 사안별로 작동하는 변화무쌍한 행동 기준을 자신의 직접 경험(見)과 간접 경험(聞)을 통하여 배우고 깨달아 터득한다는 뜻이다. 제대로 배운 사람은 공손함, 신중함, 용감함, 정직함과 같은 행동 원칙들의 한계를 깨닫고 그때 그때의 상황에 걸맞게 판단하고 행동함으로써 그저 치욕스러운 수고나 하게 되거나, 겁쟁이처럼 물러서거나, 반란이나 일으키거나, 옴짝달싹 못 하는 처지에 자신을 몰아넣지 않는다. 왜 배워야 하는지, 배우면 뭐가 좋아지는지를 공자는 다음과 같이 설명한다:

> 인(仁)을 좋아하되 배우기를 좋아하지 않으면 멍청하게 되고, 지혜를 좋아하되 배우기를 좋아하지 않으면 방탕하게 되고, 신의를 좋아하되 배우기를 좋아하지 않으면 도적질을 하게 되고, 정직을 좋아하되 배우기를 좋아하지 않으면 꼼짝달싹 못 하게 되고, 용기를 좋아하되 배우기를 좋아하지 않으면 반란을 일으키게 되고, 강인함을 좋아하되 배우기를 좋아하지 않으면 미친 짓을 하게 되지.[51]

배우지 않고도 아는 사람이 없지는 않겠지만, 대부분의 사람은 배워야 알게 된다. 인(仁), 신의, 공손함, 지혜, 정직함, 용감함, 강인함을 추구하고 실천하면서도 멍청함이나 방탕으로 빠져들지 않고 유연하고 적절하게 사회를 변혁시키는 데 성공하려면, 배워야 하고 배워서 깨달아야 한다. 그래야 실패한 반란의 수괴로 처형이나 당하거나 미친놈 취급을 받는 꼴을 피할 수 있게 된다.

제2장 주석

1 시를 배우고, 예법을 배우는 것(學詩, 學禮)에 대한 언급은 季氏 16.13 참조.
  문왕과 무왕의 행적과 업적(文武之道)을 공부하는 것에 대한 언급은
  子張 19.22 참조.

2 子罕 9.5에 대한 주희의 주석(道之顯者謂之文, 蓋禮樂制度之謂)

3 子曰:「弟子入則孝, 出則弟, 謹而信, 汎愛眾, 而親仁。行有餘力, 則以學文。」
  (學而 1.6)

4 史記, 孔子世家 62 (孔子以詩書禮樂教)

5 子以四教: 文, 行, 忠, 信。(述而 7.25)

6 子曰:「君子食無求飽, 居無求安, 敏於事而慎於言, 就有道而正焉,
  可謂好學也已。」(學而 1.14)

7 哀公問:「弟子孰為好學?」孔子對曰:「有顏回者好學, 不遷怒, 不貳過。
  不幸短命死矣! 今也則亡, 未聞好學者也。」(雍也 6.3) 不憤不啟, 不悱不發
  (述而 7.8)도 참조.

8 子路使子羔為費宰。子曰:「賊夫人之子。」子路曰:「有民人焉, 有社稷焉。
  何必讀書, 然後為學?」子曰:「是故惡夫佞者。」(先進 11.25)

9 공자는 자고(柴)가 어리석고 둔하다(愚)고 생각했다. 先進 11.18

10 子曰:「誦詩三百, 授之以政, 不達; 使於四方, 不能專對; 雖多, 亦奚以為?」
   (子路 13.5)

11 荀子, 勸學, 12. 學惡乎始 惡乎終? 曰, 其數則始乎誦經 終乎讀禮

12 論語集解(古注), 學而 1.1, 時者, 學者以時誦習之。誦習以時, 學無廢業,
   所以為說懌。

13 오규 소라이, 논어징, 60

14 春秋繁露, 玉杯 5 (是故簡六藝以贍養之。詩書 具其志, 禮樂 純其養,
   易春秋 明其知。六學皆大, 而各有所長) 동중서와 같은 시기에 살았던 사마천

역시 六藝라는 표현을 거듭 사용하지만, 구체적으로 무엇이 六藝를 구성하는
것인지에 대해서는 이야기하지 않는다. 史記, 孔子世家, 60, 62, 85

15 周禮, 地官司徒 73 후한 말 학자인 서간(徐幹; 170-217)도 대체로
같은 내용을 그대로 반복한다. 中論, 治學 1 (教以六德 曰 智仁聖義中和,
教以六行 曰 孝友睦婣任恤, 教以六藝 曰 禮樂射御書數)

16 達巷黨人曰：「大哉孔子！博學而無所成名。」子聞之, 謂門弟子曰：
「吾何執？執御乎？執射乎？吾執御矣。」(子罕 9.2)

17 樊遲請學稼, 子曰：「吾不如老農。」請學爲圃。曰：「吾不如老圃。」樊遲出。子曰：
「小人哉, 樊須也！上好禮, 則民莫敢不敬；上好義, 則民莫敢不服；上好信,
則民莫敢不用情。夫如是, 則四方之民襁負其子而至矣, 焉用稼？」(子路 13.4)

18 子罕 9.6 子張 19.4 (子夏曰：「雖小道, 必有可觀者焉；致遠恐泥,
是以君子不爲也。」), 衛靈公 15.34 (子曰：「君子不可小知, 而可大受也；
小人不可大受, 而可小知也」)도 대체로 같은 내용을 담고 있다.

19 子曰：「志於道, 據於德, 依於仁, 游於藝。」(述而 7.6)

20 牢曰：「子云,『吾不試, 故藝』。」(子罕 9.7)

21 子曰：「不憤不啟, 不悱不發, 舉一隅不以三隅反, 則不復也。」(述而 7.8)

22 子張學干祿。子曰：「多聞闕疑, 慎言其餘, 則寡尤；多見闕殆, 慎行其餘, 則寡悔。
言寡尤, 行寡悔, 祿在其中矣。」(爲政 2.18)

23 子曰：「我非生而知之者, 好古, 敏以求之者也。」(述而 7.20)

24 季氏 16.9. 中庸 20은 배울 필요도 없이 아는 것이나, 배워서 아는 것이나,
힘겹게 아는 것이나, 아는 것은 매한가지라는 언급도 있다.

25 子曰：「蓋有不知而作之者, 我無是也。多聞擇其善者而從之, 多見而識之,
知之次也。」(述而 7.28)

26 子夏曰：「賢賢易色, 事父母能竭其力, 事君能致其身, 與朋友交言而有信。
雖曰未學, 吾必謂之學矣。」(學而 1.7)

27 여인을 좋아하는 마음으로 어진 이의 선함을 좋아한다면 진실될 것이다
(易其好色之心好善有誠也; 논어집주), 여색을 좋아하는 마음으로 어진이를
좋아하고(以好色之心好賢, 논어집해, 논어주소). 그 외에도 청나라의
유보남은 賢賢易色이 아내를 고를 때에는 현덕을 위주로 하고 외모에
신경쓰지 말라는 뜻이라고 설명하는 등 기상천외한 해석들이 있으나 일일이
대응할 가치가 없다. 이우재, 논어읽기, 59면.

28 오규 소라이, 논어징, 1권 91면. 황간의 해석을 오규 소라이가 채용한 것이다.

29 논어집주, 學而 1.1에 대한 주석 참조(後覺者必效先覺之所為)

30 子張 19.23(子貢賢於仲尼), 19.25(仲尼豈賢於子乎)

31 康熙字典은 賢에 대한 항목에서 說文의 설명(多才也)과 玉篇의 설명
(有善行也)을 인용한다.

32 康熙字典(易謂芟治草木)

33 禮記, 檀弓上 55

34 林放問禮之本。子曰:「大哉問! 禮, 與其奢也, 寧儉; 喪, 與其易也, 寧戚。」
(八佾 3.4)

35 里仁 4.17. 述而 7.22

36 論語集注, 學而 1.1

37 好從事而亟失時, 可謂知乎 (陽貨17.1)

38 예를 들어, 禮記, 王制 38, 月令 93(習射), 月令 7, 17 (習舞), 月令 80(習吹),
月令 82 (習五戎), 少儀 5 (問道藝曰:「子習於某乎?」) 등 참조.

39 禮記, 曲禮上 17

40 曾子曰:「吾日三省吾身: 為人謀而不忠乎? 與朋友交而不信乎? 傳不習乎?」
(學而 1.4)

41 子曰:「性相近也, 習相遠也。」(陽貨 17.2)

42 論語注疏, 陽貨 17.2(性, 謂人所稟受, 以生而靜者也, 未為外物所感,
則人皆相似, 是近也。既為外物所感, 則習以性成。若習於善則為君子,
若習於惡則為小人, 是相遠也.) 尙書, 太甲上 3에는 "실제 행동을 통해서
본성이 형성된다(習與性成)"는 말도 있다.

43 子夏曰:「仕而優則學, 學而優則仕。」(子張 19.13)

44 有子曰:「信近於義, 言可復也; 恭近於禮, 遠恥辱也; 因不失其親, 亦可宗也。」
(學而 1.13)

45 好信不好學, 其蔽也賊. (陽貨 17.8)

46 巧言, 令色. 足恭, 左丘明恥之, 丘亦恥之。匿怨而友其人, 左丘明恥之,
丘亦恥之 (公冶長 5.25) 좌구명(左丘明)은 공자와 같은 시기의 노나라
사람으로서 좌전(春秋左氏伝), 국어(国語) 등을 편찬한 자로 알려져 있다.

47 恭而無禮則勞 (泰伯 8.2)

48 孟子, 告子上 6 (恭敬之心, 禮也) 이 점은 뒤에 상세히 본다.

49 子曰:「恭而無禮則勞,慎而無禮則葸,勇而無禮則亂,直而無禮則絞。(泰伯 8.2)

50 子曰:「君子不重則不威,學則不固。」(學而 1.8)

51 好仁不好學,其蔽也愚;好知不好學,其蔽也蕩;好信不好學,其蔽也賊;

好直不好學,其蔽也絞;好勇不好學,其蔽也亂;好剛不好學,其蔽也狂

(陽貨 17.8)

제3장

정치와 효(孝)

장엄한 밤하늘 ―――――――――――――――――

미세 먼지와 도회지의 흰한 불빛 때문에 별이 찬란한 밤하늘의 아름다움을 제대로 목격하기는 쉽지 않게 되었다. 그러나 공자가 살았던 시절 사람들은 무수한 큰 별, 작은 별들이 밤하늘 이쪽 끝에서 저쪽 끝까지 쏟아져 내릴 듯 빽곡히 들어차 있고 그 별들을 가로질러 화려하게 펼쳐진 은하수가 밤새도록 조용히 그리고 천천히 자리를 옮겨가며 연출하는 장관을 익히 보았을 것이다. 갑자기 나타나 저절로 탄성을 자아내게 만들고 놀라운 빛을 발하며 사람들의 눈길을 끌다 흔적 없이 사라지는 별똥별 또한 밤하늘의 역동적 아름다움을 더해준다. 지구 북쪽에서 밤하늘을 좀 더 자세히 관찰한 사람은 이 모든 별들이 북극성 부근을 중심으로 한치도 흐트러짐 없이 각자 자신이 갈 길을 가면서 장엄하고 신비로운 아름다움을 연출해낸다는 것을 발견할 것이다.

정치에 관한 구절들을 주로 수록하고 있는 논어 제2편(爲政) 첫 구절은 바로 이런 장엄하고 질서 정연한 밤하늘이 연출하는 광경에 익숙한 당시 사람들에게 엄청난 호소력과 설득력을 가지고 다가왔을 것이다. 누구도 필적할 수 없는 공자의 탁월한 말 솜씨가 여실히 드러나는 구절이다:

선생님이 이렇게 말했다: "덕(德)으로 하는 정치는 북극성에 비유할 수 있지. 자신은 그 자리에 머물고 무수한 별들이 경배하며 함께 움직이지."[1]

정치지도자에게 덕(德)이 있어야 한다는 생각은 공자보다 훨씬 전부터 존재했었다. 우리에게 『서경(書經)』으로 알려져 있는 옛 문헌(尚書)은 공자보다 500년 또는 그 이상 앞선 시기(주로 은나라 주나라 시기)로부터 전해져 온 기록인데, 그 문헌에 수록된 글 중 하나인 「강고(康誥)」에서도 덕치(德治)사상은 이미 전면에 드러나 있다. 「강고」는 '강숙에게 주는 충고'라는 뜻인데, 이 유명한 연설문이 작성된 배경을 간단히 설명하면 이렇다. 은(殷)나라와의 전쟁을 성공적으로 수행한 주(周)나라 무왕(武王)이 사망하고 어린 아들 성왕(成王)이 즉위하자(기원전 1043), 무왕의 동생 단(旦)은 어린 조카 성왕의 후견인 역할을 자처하며 정치 실권을 장악한다. 그가 바로 주공(周公)이다. 그러자 주공의 형 관숙선(管叔鮮)과 주공의 동생 채숙도(蔡叔度)가 은나라 왕족과 연합하여 반란을 일으켰고, 주공은 3년여에 걸친 피비린내 나는 전쟁 끝에 반란군을 토벌하고 자기 형 관숙선을 처형하고 동생 채숙도는 추방한다. 그런 다음, 반란 세력의 근거지이자 은나라 패망 후 그 유민들이 옮겨와 살던 지역에 위(衛)나라를 세우고 자신의 또 다른 동생 강숙봉(康叔封)을 제후로 책봉하여 통치하도록 하였다. 이것이 그 유명한 봉건 제도의 시작이었다. 새로 건립된 위나라의 봉건 군주로 책

봉되어 떠나는 강숙봉에게 주공 단이 건네는 충고는 바람직한 정치의 이상이 무엇인지를 유려하게 설명하는 내용을 담고 있어 후대에 오랫동안 참고가 되었고, 공자는 주공을 훌륭한 통치자의 모범으로 여겨 주공으로부터 영감을 얻으려 했다.[2]

주공은 자기들의 아버지 문왕(文王)을 모범적 군주로 묘사하면서 강숙봉도 아버지 문왕을 본받아 제대로 통치해야만 최근에 반란을 진압하고 새롭게 건립된 위나라가 안정을 찾을 것이라고 충고한다. 이때 거듭 동원되는 개념이 덕(德)이다:

돌아가신 우리 아버지 문왕께서는 덕(德)을 환히 밝히시고, 형벌을 신중히 행사하셨다. 홀아비와 과부를 업신여기지 않았고, 쓸 만한 사람을 기용했고, 존경받아 마땅한 사람을 존경했으며, 위엄을 올바로 행사하여 백성들의 공과(功過)가 명백하게 하셨다 …

명심하거라. 백성들을 제대로 다스리려면 아버지 문왕의 행적을 잘 살피고, 그분의 훌륭한 말씀(德言)을 따라야 한다. 은나라의 지혜로운 선왕들로부터 백성을 보호하고 다스리는 비결을 구하거라. 상(商)족의 원로들을 멀리하지 말고 그들로부터 교훈을 잘 새겨듣거라.[3] 그 외에도 옛 선왕들이 백성을 잘 보호한 방책들을 탐구해야 한다. 너의 덕(德)이 넉넉히 하늘에까지 닿도록 크게 되어야 네가 쫓겨

나지 않고 왕께서 너에게 내린 명을 제대로 완수할 수 있을 것이다…

제후와 고관이 집안 식솔(家人)이나 직원(小臣, 外正)들을 추스르지 못하고 고압적이고 잔혹하게 대하면 왕께서 너에게 부여한 임무를 내팽개치는 것이고, 덕(德) 없이 형벌을 사용하는 것(非德用乂)이다. 경건히 준수해야 할 법도를 네가 어기는 일이 없도록 하고, 백성을 너그럽게 대해야 한다. 문왕이 경건히 삼가고 조심했던 것처럼 너도 백성을 너그럽게 대하고 "나도 그렇게 했을 뿐"이라고 말할 수 있으면, 나는 기쁠 것이다…

오로지 백성들이 행복하고 평안해야 한다. 은나라의 지혜로운 선왕들은 덕(德)을 잘 활용하여 백성을 다스리고자 했다. 하물며 이제 백성들이 [행복과 평안을] 누리지 못한다면 그것은 옳지 않다. 백성이 누리지 못하면 그 나라에는 정치가 없는 것이다.

경건하거라. 원성 살 일은 하지 말고, 좋지 않은 계책과 떳떳하지 않은 법을 동원하지 말고, 올바른 것을 덮어 누르려 하지 마라. 부지런히 [선왕들의] 덕(德)을 받들고, 너의 마음을 평안하게 쓰고, 너의 덕(德)을 돌아보고, 계획을 원대하

게 하고, 너그럽게 대하면 백성들이 평안하게 되어 너를 비
난하거나 내치지 않을 것이다.[4]

정치 지도자에게 덕이 있어야 하며 제대로 된 정치는 덕으로
다스리는 것이라는 생각은 공자가 새롭게 독창적으로 내세웠
던 것이 아니라, 공자가 태어나기 훨씬 전부터 모두가 당연하
게 여겼던 것이다. 덕은 좋고 훌륭한 자질, 품성, 능력을 뜻하
는 말이므로 "덕(德)으로 정치를 한다"는 말은 "훌륭한 자질
과 능력으로 정치를 제대로 한다"는 정도의 뜻이다. 이렇게 정
치를 제대로 하면 나라의 모든 구성원들이 제 자리를 찾고, 제
할 일을 하면서 사회 전체가 질서 정연하게 굴러가게 된다. 무
수히 많은 크고 작은 별들이 한 치 흐트러짐 없이 질서 정연하
게 자신의 길을 가면서 장엄하고 신비로운 아름다움을 연출해
내는 밤하늘의 장관은 덕으로 하는 정치가 제대로 이루어지는
사회의 훌륭한 모습과 비슷하다는 것이리라.

질서 정연한 아름다움 ─────────────────

덕을 갖춘 훌륭한 정치 지도자가 나라를 제대로 다스리는 이
상적인 모습과 부덕한 것들이 권력을 틀어쥐고 법을 흉기처럼
휘둘러 무고한 사람들에게 형벌을 가하는 불행한 현실 세계의

모습을 대비하여 묘사한 다음 구절은 유명하다:

> 선생님이 이렇게 말했다: "정략(政)으로 사람들을 유도하
> 고 형벌로 다스리면 사람들이 요리조리 빠져나가고 부끄
> 러운 줄 모르게 되지만, 덕(德)으로 이끌고 예법(禮)으로 다
> 스리면 사람들이 부끄러움을 알 뿐 아니라, 모든 게 제 자
> 리를 찾게 되지(有恥且格)."[5]

주희는 위 구절의 마지막 부분(有恥且格)에 나오는 격(格)을
'도달한다(至)'라는 뜻이라고 새겨, 예법과 미덕의 정치로 선
함에 도달한다(至於善)고 해석하지만, 이 문장의 끝에 선(善)을
임의로 갖다 붙여 해석해야만 할 설득력 있는 근거를 제시하
지는 못한다. 격(格)은 올바르다(正)는 뜻도 있고, 저울이나 자
와 같이 분량이나 크기를 측정하는 기준, 표준이라는 뜻도 있
다. 가로 세로 규칙적으로 선이 그어져 형태나 크기를 측정하
는 준거가 되는 것을 격자(格子)라고 부른다. 품(品)이라는 단
어는 이처럼 가로 세로 줄이 그어져 격자를 이룬 모습(階格)을
형상화한 글자이기도 하다. 격(格)은 각자가 자기 위치를 찾아
자기 자리에 반듯하고 깔끔하게(齊) 놓인 올바른 상태를 뜻한
다고 해석하는 것이 옳다고 생각한다.[6] 제대로 된 정치가 무엇
인지를 설명한 공자의 다음 구절도 모든 것이 제자리를 바로
찾아 깔끔하게 놓인 모습을 생생히 묘사하는 것이다:

제나라 경공이 공자에게 정치에 관해 묻자 공자가 이렇게 대답했다: "임금은 임금답고, 신하는 신하답고, 아버지는 아버지답고, 아들은 아들답게 하는 것이지요." 경공이 "그렇군요! 임금이 임금 같잖고, 신하가 신하 같잖고, 아버지가 아버지 같잖고, 아들이 아들 같잖으면 비록 곡식이 있다 한들 내가 그걸 먹을 수 있겠습니까?"라고 했다.[7]

"君君, 臣臣, 父父, 子子"라는 공자의 표현은 밤하늘의 크고 작은 별들이 각자 제 자리를 찾아 흐트러짐 없이 자신이 갈 길을 가는 질서 정연한 올바른(正) 모습을 연상하게 한다. 반면에 저열한 것들이 권력을 잡고 함부로 '막 하는' 판이 되면, 모든 것이 뒤죽박죽 엉클어져서 비록 군주가 되어본들 언제 제거될지 모르는 불안한 형국에 놓이게 되니 밥인들 제대로 먹을 수 있겠느냐고 제나라 경공이 화답한 것이다. 정치가 제대로 행해지지 않는 이유는 권력과 높은 지위를 차지한 자들이 모범을 보이기는커녕, 부덕하고 부패하여 윤리적 파산 상태에 있기 때문이라는 점을 공자는 거듭 지적했다. 높은 자리를 차지하고 있는 것들이 부정과 비리를 저지르고 국가형벌권의 행사가 정당성을 잃으면 국민들 사이에서도 냉소주의가 팽배하게 되어 법망을 빠져나가기만 하면 그만이라는 후안무치한 상태에 놓이게 된다는 것이 공자의 통찰이다.

사회 기강을 바로잡는 정치 ───────

덕으로 하는 올바른 정치를 하려면, 우선, 올바른 사람을 기용해야 한다고 공자는 조언한다. 노(魯)나라의 제후 애공(哀公)과 공자 간에 오간 다음 대화가 이 점을 보여준다:

> 애공이 "어떻게 해야 사람들이 복종하게 됩니까?"라고 묻자 공자가 이렇게 대답했다: "올바른 사람을 기용하여 굽은 것들을 쳐내면(錯) 사람들이 복종할 것입니다. 굽은 자를 기용하여 올바른 사람들을 쳐내면 사람들이 복종하지 않을 것입니다."[8]

덕이 있건 없건, 통치자에게 가장 큰 관심사는 어떻게 하면 국민들이 통치권력에 복종하도록 만들 수 있는지일 것이다. 이 구절에 나오는 "錯(착)"은 숫돌(厲石)이나 줄(鑢)이라는 뜻이다. 옛 민요(詩)에 "타산지석(他山之石) 가이위착(可以爲錯)"이라는 구절이 있는데("저산의 돌은 숫돌로 삼을 수 있네"),[9] 강희자전은 錯(착)을 숫돌이라고 설명하며, 옥돌을 갈아 옥을 만드는 데 사용되는 돌을 錯(착)이라고 한다는 설명(治玉石曰錯)도 인용한다. 올바른 사람을 숫돌 삼아 굽은 것들을 갈아내고 바르게 만들면 사회 기강이 바로 서겠지만, 굽은 사람을 숫돌로 삼아 올바른 사람들을 갈아내려 하면 제대로 갈리지도 않을 뿐 아니라 사람들이 정부에 불복하게 된다. 법을 집행하는 자들이 부정과 부패를 저지른다면 그런 나라는 올바로 다스려지는 것이 아니고, 그런 자들에 의해서 집행되는 공권력 행사는 정당성을 인정받지 못하며 결국 국민들이 복종하지 않게 된다는 뜻이다.[10]

올바른 정치는 사회 기강을 바로잡는 정치를 말한다는 점은 다음 구절에서도 드러난다:

> 계강자가 공자에게 정치에 관해 묻자, 공자가 이렇게 대답했다: "정치는 바로잡는 것입니다. 선생께서 솔선하여 바르게 이끌면 누가 감히 못된 짓을 하겠습니까?"[11]

하지만, 말처럼 쉽지 않은 것이 정치 아니던가? 노나라의 정공(定公)이 군주가 반드시 명심해야 할 말은 무엇이고, 가장 경계해야 할 말은 무엇인지를 공자에게 묻고, 공자가 답하는 아래 장면은 나라를 제대로 다스린다는 것이 결코 쉬운 일이 아님을 보여준다:

> 정공이 "이 한마디 말이면 나라가 흥할 수 있다고 볼 만한 그런 말이 있는가?"라고 묻자, 공자가 이렇게 대답했다: "말 한마디로 나라가 흥해질 수야 없겠지요. 하지만 그런 비슷한 것은 있습니다. 사람들이 하는 말 중에, '임금 노릇

하기도 어렵고, 신하 노릇 하기도 쉽지 않네'라는 것이 있습니다. 공께서 임금 역할의 어려움을 안다면 그거야말로 한마디 말 덕분에 나라가 흥하는 것에 가깝지 않겠습니까?"[12]

권력자에 대한 비판에 귀를 열어두는 것이 중요하다는 공자의 말은 예나 지금이나 모든 권력자들이 귀를 기울여야 할 조언이다:

정공이 "이 한마디 말이면 나라가 망가질 수 있다고 볼 만한 그런 말이 있는가?"라고 묻자, 공자가 이렇게 대답했다: "말 한마디로 나라가 망가질 수야 없겠지요. 하지만 그런 비슷한 것은 있습니다. 사람들이 하는 말 중에, '내가 임금 노릇하기를 즐기는 것이 아니라, 나를 거역하는 말이 나오지 않기만을 바랄 뿐'이라는 말이 있습니다. 공께서 잘하고 계실 때 거역하지 않는 것이야 물론 좋겠지요. 하지만, 공께서 잘못하고 계실 때 아무도 거역하지 않으면 그거야말로 한마디 말로 인하여 나라가 망가지는 것에 가깝지 않겠습니까?"[13]

물론, 어떤 말이 건설적 비판이고 어떤 말이 악의적 비방인지를 가려내는 것이야말로 제일 어려운 일이다. 바로 이런 판단을 제대로 할 수 있으려면 끊임없이 배워서 깨달아야 한다. 이러니 그 유명한 "대통령 해먹기도 어렵다"는 말이 나오는 것 아니겠는가?

종법 봉건 제도와 효(孝) ────────

정치와 관련된 구절들이 많이 수록된 논어 제2편(爲政)에는 유독 효에 관한 구절이 많이 등장한다.[14] 공자의 사상 체계에서 효는 주로 정치와 관련해서 중요한 의미를 가지는 개념이었음을 짐작하게 한다. 물론, 정치 윤리와 가족 윤리를 엄격하게 나눌 수는 없다. 오히려 공자의 제자 유자(有子)가 말한 다음 구절은 효심과 우애(孝·弟)가 정치를 포함한 모든 윤리의 근본이자 뿌리에 해당한다는 생각을 담고 있다:

> 유자가 이렇게 말했다: "부모를 제대로 모시고 형제를 사랑하는 자가 윗사람 범하기를 좋아하는 경우란 드물다. 윗사람 범하기를 좋아하지 않는 자가 반란 일으키기를 좋아한 경우는 여태껏 없었다. 군자는 근본에 충실하려 노력한다. 근본이 확립되면 올바른 길이 살아날 것이다. 효심과 우애야말로 윤리의 근본 바탕을 이루는 것이 아닐까?"[15]

가족 구성원들 간의 수직적 위계 질서의 축을 이루는 효심과 수평적 유대 관계인 우애가 무너지면, 사회의 결속력과 위계 질서가 무너져 윗사람을 범하거나 반란을 일으키게 된다는 유자의 생각은 주나라의 종법 봉건 제도를 이상으로 여기고 떠받들었던 당시 사회의 기본 전제와 맥락을 고려해서 이해해야 한다. 종법 봉건 질서의 근본 얼개를 이해하지 못하고, 이런 담론이 오고 가던 당시 사회의 기본 전제들이 무엇이었는지도 모른 채 이 구절을 해석할 경우, 당시 사람들이 당연하게 여기던 맥락과는 동떨어진 엉뚱한 해석을 하고, 효심과 우애(孝·弟)가 마치 초월적이고 절대적인 윤리적 가치인 것처럼 과장하게 된다.

오늘날 우리는 민주적 기본 가치를 가장 중요하게 여기고 있기 때문에 정치 담론과 윤리적 논의도 민주적 기본 질서를 당연한 전제로 삼는다. 공자가 활동했던 시절에는 주나라의 종법 봉건적 통치 질서가 오늘날 우리가 민주적 기본 질서를 떠받들듯이 당시 사람들이 떠받들던 기본 가치였다는 점을 이해해야 한다. 공자와 그 제자들이 효심과 우애를 거듭 강조했던 이유와 맥락은 바로 주나라의 종법 봉건적 통치 질서에 있다는 점을 아래에서 설명하고자 한다. 그리고 정작 효심과는 관련도 없는 어느 한 구절에 대하여 맹자가 늘어놓은 터무니없는 말로 인하여 후대 사람들은 공자의 가르침이 마치 효에 대한 맹목적 숭배와 찬양으로 일관하는 것인 양 오해하게 되었다는 점도 이 글에서 지적하고자 한다.

고대 중국과 중세 유럽의 봉건 제도

고대 중국 주나라의 종법 봉건 제도와 중세 유럽의 봉건 제도
는 봉건 군주가 봉신(封臣)에게 봉토(封土)를 수여하고 봉신은
그 봉토와 그곳에 사는 사람들에 대한 통치권을 행사한다는
점에서 공통점이 있다. 그러나, 이러한 봉건적 군신 관계의 바
탕을 이루는 인간 관계는 두 제도가 완전히 다르다.

중세 유럽의 봉건 제도는 봉건 군주와 봉신 간의 친분 관
계(amicitia)에서 출발하여 둘 간의 계약으로 형성되는 상호 신
뢰, 즉 충신(忠信) 관계(fidelitatis connexio)를 기반으로 한다.
봉건 군주와 봉신이 봉건적 군신 관계를 맺기로 할 경우, 이들
간의 관계는 봉신서약식(Homage)이라 불리는 의식을 거쳐야
비로소 법적 효력을 가질 수 있게 되는데, 이 과정에서 봉신은
봉건 군주에게 다음과 같이 서약한다:

> 제가 당신으로부터 받아 가지고 있는 봉토와 관련하여 저
> 는 당신 사람이 되겠으며, 당신의 생명 신체 그리고 재산과
> 지위에 관하여 충성과 신의를 유지하며, 우리 군주인 왕과
> 그 후손들에 대한 충성과 신의를 제외하고는 모든 사람과
> 의 관계에서 당신 편에 서겠습니다.[16]

봉신서약식에서 행해지는 이러한 맹세로부터 생겨나는 봉건

군주와 봉신 간의 충성과 신뢰의 관계를 13세기 영국의 법률가 브랙튼(Bracton)은 "법의 사슬(iuris vinculum)"이라고 설명했다. 혈연, 지연, 학연 등이 아니라 '법으로 묶인 관계'라는 뜻이다.[17] 봉건 군주나 봉신이 사망하여 상속이 일어날 경우에 일방의 지위를 상속한 상속인과 상대방은 또다시 봉신서약식을 거행하고 양자 간의 서약과 합의를 갱신해야만 봉건적 군신 관계가 유지될 수 있다. 상속으로 군신 관계가 자동적으로 계속되는 것이 아니다.[18] 유럽 중세의 봉건 제도에서는 혈연, 출생이나 상속보다는 서약과 합의가 결정적으로 중요했다. 12세기 영국의 법률가 글랜빌(Glanvill)은 봉건 군주와 봉신 간의 관계가 합의로 생겨나는 상호적 신뢰 관계라는 점을 다음과 같이 설명한다:

> 봉건 군주가 제공하는 보호와 봉신의 충성 서약으로 생겨나는 충성과 신뢰의 고리(fidelitatis connexio)는 상호적이므로 봉건 군주와 봉신이 서로 상대방에게 부담하는 의무는 봉신이 봉건 군주를 존경해야 하는 점을 제외하고는 서로 대등하다.[19]

충성과 신뢰의 계약 관계 또는 '법의 사슬'이 중세 유럽 봉건 제도의 인적 결합의 토대를 이루는 것이었던 반면, 주나라의 종법 봉건 제도는 '혈연관계'에 기반한다. 주나라 왕실은 혈족들에게 제후의 작위를 수여하고 토지를 하사했고, 이들로 하여금 이렇게 하사받은 제후국을 통치하도록 하였다. 제후들은 다시 자신의 혈족들을 경대부(卿大夫)로 임명하고 채읍(采邑)을 나누어 주고 통치하도록 하였다. 혈족들 간의 서열을 규정한 것이 바로 종법(宗法)이다. 주나라의 종법 봉건 제도 하에서 왕실과 봉건 제후들은 계약 관계가 아니라 혈연관계로 연결된 사이였고, 제후국 내의 고위 귀족인 경대부들과 제후 간의 관계 역시 계약이나 '법의 사슬'이 아니라 핏줄로 엮인 관계였다는 점을 기억할 필요가 있다.

고대 중국의 '가족 정치'

종법 봉건 제도를 통치 기반으로 하는 당시 사회의 최상층 지배자들의 경우, 혈족 간의 갈등(부자 간의 불화, 형제 간의 반목)은 가족 문제에 그치는 것이 아니라 이들이 나누어 통치하는 봉건적 통치 단위들 간의 정치적, 외교적, 군사적 긴장 관계로 직결되는 일이었다. 오늘날 우리가 의심 없이 '사적 영역'이라고 이해하는 가족 윤리(효심과 우애)는 주나라 종법 봉건 제도 최상층 구성원들에게는 사적 영역의 문제가 아니었다. 제후국 상호 간 또는 제후국과 주나라 왕실 간의 외교적, 군사적 결속과 우호 관계가 유지될 수 있는지, 그리고 제후국 내부에서도 경대부들과 제후 간에 순조로운 지배 복종 관계 및 협력 관계가 평온하게 유지될 수 있는지 아니면 험악한 갈등이 현실화될 것인지는 최상위 지배 계층을 구성하는 혈족들 간의 효심(孝)과 우애(弟)에 달려 있었다.

오늘날 기준으로는 효심과 우애가 손상되면 그저 가족 관계가 망가져서 그 한 가정이 소위 '콩가루 집안'이 되겠고, 주나라 시대에도 일반 서민의 경우라면 효심과 우애가 손상되어 본들 그 여파는 그 가족에 국한되었을 것이다. 그러나 주나라 종법 봉건 제도의 최상위 지배 계층 구성원들 간에는 종법으로 정해진 혈연적 위계 질서가 바로 통치 질서의 근본 바탕이었기 때문에, 이들에게는 가족 문제가 곧 통치 질서의 문제였고 가족 윤리와 정치 윤리는 뗄래야 뗄 수 없이 한 몸으로 붙어 있었다. 주나라 왕실과 제후국 또는 제후국 상호 간의 유혈 투쟁이나 제후국 내부의 경대부들과 제후 간의 투쟁과 갈등은 반드시 부자 간 싸움이거나 형제 간 싸움이거나 혈연관계로 연결된 혈족들 간의 갈등과 반목일 수밖에 없었다. 혈연관계, 가족 관계와 무관한 정치적, 군사적 반란이나 갈등은 있을 수가 없던 시대였다는 점을 기억해야 한다.

당시의 이런 사정은 앞서 살펴본, 주공 단이 그의 동생 강숙봉에게 건넨 충고에서도 엿볼 수 있다.

사람들 중에는 스스로 범죄의 길로 들어서 도둑질, 강탈,

간교한 술책으로 속이거나, 살인을 하고, 재물을 취하면서 죽음을 두려워하지 않는 이들이 있다. 이를 미워하지 않는 이는 없다. 그러나 가장 미워해야 할 악행은 효도하지 않고(不孝) 형제 간에 우애롭지 않은 것(不友)이다. 자식이 아버지를 존경하고 복종하며 섬기지 않고 그 마음을 상하게 하거나, 아버지가 자녀를 사랑하지 않고 미워하는 것, 동생이 하늘의 뜻을 염두에 두지 않고 형을 공경하지 않거나, 형이 동생을 측은히 여겨 지원하지 않고 우애 없이 대하는 일, 이런 일을 우리가 죄악으로서 처단하지 않으면 하늘이 우리에게 주신 도리가 크게 혼란에 빠질 것이다. 따라서 문왕이 만든 형벌을 적용하여 신속히 처벌하고 용서하지 말아야 한다.[20]

부자 간에 불효하고 형제 간에 우애롭지 않은 것이 절도, 강도, 사기, 살인보다 더 미워해야 할 으뜸가는 악행이라는 주공 단의 말은 괜한 과장이나 허풍 섞인 비유가 전혀 아니다. 주공 단과 강숙봉은 당시 최상위 지배 계층 구성원들이었다. 이들에게 부자 간 갈등과 형제 간 반목이 당장 어떤 결과를 가져왔는지를 다시 기억해보자. 아버지(문왕)의 적통을 이은 큰 형님(무왕)과 그의 아들(성왕)을 거역하고 반란을 일으킨 자신의 작은 형(관숙선)을 처형하고, 자기 친동생(채숙도)을 귀양 보낸 주공 단에게 불효(不孝; 효심 없음)와 불우(不友; 우애 없음)는 너무나

도 분명하고 생생하게 국가의 기틀을 뒤흔드는 중대한 범죄가 분명하다. 일반인들 간에 벌어지는 절도, 강도, 사기, 살인은 피해자 개인과 그 주변에게만 영향이 가는 것이지만, 주공 단이나 강숙봉과 같은 최상위 지배 계층 구성원들 간의 불효와 불우는 수천, 수만 명의 목숨이 희생되고 막대한 재산적 피해가 생기는 대규모 반란과 전쟁을 의미한다.

부모 자식 간의 사랑과, 형제 간의 돈독한 우애야말로 사회적, 정치적 질서를 유지하는 윤리의 근본 바탕(本)이라는 공자의 제자 유자의 설명은 주나라 초기부터 수백 년간 지속되어 왔던 종법 봉건 제도의 상층부를 구성하는 이들이 듣기에는 너무나 당연하고 옳은 말이다. 가족 질서와 정치 질서가 따로 놀 수 없고, 효심과 우애가 없어지면 반란이 일어나고(作亂) 하극상(犯上)이 벌어진다는 유자의 설명은 무슨 비유적 수사라거나, 나비효과 따위를 부풀려 말한 뜬구름 잡는 이야기가 아니었다. 통치 구조와 권력의 정당성이 혈연관계와 가족 질서로 지탱되던 종법 봉건 제도의 최상부 구성원들에게는 당장에 벌어지는 가장 직접적이고 구체적이며 생생한 결과를 한치의 과장도 없이 정확하게 말한 것이었다. 강숙봉에게 주는 충고(康誥)에 수록된 주공 단의 말 또한, 강숙봉 네가 친형님인 나에게 우애 없이 굴면 어떻게 되는지 잘 생각해보라는 삼엄한 경고의 말이었다.

최상층 지배 계층의 가족 질서가 통치 질서와 융합되어

있는 종법 봉건 제도의 담론 구조에서 효심과 우애가 최상의 가치로 존중되며 누구도 감히 거기에 토를 달지 않는 것은, 비유하자면 민주주의를 이상으로 삼는 요즘 시대에 사는 우리들이 민주적 질서의 초석에 해당하는 참정권(투표권)이나 정치적 기본권 보장과 같은 핵심 가치를 감히 부정하지 않는 것과 마찬가지다. 공자와 그 제자들은 모두 당시 최상위 지배 계층의 보좌진이 되거나 자문 역할을 담당하는 것을 목표로 했었다. 공자와 제자들이 나라의 통치와 관련하여 주고받는 이야기 중에 효심과 우애가 자주 거론되는 이유는 자기들이 조언하고 보좌해야 할 자들이 바로 최상위 통치자들이고, 그들에게 효심과 우애는 통치 질서의 핵심 축을 이루었기 때문이다.

봉건 제후도 아니고 봉신도 아니며 크고 작은 영토를 차지하여 그 땅에 거주하는 백성을 다스려야 하는 경대부의 입장에 놓여 있지도 않은 일반 서민이 마치 종법 봉건 제도 최상층부 구성원이나 된 듯 스스로 착각하여 가족 정치적 지도 원리인 효심(孝)과 우애(弟)에 관한 구절들이 자기의 소박한 가족과도 관련이 있는 구절인 줄 오해하고 열광하는 것은 좀 생뚱맞을 수 있다. 더욱이 이제는 가족 질서는 사적 영역이고 정치 질서는 공적 영역이므로 이 둘은 엄격히 분리되는 것이 바람직하다고 여기는 시절이다. 최상위 지배 계층 구성원들 간에 혈연으로 얽힌 가족 관계가 통치 구조와 일체화되어 있는 나라는 지구상에서 조선민주주의인민공화국을 제외하고는 이제는 쉽게 찾아보기도 어렵게 되었다.

아버지의 제도와 정책(父之道)

논어에 수록된 효심(孝)와 우애(弟)에 관한 구절들은 종법 봉
건적 통치 질서라는 역사적 맥락을 도외시할 경우, 시대착오
적인 오해를 낳을 위험이 있다. 북한의 최고 지도자 김정은 같
은 처지에 있는 사람이라면야, 가족 관계에 기반한 통치 구조
를 전제로 삼아 거론되던 효심과 우애에 관한 내용을 심각하
게 받아들여야 할 뿐 아니라, 이런 구절들에서 실제로 많은 유
용한 지침을 얻을 수 있을 것이다. 그렇지도 못한 일반인이 논
어에 수록된 효심과 우애에 관한 구절들을 마치 자신에게 적
용되는 것처럼 착각하는 것은 곤란하다. 이 구절들은 종법 봉
건적 통치 질서의 최상층 지배자들을 염두에 두었던 것이고,
적어도 봉토(封土)나 채읍(采邑), 식읍(食邑) 정도는 통치해야
할 막중한 책임과 권한을 가진 이들에게 적용되는 이야기였다
는 점은 알고 있는 것이 좋다.
　다음 구절을 예로 들어 이 점을 설명한다.

　선생님이 이렇게 말했다: "아버지가 살아 계실 때에는 그
　뜻을 살피고, 돌아가신 후에는 생전의 행적을 살펴봄으로

써 아버지가 채택한 제도와 정책(父之道)을 삼 년간 변함없이 유지한다면 효심이 있다고 할 만하겠지."[21]

위 구절에 나오는 부지도(父之道)는 아버지의 제도와 정책이라는 의미이고, 무개어부지도(無改於父之道)는 아버지가 채택한 제도와 정책을 바꾸지 않는다는 말이다. 공자가 여기서 말하는 효는 가족 윤리임과 동시에 정치 질서와 통치권력의 정당성을 뒷받침하는 토대를 이루는 것이었음을 기억해야 한다. 특히, 효는 부자 간의 통치권 계승 문제와 직결된 것이다. 아버지의 '사망 후'에까지 거론되는 효는 일반 개인의 가족 윤리 문제가 아니라 통치권을 상속받아 계승한 후손이 자신이 행사하는 통치 권력의 정당성을 종전 통치자(아버지)에 대한 '효'를 기반으로 삼아 인정받는 공(公)과 사(私)가 착종된 가족 정치적 문제였음을 보여준다.

논어에 수록된 또 다른 구절에는 아버지의 제도와 정책을 바꾸지 않는다는 말의 의미가 더 상세히 설명되어 있다. 요컨대, "아버지가 거느리던 신하들을 교체하지 않고, 아버지가 채택한 정책을 변경하지 않는다"는 뜻이다.[22] 아버지가 사망한 후 그 자리를 이어 통치권을 행사하게 된 후손이 아버지가 거느리던 신하를 당장 교체하거나, 아버지가 채택한 정책을 당장에 폐기할 경우, 권력 기반에 심각한 위기가 올 수 있다. 이런 급격한 정책 변화나 인력 교체는 선친에 대한 '불효'라고 공격받게 되며, 이제 막 집권한 후임자의 권력 기반 자체에 대한 공격으로 이어질 수 있으므로 조심하라는 뜻이다. 부친이 살아 계실 때에는 그 뜻을 살피고, 돌아가신 후에는 그 행적을 살피라는 구절 역시 통치권을 상속받을 자는 선친의 통치 관행이나 정책 방향을 면밀히 관찰하고 자신의 집권 초기 몇 년간은 선친의 업적을 계승하는 데 주안점을 두어야 한다고 강조하는 내용이다. 개혁과 변화는 상속으로 권력을 물려받은 자신의 권력 기반이 아직 취약한 집권 초기에 성급히 시도할 것이 아니라, 자신의 통치 기반이 안정적으로 강고하게 자리잡은 후에 시도하라는 뜻이기도 하다.

"삼년(三年)"

전임 통치자가 사망하고 후손이 통치권을 상속하는 정권 교체기는 국정 혼란의 위험이 특히 높은 기간이라고 볼 수 있다. 새롭게 권력을 거머쥐게 된 후손은 이 기간 동안에는 업무 파악에 집중하고 기존 정책과 제도를 유지 계승하는 데 주력하는 것이 옳다. 논어에 수록된 다음 구절은 이 내용을 더욱 상세히 이렇게 설명한다:

자장이 "『서경』에 보면, '고종(高宗)이 상을 당했을 때 3년간 말을 하지 않았다'는 구절이 있는데, 이게 무슨 뜻인가요?"라고 하자 선생님이 이렇게 말했다. "하필 고종 뿐이겠느냐? 옛날의 통치자들은 모두 그랬지. 군주가 사망하면 모든 관료들은 재상에게 업무를 보고하고 그의 지시에 따라 업무를 수행하게 되는데 이 기간이 삼 년이라는 것이지."[23]

군주의 사망으로 새롭게 즉위하게 된 후손이 당장 정사에 개입하는 것이 아니라, 선친을 보좌하던 재상에게 3년간 일종의 직무 대행 역할을 맡김으로써 통치 스타일이나 정책의 계속성을 유지하고, 새로 즉위한 군주는 그러한 '준비 기간' 또는 '정권 이양 기간'을 거친 후에야 통치의 전면에 등장하는 것이 바람직하다는 뜻이다.

맹자는 "삼년"이라는 구절을 삼년상(喪)으로 오해하여, 부친의 사망 후 즉위한 후손이 3년간을 슬픔과 통곡으로 지세는 나머지 말을 제대로 할 수가 없었을 것이라고 상상하고 있지만, 이것은 맹자다운 허황된 해석이다. 위에 인용한 구절에서 자장이 언급한 "3년간 말을 하지 않았다"는 은나라의 고종(武丁)에 대하여 사마천이 『사기』에 어떻게 적고 있는지를 볼 필요가 있다. 사마천은 은나라의 고종 무정(武丁)이 부친 소을(小乙)의 사망 후에 그 뒤를 이어 즉위하였으나 자신을 보필할 재상을 아직 확보하지 못하여 부친을 보좌하던 재상의 의견에 따라 정사를 결정하면서 3년간 자신의 의견을 내세우지 않고

(三年不言) 나라의 분위기를 관찰하였다고 기록하고 있다.[24] 아버지를 잃은 슬픔에 만사를 팽개치고 멀건 미음만 들이키며 오만상을 찌푸리고 눈물과 울음으로 밤낮을 지새는 기간이 3년이기 때문에 그 기간 동안 말을 할 수 없었을 것이라는 맹자의 과장된 상상은 실소를 자아낼 따름이다.[25]

그렇지만, 새롭게 즉위한 군주가 정권 인수 초기에 취해야 할 사려 깊은 태도에 대한 조언이 현실 세계에서는 제대로 준수되지 않고 있었다는 점은 공자 스스로도 인정한 듯하다. 노나라 대부 맹장자(孟莊子)가 그 아버지의 지위를 물려받은 후에도 아버지의 신하를 그대로 등용하고 아버지의 정책을 그대로 유지했다는 점을 공자는 높이 평가하면서도 그게 그리 쉬운 일은 아니라고 증자에게 이야기한 적이 있다:

증자가 이렇게 말했다: "맹장자의 효행은 다른 사람들도 능히 도달할 수 있는 것이지만, 아버지가 거느리던 신하들을 교체하지 않고, 아버지가 채택한 정책을 변경하지 않는 것은 하기 어려운 것이라고 선생님이 이야기하는 걸 들었습니다."[26]

아버지가 거느리던 신하들이 사악하고, 아버지의 정책이 옳지 못한 경우에도 '효심을 발휘하여' 최소한 3년은 그대로 유지해야 할까? 위나라의 하안(何晏; 195-249)은 『논어집해(論語集

解)』에서 "아버지의 삼년상 중에는 아버지의 신하나 아버지의 정책이 비록 잘못된 것일지라도 차마 그것을 개정하지 못한다"는 뜻이라고 설명했고, 『논어주소(論語注疏)』는 이 설명을 그대로 반복한다. 주희는 한술 더 떠서 3년 안에 아버지의 정책이나 제도를 바꾸면 "비록 새로이 바꾼 정책이나 제도가 좋더라도 효라고 할 수는 없다"고까지 해석한다.[27] 효자 노릇을 하려면 아버지의 정책이나 제도가 사악했더라도 바꿔서는 안 되고, 못되먹은 신하와 나쁜 제도를 3년 동안 억지로라도 유지하려고 온갖 어려움을 무릅쓰라는 식으로 이 구절을 해석하는 몰상식한 태도는 논어 텍스트 전체를 아예 독극물을 뿜어대는 '사회악'으로 둔갑시키는 첩경이다.[28] 다행히 다산 정약용은 죽은 아버지의 정책이나 제도가 천하에 화를 끼치고 종묘를 위태롭게 한 것이라면 "물에 빠진 이를 건져 올리고 불 속에 있는 이를 구해내듯 [시급히] 고쳐야 하는 것이지, 어찌 효를 생각하여 답습하겠는가?"라는 반론을 제시하기는 한다.[29]

그러나 아직 자신의 정치 기반이 확고하지 않은 후계자가 선친을 잘못 보좌한 나쁜 신하를 섣불리 제거하려 시도할 경우, 청산의 대상이 된 세력은 새로 즉위한 후계자를 '불효막심한 후손'이라고 공격하며 맹렬히 저항할 것은 분명하다. 아버지의 정치가 나쁘면 나빴을수록 부패한 세력이 그동안 더욱 강고하게 입지를 확보해 두었을 것이므로 새롭게 등장한 개혁 세력에 대한 저항의 강도는 더 거셀 것이다. 즉위 후 얼마 안 된 후임자가 기득권 세력의 강고한 저항을 이겨내고 인적 청산과 제도 개혁을 해내는 데 성공할 수 있을지 여부는 고도의 정치적 판단과 사태 파악 능력이 요구되는 실천적 문제다. 이런 문제에 대하여 3년 내에 개혁하면 '불효', 3년 동안 개혁하지 않고 그대로 두면 '효도'라는 유치한 공식에 따라 준비된 정답이 이미 존재한다고 믿는 자는 자신의 천박한 인식 수준을 깊이 반성해야 한다. "잘못이 있으면 주저 없이 개선하라(過則勿憚改)"는 구절이 논어에 두 번이나(學而 1.8; 子罕 9.25) 반복되고 있다는 사실은 애써 무시한 채, 효(孝)가 모든 것의 근본(本)이라면서 효 앞에는 다른 모든 가치들이 침묵하고 양보해야 한다고 믿는 '효 근본주의' 또는 '효 절대주의' 논어 해석이 근 2천 년 동안 끼쳐온 해악은 이루 말할 수 없이 심각하다. 그 대표적 사례가 섭공(葉公)과 공자 간에 오간 대화를 수록한 논어의 한 구절(子路 13.18)에 대한 맹자의 황당무계한 해석이다. 이 문제를 다음 단락에서 살펴본다.

'효 근본주의' 해석의 등장 ─────────

子路 13.18에 수록된 구절은 사실 효와는 관련이 없고, 효(孝)라는 글자조차 그 구절에는 등장하지 않는다. 그런데도 그저 아버지와 아들이 언급되었다는 이유만으로 효에 관한 구절이

라고 지레짐작한 해석자들은 결국 효에 대해 예법에 어긋나는
— 무례(無禮)한 — 해석을 하기에 이른다. 문제의 구절은 다음
과 같다:

> 섭공이 공자에게 "우리 마을에 진짜 정직한 사람이 있어요.
> 자기 아버지가 양을 훔쳤는데 아들이 그걸 증언했지요"라
> 고 하자, 공자는 이렇게 말했다: "우리 마을의 정직은 그것
> 과 다릅니다. 아버지가 한 일을 아들이 숨겨주고 아들이 한
> 일을 아버지가 숨겨주는 것도 정직한 거죠."[30]

이 구절을 제대로 이해하려면 먼저 섭공이 어떤 자인지를 살
펴볼 필요가 있다. 섭공은 초(楚)나라에 속한 섭(葉) 지역을 하
사받아 통치하던 초나라의 대부였다. 도지사(縣尹) 정도에 불
과했던 그는 초나라 제후가 주 왕실의 권위를 찬탈하여 스스
로를 왕이라고 부르자, 자기도 마치 제후국의 우두머리나 된
듯 행세하며 "공(公)"이라는 존칭을 함부로 사용하여 스스로를
섭공(葉公)이라고 높여 불렀던 자이다.[31] 공자의 제자 자로는
이런 섭공을 완전히 무시하며 아예 인간 취급을 하지 않은 것
으로 보인다. 섭공이 자로에게 접근하여 공자가 어떤 사람인
지를 물어봤는데, 자로는 상대를 안하고 말대꾸도 안 했다는
것이다:

섭공이 자로에게 공자에 관해서 묻자, 자로가 상대하지 않았다. [이 일을 전해 들은] 선생님이 이렇게 말했다: "너 왜 대답을 안 했니? 그 사람은 분노하면 밥 먹는 것도 잊고, 기쁘면 걱정도 잊고, 곧 나이가 들어 노인이 될 거라는 것도 모르는 사람이라고 대답하지 그랬니."[32]

섭공은 초나라가 북방으로 영토를 넓히려는 정책의 일환으로 채(蔡)나라와의 접경 지역을 개발할 때 부함(負函)이라는 고을을 통치하기도 했다. 이때 고을 주민들이 이런 저런 이유로 이탈하려는 움직임이 있자 섭공은 사방에 성벽을 쌓아 자기 주민들이 이웃나라로 이주하지 못하도록 억지로 잡아 가두려 시도하기도 했다.[33] 원래 성벽은 바깥으로부터의 공격을 막아내려는 것인데, 섭공이 한 짓은 성 안에 거주하는 사람들이 바깥으로 나가지 못하도록 감옥을 만든 셈이었다. 아마도 이런 시기에 공자와 섭공이 만난 것으로 보인다.[34]

섭공이 정치에 관해서 묻자 선생님이 이렇게 말했다: "가까이 있는 사람들을 기쁘게 하면 멀리 있는 사람들도 오겠지요."[35]

섭공 당신이 정치를 제대로 했으면 왜 고을 사람들이 다른 곳으로 이주하고 도망하려 했겠는지 잘 한번 생각해보라는 말이었다. 『공자가어(孔子家語)』는 "대체로 초나라 땅이 넓기만 하고 도읍은 좁아서 백성의 민심이 떠나고 삶이 안락하지 않아서" 사람들이 이탈하고 있었다는 식으로 기록하지만,[36] 섭공이 초나라 전체를 통치한 것이 아니므로 초나라 전반의 문제가 아니었을 뿐 아니라, 옛 문헌에도 "백성의 원망은 [재물이나 자원이] 많거나 적어서 생기는 것이 아니라, 통치자가 백성을 얼마나 사랑하는지, 얼마나 노력하는지에 달려 있다"는 말이 있다.[37] 자기가 정치를 제대로 못해서 자기가 통치하는 고을의 민심이 이반하고 이주민이 속출하는데 고작 생각해낸다는 짓이 성을 쌓아 주민들을 '감금'해 보겠다는 것이니, 공자가 섭공을 높이 평가했을 리 없다.

이런 섭공이 마치 자기가 정치를 올바르게 해서 자기 고을 사람이 정직해졌다는 식으로 공자에게 '자랑질'을 하는 상황이 바로 子路 13.18에 수록된 대화가 오간 배경이다. 『논어주소(論語注疏)』도 공자가 섭공의 자랑(誇)을 못마땅히 여겨, 예리한 뜻이 담긴 가시 돋힌 답변을 함으로써(夫子咨之) 초나라 권세가의 자랑을 차단한 것 같다는 해석을 소개하고 있다. 여기서 답(咨)은 철조망 등에 달린 날카롭고 뾰족한 마름쇠(鐵蒺藜)를 뜻하는 것이므로 공자의 답변이 가시 돋힌 풍자와 섭공에 대한 신랄한 비난을 담고 있었다는 뜻이다.[38]

아들이 아버지의 범죄를 증언하는 상황은 결코 행복한 삶의 모습이 아니다. 범죄를 저지른 아버지나, 그런 아버지의 처벌에 조력한 또는 어쩔 수 없이 조력해야 했던 아들이나, 어디가서 그런 일을 남에게 자랑해댈 상황이 아니라는 것은 분명하다. 이런 불행한 가정사를 빌미로 정직이 어떻고 하면서 자기 과시에 골몰한 섭공을 상대로 공자가 "아 그렇군요, 훌륭하네요"라고 대답할 이유는 없다. 당신이 '정직'을 들먹이는데, 과연 정직이 그렇게 단순하고 간단한 문제냐고 되묻는 것이 바로 섭공의 자랑질에 대해 공자가 대꾸하고자 한 핵심 내용이라고 나는 생각한다. 공자는 섭공이 피상적으로 생각하는 정직과는 정반대의 경우를 내세우면서 부정직하게 보이는 그것도 정직일 수 있다고 말한다. 정직은 결코 단순한 문제가 아니라는 점을 환기하려는 것이다. 공자가 거듭 말했듯이 정직(直)을 고지식하고 천박하게 이해할 경우 그것은 사람의 목을 죄는 올가미(絞)가 될 뿐이다.

아버지의 범죄를 증언한 아들의 행위는 진정으로 정직한 행위였을 수도 있고, 정직이라는 올가미에 걸려 차마 해서는 안 될 짓을 한 것일 수도 있다. 섣불리 판단할 문제가 아니다. 아버지의 범죄를 증언하는 것이 무조건 정직이라고 경솔하게 단정 짓는 섭공 당신처럼 천박한 인식 수준으로 정치를 해서는 안 된다는 뜻이다. 공자가 말했듯이, "정직하기만 하고 예법을 따르지 않으면 올가미에 걸리게 되고", "정직을 좋아하되 배우기를 좋아하지 않으면 올가미에 걸려들어 꼼짝달싹 못 하게 되는 폐해가 있다".[39]

그렇다고 거짓을 밥 먹듯 하라는 뜻은 물론 아니다. 정직이 대원칙이라는 점은 공자가 거듭 설명한 바 있다:

선생님이 이렇게 말했다: 사람은 정직하게 살아야 해. 거짓되게 살면 기껏 운이 좋아야 겨우 들키는 것을 면할 뿐이지."[40]

공자가 이렇게 말했다: "유익한 친구 세 부류가 있고, 해로운 친구 세 부류가 있어. 정직한 친구, 믿음직한 친구, 박식한 친구는 이롭지. 얕은 꾀 부리는 친구, 교활한 친구, 말만 번드르르한 친구는 해롭지."[41]

자장(子張)이 "선비가 어째야 성공했다 할 만합니까?"라고 묻자 선생님이 "네가 말하는 성공이 뭔데?"라고 했다. 자장이 "나라에서도 이름이 나고 집에서도 이름이 나는 것입니다"라고 하자, 선생님이 이렇게 말했다: "그건 이름이 나는 것이지 성공한 게 아냐. 성공했다는 것은 바탕이 정직하며(質直) 기꺼이 옳은 일을 하고, 남들의 주장과 상황을 면밀히 살펴보고, 아랫사람들을 배려하는 것이지. 그러면 나라에서도 성공하고 집에서도 성공하게 되지. 이름이 났다는 것은 윤리적인 듯 모양새를 갖추긴 하지만 행동은 개차반이고 그런 삶을 살면서도 아무 회의도 품지 않는다는 것이지. 그런 것들이 나라에서도 명성이 자자하고 집안에서도 명성이 자자하게 되지."[42]

하지만 정직이 단순한 문제가 아니라는 점은 아래에 소개하는 구절에서도 여실히 드러난다. 부모 형제가 범했건 남이 범했건 간에 범법 행위를 사정(司正)당국에 고발하는 행위는 단순히 생각하면 '정직'에 해당한다고 보겠고 섭공의 자랑질도 이런 피상적, 초보적 발상에서 출발한 것이다. 그러나 과연 그것이 용감한 고발정신과 시민의식으로 행한 공익 제보였다고 평가될지, 아니면 비열한 '고자질'이라고 평가될지, 아니면 용감하지도 비열하지도 않은 평심한 신고 의무 이행이라고 볼지는 쉽게 단정지을 수 있는 문제가 아니다. 공자와 그의 제자 자공 간에 오고 간 아래 대화는 '고자질'을 해대면서 그걸 '정직'이라고 믿는 천박한 자기 합리화를 경계해야 한다는 점을 보여준다:

"군자도 증오하는 바가 있나요?"라고 자공이 묻자 선생님이 이렇게 말했다: "증오하는 게 있지. 사람들의 나쁜 점을 들춰내서 떠드는 자를 증오하고, 저질스럽게 살면서 고상한 사람을 비방하는 자를 증오하고, 용감하기만 하고 무례한 자를 증오하고, 과단성만 있고 꽉 막힌 사람을 증오하지." 선생님이 "너도 증오하는 것이 있니?"라고 하자, 자공이 이렇게 말했다: "변죽만 울려대면서 자기가 뭘 안다고 여기는 자, 불손하게 굴면서 그것이 용기라고 여기는 자, 고자질이나 하면서 그것이 정직이라고 여기는 자를 증오합니다."[43]

정직이 무엇인지에 대한 천박하기 짝이 없는 인식 수준과 형편없는 정치적 역량을 가진 섭공의 자기 과시 행위에 대하여 공자가 냉소적으로 쏘아붙인 말을 금과옥조인 양 받아 적어 "아버지와 아들 간에는 범행을 서로 덮어주는 게 정직"이라고 믿는다면, 그저 멍청하고 순진하다고 웃어 넘기기에는 너무나 큰 폐해를 낳을 것이다. 공자가 언제 "내 말은 모두 그대로 따르라"는 식으로 계시를 내리는 인물이었던가?

그러나 공자가 냉소적으로 비꼬아 말한 "아버지와 아들이 서로 덮어주는 것도 정직"이라는 말은 안타깝게도 어느덧 "아버지와 아들이 서로 덮어주는 것이 정직"이라고 오해되었다. 그리고 지난 이천 년 동안 부자지간에는 범죄 행위를 서로 덮어주는 게 정직이라고 "공자님께서 말씀하셨다"면서 그것이 효(孝)이고, 그런 범죄적 태도가 모든 윤리의 근본이요 뿌리라고 설명하는 불행한 해석 전통이 자리했다. 정직(直)의 복잡 미묘함을 냉소적으로 지적하려 했던 공자의 의도는 섭공과 공자 간에 오갔던 대화가 정직에 관한 것이었는지조차 이해하지 못하는 '효(孝) 근본주의' 해석이 홍수처럼 쏟아져 나오면서 깊숙이 묻혀버렸다.

이러한 불행한 해석 전통이 생겨나는 데 가장 크게 기여한 자
는 맹자였다. 공자(기원전 551-479)가 죽은 후 100년 가량 지
나 태어난 맹자(기원전 372-289)는 섭공과 공자 간에 오간 대
화가 정직(直)에 관한 것이라는 점조차 이해하지 못했다. 맹자
는 종법 봉건적 통치 질서에 대한 이해도 없었다. 맹자가 살던
전국시대 중반에는 이미 주나라의 종법 봉건 통치 질서가 완
전히 무너져 내렸기 때문에, 효심과 우애로 공적(公的)인 통치
질서가 유지되던 몇백 년 전의 과거 시절에 효가 가졌던 ─ 공
(公)과 사(私)의 분리가 불가능한 ─ '가족 정치적' 의미는 더이
상 상상하기도 어려운 시절이었다. 이런 시기에 태어난 맹자
는 효를 순전히 가족 내부의 사적 질서로 이해하고, 국가의 공
적 질서와는 오히려 충돌하는 관계에 있는 것으로 파악하게
된다. 즉, 아들은 아버지를 무조건 감싸고 돌아야 하며, 이같은
맹목적 사적 가치로서의 효심을 실행하는 것이 공적 지위에서
아들이 수행해야 하는 임무와 충돌할 경우, 효(孝)는 절대적,
근본적 가치를 가지는 것이기 때문에 공적 임무 따위는 가볍
게 내팽개치는 무책임한 짓을 서슴없이 해야 한다는 자못 놀
라운 주장을 편 자가 바로 맹자이다.

　　아버지가 저지른 절도 범행을 아들이 덮어주는 것이 정직
이라고 공자님께서 말씀하셨다고 굳게 믿은 맹자는 거기서 한

발 더 나아가 이제는 아버지가 저지른 살인 범죄에 대해서도 아들은 어떤 희생을 무릅쓰고라도 무조건 무마해야 한다는 시나리오를 내놓고 있다. 효(孝) 절대주의 시각에서 맹자가 멋대로 상상해본 B급 신파조 시나리오의 개요는 다음과 같다:

> 어질기로 유명한 순(舜)임금이 통치자이고 올곧기로 유명한 고요(皐陶)가 법무부 장관인 상황에서, 통치자 순 임금의 아버지 고수(瞽瞍)가 살인을 저지르면 대쪽 같은 법무부 장관 고요는 국법에 따라 엄정한 처벌 절차를 밟을 것이고, 순임금은 국법을 함부로 무시하고 고요를 해임하거나 아버지가 처벌되지 않도록 명할 수 없을 것이다. 이러한 딜레마 상황에서 순 임금은 천하를 헌신짝처럼 버리고 감옥에 몰래 숨어 들어가서 아버지를 등에 업고 도망쳐 나와 아름다운 해변이 펼쳐진 곳에 정착하여 아버지와 아들이 단둘이서 여생을 행복하게 살며 천하를 잊고 지낼 것이다.[44]

살인, 특수주거침입(감옥에 몰래 침입하는 행위), 공무집행방해, 도주(탈옥), 범인 은닉 등 각종 범죄는 물론이고, 아름다운 백사장이 펼쳐진 해변에서 잔잔히 전개되는 부자 간의 훈훈한 사랑과 극적인 화해를 소재로 한 맹자의 시나리오는 할리우드나 발리우드 영화 투자자들의 관심을 끌 수 있을지는 모르겠으나, 종법 봉건적 통치 질서를 전제로 했던 공자의 사상을 제대로 이해하거나 논어에 수록된 구절을 올바로 해석하는 데에는 도움이 되지 않는다. 한술 더 떠, 맹자는 순임금의 부모 형제를 특별히 사악한 인물로 묘사한다. 순(舜)의 부모는 아들 순에게 창고를 고쳐 달라고 부탁하여 아들이 창고에 올라가자 사다리를 치우고 창고에 불을 질러 아들을 살해하려 하기도 했고, 우물을 파 달라고 부탁하여 아들 순이 땅속에 들어가서 열심히 우물을 파는 동안 돌을 마구 던져 넣어 아들이 자기가 판 우물 속에서 돌에 맞아 죽게 하려 했고, 순의 형이란 자는 동생이 부모에게 이렇게 잔인하게 살해되었다고 믿고 그 길로 동생의 처를 차지하여 겁탈하려 했던 인물로 묘사된다.[45] 일찍이 영화사상 이들에 버금가는 악당을 찾아보기도 어려울 것이다. 이런 아버지가 아들 순을 살해하는 데는 실패했지만, 기필코 어디 가서 다른 사람을 살해하는 데는 성공하였기에 잡혀 와서 감옥에 갇혀 있는 것으로 맹자의 시나리오는 전개된다. 두 아들 중 하필 순을 죽이지 못해 안달했던 아버지였지만 아들 순이 황제의 지위와 막중한 책임까지 포기해가면서 아버지를 기필코 감옥에서 빼내 와 등에 업고 아름다운 해변이 펼쳐진 곳으로 가서 둘이서 극적으로 화해하고 행복하게 여생을 보낸다는 맹자의 억지스러운 '닥치고 해피엔딩' 시나리오를 읽노라면 그야말로 손발이 오그라들 지경이다.

맹자의 생각은 단순하다. 부모 형제가 아무리 극악무도하더라도 효심과 우애(孝, 弟)는 '절대로' 어겨서는 안 되는 윤리적 가치라는 것이다. 가족 간에는 어떠한 윤리적 판단이나 비판도 해서는 안 되고, 가족 일방이 상대방에게 아무리 사악한 짓을 저질러도(예를 들어, 살인 미수, 강간 미수) 노여움이나 원망을 품지 않고 참아내는(忍) 것이 인(仁)이고, 부모가 자식에게 패륜적 행위를 거듭 하더라도 자식은 부모의 사랑을 받지 못하고 있음을 평생의 근심(憂)으로 삼아야 하며, 자신을 살해하려 했던 부모를 죽을 때까지 사모(慕)하는 것이 바로 크나큰 효도라는 것이다.[46] 정상적인 인간이 당연히 가지는 윤리적 판단을 가족 구성원 간에는 모조리 포기하고 '윤리적 좀비' 상태가 되어 부모와 형제를 감싸고 옹호해야 하며, 가족 구성원들은 괴상하기 짝이 없는 윤리적 블랙홀 속에서 때리면 맞아가며 참고 살아야 한다는 맹자의 기상천외한 발상은 그야말로 할 말을 잃게 만든다. 맹자의 이런 발상은 논어의 원전 텍스트와는 무관하고 공자와도 아무 관련이 없는 정신병적인 것이다.[47]

맹자의 효(孝) 절대주의 사상은 얼마 안 가서 한비자(韓非子)가 유가 사상가 모두를 싸잡아 비판하는 빌미를 제공하게 된다. 다음 구절에서 보이듯이 한비자는 아버지를 고발한 아들 이야기를 효와 연결 지어 거론할 뿐 아니라, 부자 간의 사적 윤리인 효는 군신 간의 공적 윤리와 국법 질서를 초월한다는 맹자의 효 절대주의 해석을 마치 공자의 견해인 것처럼 제시하면서 공격 대상으로 삼는다. 사실 공자는 억울하다. 양을 훔친 아버지에 관한 섭공과의 대화에서 공자는 효(孝) 이야기를 한 것이 아니라, 정직(直)이라는 것이 섭공이 경박하게 생각하는 것처럼 단순하지 않다는 이야기를 했을 뿐이었다. 이 텍스트를 효에 관한 것이라고 멋대로 상상하고 거기서 한발 더나아가 절도뿐 아니라 살인 등 온갖 범죄를 저질러도 부자간에는 무조건 감싸고 덮어야 한다면서 맹자가 멋대로 만들어낸효 절대주의 입장은 공자의 생각과는 무관하다. 그러나 오늘날우리들이 맹자의 효 절대주의 사상을 마치 공자의 생각인 양 착각하게 된 이유는 한비자가 적은 다음 구절 때문이기도 하다:

초나라에 정직한 사람이 있어 그 아버지가 양을 훔친 것을관리에게 고발했다. 그러자 재판관은 고발이 군주에게는정직하지만 부친에게는 잘못된 것이므로 고발한 죄를 물어 처형하라고 명했다. 이로써 우리는 군주에게 정직한 신하는 아버지에게 난폭한 아들임을 알 수 있다. 노(魯)나라의 어떤 사람이 군주를 따라 전쟁에 가기를 세번 했는데 매번 도망쳤다. 중니(仲尼; 공자)가 그 이유를 물으니 "저에게는 연로한 아버지가 계십니다. 제가 죽으면 누가 아버지를봉양하겠습니까?"라고 대답했다. 중니는 이것을 효(孝)라고 치켜세우며 그자를 승진시켰다. 이로써 우리는 아버지에게 효성스러운 아들은 군주를 배반하는 신하임을 알 수있다. 신고자를 처형하니 초나라에는 더이상 범죄를 신고하는 이가 없게 되고, 중니가 [도망병을] 상 주니 노나라 사

람들은 전쟁에서 쉽게 도망친다.⁴⁸

한비자나 맹자나 논어의 원전 텍스트를 정확하게 인용하거나 확인하는 사람들은 아니었다. 아버지를 고발한 아들을 처형해야 한다는 입장을 공자가 취한 적은 없다. 노부모 부양을 핑계로 세 번이나 탈영한 병사를 효심이 있다면서 공자가 치켜세우고 승진시켜줬다는 한비자의 주장도 액면 그대로 받아들이기는 무리가 있다. 열띤 논쟁이 진행되는 상황에서 한비자가 상대방 진영(儒家)의 입장을 과장하고 그 부조리함을 증폭하여 묘사한 점은 분명히 있다. 하지만 맹자가 늘어놓은 극단적인 효 숭배, 효 절대주의 사상은 (공자의 사상과는 무관하지만) 한비자가 그것을 당시의 유가 사상이라고 이해하고 맹렬히 공격할 빌미가 되고도 남는다. 그러나 (한비자와 맹자가 공히 이해하지 못했던) 공자의 입장은 아버지가 아들을 고발하거나 아들이 아버지를 고발하는 행위가 정직한 것일 수도 있고 서로 숨겨주는 행위가 정직한 것일 수도 있으니, 무엇이 진정으로 정직한 것인지 제대로 판단하는 능력을 기르려면 끊임없이 보고 듣고 배워야(學) 하며, 섭공처럼 천박한 인식 수준으로 정치를 해서는 안 된다는 것이었다. 정직이 무엇인지 배우라는 것이었지, 어느 한 가치(그것이 정직이건 효이건)에 절대적 위상을 부여하고 앞뒤 물불 가리지 않고 그것을 숭배하느라 다른 모든 가치들을 파괴하라는 뜻이 결코 아니었다.

가족 윤리의 적정한 위상 —————————

제후, 경대부 같은 최상위 지배 계층 구성원들 간의 효심과 우애는 가족 정치에 기반한 주나라의 통치 질서와 한몸을 이루는 윤리적 가치였고 공동체 전체의 평화와 안녕을 떠받드는 근본 바탕(本)이었다. 하지만 최상위 지배 계층 외의 사람들에게까지 같은 기준을 공자가 적용한 것은 아니었다. 이 점은 다음 구절에서도 드러난다. 요즘 말로 공직자에 해당하는 사(士, 선비)가 갖추어야 할 덕목과 관련하여, 공자는 효심과 우애가 아니라, 매사 올바르게 처신하고 맡은 임무를 떳떳하게 처리하여 군주(부모가 아니라)를 욕되게 하지 않는 능력이야말로 최상의 가치라고 보았다:

자공이 "선비라 부를 만하려면 어때야 하나요?"라고 묻자, 선생님이 이렇게 말했다. "처신할 때 부끄러움을 알고, 사신으로 사방에 파견되었을 때 군주의 명령을 욕되게 하지 않으면 선비라 할 만하지." "그 다음으로 쳐 줄 사람들은 어떤 자인가요?"라고 묻자, "친척들이 효심 있다(孝) 하고, 동네 사람들이 우애 있다(弟) 하는 사람이지"라고 했다. "그 다음은요?" "약속은 반드시 지키고, 일처리는 반드시 끝을 보는 사람들인데, 완고하고 쫀쫀하기 이를 데 없지. 그래도 이런 사람이 그 다음은 되지." "요즘 정치권에 있는 자들은 어떤가요?" "아이구! 좀팽이들 같으니라구. 말해 뭐 하겠어?"[49]

효심과 우애는 선비에게 최상의 덕목이 아니라 기껏해야 2류에 겨우 해당할까 말까 한 덕목에 그친다. 부모나 형제가 아무리 패악질을 해대도 무조건 감싸고 돌아야 한다는 맹자의 발상은 공자와 그 제자들의 생각과는 전혀 무관하다는 점은 다음 구절이 극적으로 보여준다:

> 사마우(司馬牛)가 우울한 심정으로 "세상 사람들 모두 형제가 있는데 나만 외톨이네"라고 말하자, 자하가 이렇게 말했다: "죽고 사는 건 운명에 달렸고, 돈과 지위는 하늘이 정하는 거라고 들었어. 군자가 경건한 자세로 실수하지 않고 사람들과의 관계에서 예법에 맞게 공손하게 처신하면 온 세상 사람이 모두 형제 아니겠나. 군자가 형제 없다고 걱정하면 되겠는가?"[50]

사실은, 사마우에게 형제가 없었던 것이 아니다. 사마우의 형 환퇴(桓魋)는 송나라의 대부였다. 『공자가어』에는 사마우가 자기 형 환퇴의 악행 때문에 고민이 많았다는 기록이 있고, 사마천의 『사기』에는 사마환퇴가 공자를 암살하려 한 사건이 묘사되어 있다.[51] 사마우가 "나만 형제가 없다"고 한 이유는 형제가 없어서가 아니라 패악질을 하는 형은 아예 형으로 간주하지도 않고 연을 끊겠다는 단호한 뜻이었다. 그러자 자하(子夏)가 사마우를 위로하면서 "죽고 사는 건 운명에 달렸다"고 말하는데, 그 뜻은 사마우의 형 환퇴가 송나라 경공(景公)을 살해하려다 발각되어 여기저기 쫓겨 다니며 지금 목숨이 위태롭지만[52], 죽을 만한 짓을 했으면 죽을 것이고 살 만하면 살 것이니 그 따위 형이 죽든 살든 신경 쓰지 말라는 뜻이었다. 가장 중요한 것은 사람들과의 관계에서 올바로 처신하고 올바른 삶을 사는 것이고 이렇게 살면 모든 사람이 동지이고 형제이므로 패륜적 형과의 알량한 가족 관계에 연연하여 거기에 발목 잡힐 필요는 없다는 뜻이다.

효심과 우애가 마치 인간을 절대적으로 구속하는 끊을 수 없는 족쇄라도 되는 것처럼 맹목적으로 숭배하고, 어떠한 범죄와 패륜 행위를 저지르더라도 가족 간에는 무조건 감싸고 돌며 은폐해야 한다는 맹자의 범죄적이고 초월적인 가족 윤리 맹신 사상은 공자나 논어와는 아무 관련도 없을 뿐 아니라, 한시 바삐 청산되어야 할 사악한 사상이다. 오랜 세월 우리의 가정뿐 아니라 사회 전체를 짓눌러왔던 부조리와 부패의 관행은 맹자의 가족 윤리 맹신 사상에 뿌리를 둔 경우가 많다. 가족 간의 사랑과 상호 존중도 예법에 맞아야 한다. 예법에 맞지 않게 공손하게 굴면 고생만 하게 될 뿐이다.[53]

제3장 주석

1 子曰: 「爲政以德, 譬如北辰, 居其所而衆星共之。」(爲政 2.1)

2 述而 7.5, 泰伯 8.11 참조.

3 은나라는 여러 부족의 연합체였는데, 그중 상(商) 부족이 은나라의
왕족이었다. 주나라는 은나라 정벌에 성공하였지만(기원전 1046)
주나라의 제도를 피정복민에 함부로 이식하려 하지 않았으며, 은나라의
유민들은 대체로 은나라의 전통적 법제에 따라서 살도록 했고 주나라는
은왕족(商 부족의 지도층)과의 관계를 원만히 유지하려 노력했다.

4 尙書, 康誥 2, 3, 11, 12, 14

5 子曰: 「道之以政, 齊之以刑, 民免而無恥; 道之以德, 齊之以禮, 有恥且格。」
(爲政, 2.3)

6 오규 소라이와 다산은 格을 "감격한다"는 뜻으로 풀이하고 있으나
感과 格의 옛 발음이 서로 통하는 데가 좀 있어서 感 대신에 格을 차용해서
썼다는 오규 소라이의 설명은 설득력이 없고 구차하다. 논어징, 1권 133면,
논어고금주, 1권, 159면.

7 齊景公問政於孔子。孔子對曰: 「君君, 臣臣, 父父, 子子。」公曰: 「善哉!
信如君不君, 臣不臣, 父不父, 子不子, 雖有粟, 吾得而食諸?」(顔淵 12.11)

8 哀公問曰: 「何爲則民服?」孔子對曰: 「擧直錯諸枉, 則民服; 擧枉錯諸直,
則民不服。」(爲政 2.19) 顔淵 12.22에도 비슷한 내용이 있다.

9 小雅, 彤弓之什, 鶴鳴.

10 물론, '錯'을 '버린다(捨置)', 해고한다, 그만두게 한다는 뜻이라고 새기고
(이 경우 '조'라고 발음), 정직한 사람을 기용하고 굽은 자들을 버리면
사람들이 복종하고, 굽은 자를 기용하고 올바른 자들을 버리면 사람들이
불복한다고 이 귀절을 해석하기도 한다.

11 季康子問政於孔子。孔子對曰: 「政者, 正也。子帥以正, 孰敢不正?」

(顔淵 12.17) 子路 13.13에도 비슷한 내용이 있다. 子曰:「苟正其身矣,
於從政乎何有? 不能正其身, 如正人何? (선생님이 이렇게 말했다,
"자기 몸가짐을 진정 바르게 가지면 정치를 하는데 무슨 어려움이 있겠나?
제 몸가짐도 바르게 하지 못한다면 어찌 남들을 바로잡을 수 있겠나?")

12 定公問 "一言而可以興邦, 有諸?" 孔子對曰 "言不可以若是 其幾也 人之言曰
『為君難, 為臣不易。』如知為君之難也, 不幾乎一言而興邦乎?" (子路 13.15)
주희는 여기 나오는 幾를 기대한다, 기약한다는 뜻으로 새기지만(幾, 期也),
論語注疏는 가깝다, 비슷하다는 뜻으로 새긴다(幾, 近也)

13 曰 "一言而喪邦, 有諸?" 孔子對曰 "言不可以若是 其幾也 人之言曰
『予無樂乎為君, 唯其言而莫予違也。』如其善而莫之違也, 不亦善乎?
如不善而莫之違也, 不幾乎一言而喪邦乎?" (子路 13.15)

14 제2편(爲政)의 여섯 귀절(5, 6, 7, 8, 20, 21)에서 孝가 언급된다.
제1편(學而)에서는 세 귀절(2, 6, 11)에서 孝가 언급되었다. 그 외에는
총 다섯 군데에서 孝가 거론된다(里仁 4.20, 泰伯 8.21, 先進 11.5,
子路 13.20, 子張 19.18)

15 有子曰:「其為人也孝弟, 而好犯上者, 鮮矣; 不好犯上, 而好作亂者, 未之有也。
君子務本, 本立而道生。孝弟也者, 其為仁之本與!」(學而 1.2)

16 Bracton, *De Legibus Et Consuetudinibus Angliæ*, trans. by S.
Thorne, ii. 232 (f. 79b) ("Devenio homo vester de tenemento quod
de vobis teneo et fidem vobis portabo de vita et membris et terreno
honore et fidem vobis portabo contra omnes gentes salva fide debita
domino regi et heredibus suis.") 브랙튼의 라틴어 원문과 영어 번역은
http://amesfoundation.law.harvard.edu/Bracton/ 에서 참조 가능하다.
국왕도 물론 봉건 군주의 지위에 놓이기도 하는데, 이처럼 국왕이 직접
봉건 군주로 될 경우, 그의 봉신은 충성 서약을 할때 "우리의 군주인 왕과
그 후손들에 대한 충성과 신의를 제외하고는(salva fide debita domino
regi et heredibus suis)" 이라는 단서 부분을 빼고, 아무런 단서 없이
"… 모든 사람과의 관계에서 당신 편에 서겠습니다"라고 서약한다.

17 Bracton, f. 78b; ii 228 ("Homagium est iuris vinculum.")

18 Bracton, f. 79; ii. 229-231.

19 Glanvill (c. 1190), *Tractatus de legibus et consuetudinibus regni*

Anglie, 9.4.

20 尙書, 康誥 9

21 子曰:「父在, 觀其志; 父沒, 觀其行; 三年無改於父之道, 可謂孝矣。」(學而 1.11)
「三年無改於父之道, 可謂孝矣。」라는 귀절은 里仁 4.20에도 반복된다.

22 曾子曰:「吾聞諸夫子: 孟莊子之孝也, 其他可能也; 其不改父之臣, 與父之政,
是難也。」(子張 19.18)

23 子張曰:「《書》云:『高宗諒陰, 三年不言。』何謂也?」子曰:「何必高宗,
古之人皆然。君薨, 百官總己以聽於冢宰, 三年。」(憲問 14.40)

24 史記, 殷本紀 23(帝小乙崩, 子帝武丁立。帝武丁即位, 思復興殷, 而未得其佐。
三年不言, 政事決定於冢宰, 以觀國風)

25 孟子, 滕文公上 2 (君薨, 聽於冢宰。歠粥, 面深墨。即位而哭, 百官有司,
莫敢不哀)

26 曾子曰:「吾聞諸夫子: 孟莊子之孝也, 其他可能也; 其不改父之臣, 與父之政,
是難能也。」(子張 19.18)

27 論語注疏, 子張 19.18 (父臣及父政雖有不善者, 不忍改也); 論語集注,
學而 1.11 (所行雖善 亦不得為孝矣)

28 고금의 주석이 이렇게 터무니 없는 입장을 내세우고 있음을 이우재 선생은
차마 믿지 못하여, 오히려 고금의 주석이 "아비의 길이 옳지 않을 경우에는
마땅히 고쳐야 한다는 점에 일치한다"고 잘못 설명하고 있다. 논어읽기 67면.

29 논어고금주, 제1권, 121면.

30 葉公語孔子曰:「吾黨有直躬者, 其父攘羊, 而子證之。」孔子曰:
「吾黨之直者異於是。父為子隱, 子為父隱, 直在其中矣。」(子路 13.18)
오규 소라이는 "直在其中矣"라는 말은 아버지와 아들이 서로의 행위를
숨겨주는 것이 정직이라는 뜻이 아니라, 정직은 "거기에도" 있을 수 있다는
뜻이라고 해석한다. 섭공은 아버지의 범죄를 고발하는 것이 정직이라고
생각하지만, 숨겨주는 것도 정직일 수 있다는 뜻으로 공자가 말했다는
해석인데, 정확한 풀이라고 생각한다. 논어징, 3권, 85면.

31 논어집주, 述而 7.19

32 葉公問孔子於子路, 子路不對。子曰:「女奚不曰, 其為人也, 發憤忘食, 樂以忘憂,
不知老之將至云爾。」(述而 7.19)

33 《左傳》哀公四年 2 (부함 주민들이 증(繒) 나라로 나가지 못하게 사방에

성을 쌓고 걸어 잠그었다고 기록되어 있다; 致方城之外於繒關)

34 사기, 공자세가 41에는 제(齊)나라 경공(景公)이 죽은 다음해(기원전 489)에
공자가 채(蔡)로부터 섭(葉)으로 갔는데 거기서 섭공을 만난 것으로
기록되어 있다.

35 葉公問政。子曰:「近者說, 遠者來。」(子路 13.16)

36 孔子家語, 辯政 1 (夫荊之地廣而都狹, 民有離心, 莫安其居)

37 尙書, 康誥 4 (怨不在大亦不在小 惠不惠 懋不懋)

38 論語注疏, 子路 13.18 (夫子荅之 辭正而義切 荊蠻之豪 喪其誇矣)

39 泰伯 8.2, 陽貨, 17.8 오규 소라이도 "배우면 고지식하지 않게 된다
(學則不固)"는 귀절(學而 1.8)을 인용하면서 섭공이 정직을 고지식하게
잘못 이해한 것이라고 본다. 논어징, 3권, 85면.

40 子曰:「人之生也直, 罔之生也幸而免。」(雍也 6.19)

41 孔子曰:「益者三友, 損者三友。友直, 友諒, 友多聞, 益矣。友便辟, 友善柔,
友便佞, 損矣。」(季氏 16.4)

42 子張問:「士何如斯可謂之達矣?」子曰:「何哉, 爾所謂達者?」子張對曰:
「在邦必聞, 在家必聞。」子曰:「是聞也, 非達也。夫達也者, 質直而好義,
察言而觀色, 慮以下人。在邦必達, 在家必達。夫聞也者, 色取仁而行違,
居之不疑。在邦必聞, 在家必聞。」(顏淵 12.20) 공자는 자장이 얕은 꾀나
부린다고(師也辟) 평가한 바 있다. 先進 11.18

43 子貢曰:「君子亦有惡乎?」子曰:「有惡: 惡稱人之惡者, 惡居下流而訕上者,
惡勇而無禮者, 惡果敢而窒者。」曰:「賜也亦有惡乎?」「惡徼以為知者,
惡不孫以為勇者, 惡訐以為直者。」(陽貨 17.24)

44 孟子, 盡心上 35

45 孟子, 萬章上 2

46 孟子, 萬章上 1, 3 참조.

47 맹자의 기괴한 발상이 초래하는 문제는 제7장에서 보다 상세히 살펴본다.

48 韓非子, 五蠹 8

49 子貢問:「何如斯可謂之士矣?」子曰:「行己有恥, 使於四方, 不辱君命,
可謂士矣。」曰:「敢問其次。」曰:「宗族稱孝焉, 鄕黨稱弟焉。」曰:「敢問其 次。」
曰:「言必信, 行必果, 硜硜然小人哉! 抑亦可以為次矣。」曰:「今之從政者何如?」
子曰:「噫! 斗筲之人, 何足算也。」(子路 13.20)

50 司馬牛憂曰:「人皆有兄弟, 我獨亡。」子夏曰:「商聞之矣: 死生有命, 富貴在天。
君子敬而無失, 與人恭而有禮。四海之內, 皆兄弟也。君子何患乎無兄弟也?」
(顏淵 12.5)

51 孔子家語, 七十二弟子解 30; 史記, 孔子世家 24; 史記, 宋微子世家 53
논어 述而 7.23도 환퇴가 공자를 살해하려는 상황에서 공자가 한 말을
기록한 것이다. 한편, 孔子家語, 曲禮子貢問 2에는 환퇴가 자기 무덤을
석관으로 워낙 거창하게 만드느라 3년이 걸려도 완성을 못하고 인부들이
모두 병에 걸릴 지경에 이르자 공자가 정색을 하고 "이따위 사치가 어디 있냐,
죽으면 빨리 썩어 없어지는 게 낫지!"라고 했다는 일화를 기록한다.

52 春秋左傳, 哀公十四年 2 참조.

53 恭而無禮則勞 (泰伯 8.2)

제4장

예법(禮), 국법 그리고 형벌

예(禮)는 제사와 예식의 법도와 방법을 말하는 것이기도 하고, 외교 관계나 정부의 공식 행사에 사용되는 의전 격식과 절차를 뜻하기도 하며, 모든 사람들이 일상 생활에서 지켜야 할 행동 규범 또는 윤리 규범이라는 뜻으로 사용되는 경우도 있다. 한편, 음악을 지칭하는 악(樂)과 함께 '예악(禮樂)'이라고 할 때에는 문물제도 전반을 가리키는 말이 된다. 예악이 흥(興)하는 세상이 바로 공자가 이상으로 여기는 것인데, 그 뜻은 올바른 제도와 규범이 완벽한 타이밍과 적절한 강약으로 (엄해야 할 때 엄하고, 너그러워야 할 때는 너그럽게) 적용되어, 처벌받아야 할 것들이 제대로 처벌받고, 보상받아야 할 자들이 제대로 보상받음으로써 공동체 전체가 행복해지는 훌륭한 세상을 뜻한다. 적어도 이런 세상이 공자가 꿈꾸는 세상이었다.

물론, 현실 세계는 흔히 이것과 거리가 멀었을 것이다. 막돼먹은 것들이 권세를 차지하고 법제도와 형벌권을 남용하여 억울한 사람이 처벌되고 엉뚱한 것들이 잇속을 챙겨가는 와중에 민초들은 어디에도 기댈 곳이 없는 세상, 도(道)가 땅에 떨어진 무도(無道)한 상황은 불행하게도 우리에게 낯설지 않다. 나라가 이런 꼬락서니인데도(邦無道) 그저 내 월급, 내 아파트, 내 통장 잔고나 챙기는 것은 참으로 염치없고 부끄러운 짓이다. 이 말은 논어 제14편 첫 구절에 수록되어 있다:

원헌(原憲)이 부끄러움에 대해서 물어보자 선생님이 이렇

게 말했다: "나라가 제대로 굴러가건 나라가 엉망이건, 먹고사는 것에만 골몰하는 게 부끄러운 것이지."[1]

자기가 속한 공동체의 암울한 현실을 개선, 개혁하고 보다 나은 세상을 만들겠다는 열정과 의지를 가진 자들이 바로 공자의 문하생들이었고, 이들은 경험(見)과 학식(聞)을 쌓아 올바른 판단과 행동을 할 수 있도록 배워서(學), 적절한 때가 왔을 때(時) 실천에 옮기겠다(習)는 포부와 결의를 다졌다. 그들은 그 어떤 위협, 유혹, 탄압에도 굴하지 않는 용기와 결기를 가지고, 심지어는 목숨을 걸고서라도 올바른 선택을 해나가는 것을 윤리의 완성으로 여겼다.[2] 이것이 공자와 유가(儒家)의 원래 모습이었다고 생각한다.

이하에서는 예법과 국법 그리고 형벌권의 행사에 대해서 공자가 어떤 생각을 가졌고, 어떤 말을 했는지 살펴본다.

제사와 예식의 규칙

산천(山川)이나 조상에게 바치는 제사와 인간이 살아가는 과정에서 거행되는 다양한 예식과 의례(儀禮)의 절차와 규칙을 예(禮)라고 불렀다는 점은 새로울 것이 없다. 공자가 태어나기 수백 년 전부터 전해오던 민요 가사나 문헌을 모아둔『시경(詩

經)』이나『상서(尙書)』에도 이런 뜻으로 예(禮)가 언급되는 구절들이 물론 발견된다.[3] 공자가 다음 구절에서 말하는 예(禮)도 바로 이 뜻이라고 보면 무난하다:

> 선생님이 이렇게 말했다. "하(夏)나라의 예(禮)는 어땠는지 이야기할 수 있는데, 기(杞)나라의 경우는 증거가 충분히 남아 있지 않아. 은(殷)나라 예(禮)는 어땠는지 이야기할 수 있는데, 송(宋)나라의 경우는 증거가 충분하지 않아. 문헌이나 박식한 사람이 부족하기 때문이지. 그게 충분했다면 증거를 대며 이야기할 수 있겠지."[4]

논어에는 이런 뜻으로 예(禮)가 사용된 구절들이 여럿 있다. 장례나 제사를 예(禮)에 따라 치른다거나,[5] 제후국의 제사가 거행되는 대묘(大廟)에 갔을 때 공자가 예(禮)에 관해서 이것 저것 물어봤다거나,[6] 제자 자공이 매월 거행되는 제사(告朔)에 양(羊)을 죽여 희생으로 바치는 것을 앞으로는 안 하겠다고 했을 때, 공자가 "너는 그 양을 사랑하는구나. 나는 그 예(禮)를 사랑한다"고 말한 구절[7] 등이 있는데 이런 구절에서 예(禮)는 제사(祭祀)나 의식(儀式) 또는 예식(禮式)의 예법을 말한다는 점은 분명하다. 12세기의 유학자 주희는 예(禮)를 "하늘의 이치를 담은 문명 제도의 매듭이고, 인간이 행하는 의식(儀式)의 규칙"이라고 설명하는데, 이것 역시 제사나 예식의 예법을 염두에

둔 설명이다.[8]

　장례, 제례, 혼례, 성인식(冠禮)[9] 등 사람들이 살아가면서 행하는 각종 예식을 격식에 맞게 치르려면 돈이 든다. 제자 안연의 장례를 겹관까지 해서 후하게 지내주는 데 필요한 돈을 마련하고자 공자의 수레를 파니 마니 하면서 오갔던 이야기들은 앞서 본 바 있다.[10] 제사나 예식 예법으로서의 예(禮)에 대해서 공자는 비교적 분명한 입장을 취했다. 제자 임방(林放)과 공자 간에 오간 다음 대화는 이 문제에 대한 공자의 입장을 보여준다:

　　임방이 예(禮)의 근본에 대해서 질문하자 선생님이 이렇게
　　말했다. "대단한 질문이군! 예(禮)는 말이야, 사치스럽기
　　보다는 검소해야 하고, 상(喪)을 당해서는 묘를 멋지게 꾸
　　미기보다는 숙연한 슬픔이 있어야 해."[11]

성인식에 관한 다음 구절도 비슷한 내용이다. 성인식에 사용되는 모자(치포관; 緇布冠)는 원래 삼베로 만드는 것이 예법에 맞지만, 공자가 살던 시대에는 비단 모자가 더 저렴했고 이것을 성인식에 사용하는 것이 일반화되어 있었다.[12] 그러나, 예법과 격식에 맞게 성인식을 치르려면 여전히 삼베 모자를 사용해야 하는 것이 아닌가 하는 논란이 있었고, 이 문제에 대한 공자의 입장은 다음 구절에서 드러난다:

선생님이 이렇게 말했다: "관례에 사용하는 모자는 삼베 (麻)로 만드는 것이 예법(禮)이긴 하지만 요즘에는 비단으로 만들고 있지. 그게 더 검소하니 나도 사람들이 하는 대로 따르겠다."[13]

이런 구절만 보면 공자가 허례허식을 배격하고 실용주의적 입장을 취한 듯 보이기도 한다. 공자가 죽은 후 얼마 안 가 등장한 묵자는 바로 이런 실용주의적 측면을 극도로 강조한 나머지 성대한 장례 의식 따위는 필요 없고, 짐승이 사체를 뜯어먹지 않고 악취가 풍기지 않을 정도로만 관과 수의를 마련하여 묻으면 된다는 식의 극단적 실용주의를 주장하기도 했다.[14] 묵자의 주장은 의식이나 예식에 돈과 시간과 인력을 허비하지 말고 실질적으로 사람들의 후생에 도움이 되는 생산 활동에 집중해야 한다는 것이지만, 이런 사회는 물질적으로는 풍요로울지 모르겠으나 문화적으로는 초라함을 면하기 어려울 것이다. 동물의 세계는 먹고사는 생존의 문제가 최대의 관심사겠지만, 인간의 경우 그저 배부르게 먹고산다고 '인간답게' 제대로 사는 것은 아니다.

공자는 실질(實質)만을 강조한 것도 아니고, 화려하고 성대한 문화(文)만을 강조한 것도 아니다. 탄탄한 실질과 융성한 문화가 겸비되어야 제대로 사는 것이라는 것이 공자의 입장이다. 다음 구절에 나타나는 '문(文)'은 옛 문헌을 뜻하기도 하고,

옛 문헌에 기록되어 전해지는 제사와 예식의 예법과 음악 등
을 모두 포함한 문화(文化)를 뜻하기도 한다:

> 선생님이 이렇게 말했다: 실질(質)을 앞세워 문(文)을 소홀
> 히 하면 촌스럽게 되고, 문(文)을 앞세워 실질을 소홀히 하
> 면 그저 고문서나 다루는 사관(史官)일 뿐이지. 문화뿐 아니
> 라 실질까지 빠짐없이 갖춰져야 비로소 군자라 하겠지.[15]

'문(文)'이 옛 문헌만을 뜻하는 것이 아니라, 세련된 문물제도
와 예법을 모두 포함한 문화(文化)를 뜻한다는 점은 다음 구절
에서도 나타난다. 주나라의 예법과 문물제도는 하(夏)나라(기
원전 2070-1600)와 은(殷)나라(기원전 1600-1046) 문물제도의
장단점을 적절히 감안하여 더욱 발전했다는 것이 공자의 인식
이다:

> 선생님이 이렇게 말했다: "주나라는 그 전 두 왕조를 거울
> 로 삼았어. 문화(文)가 아주 찬란했지! 나야 주나라를 따를
> 뿐."[16]

각종 제사와 삶의 여러 장면에서 거행되는 온갖 의식, 예식, 행
사 등이 결국 찬란한 문화를 이루는 것이기 때문에 공자는 형
편이 되는 부유한 사람은 기꺼이 성대하게 격식을 차려 제사

와 예식을 거행해야 함을 여러 번 강조한 바 있다.

> 제자 자공이 "가난해도 아첨하지 않고, 부유해도 교만하지 않은 것. 이거 어떤가요"라고 하자, 선생님이 이렇게 말했다: "그럴 수 있겠지. 하지만 가난해도 행복하고, 부유하면서도 예법을 좋아하는 것만은 못해."[17]

형편이 되는데도 돈을 아끼려고 제사나 혼사나 각종 의식을 간소하게 치르는 태도는 공자가 보기에는 구두쇠들이나 하는 짓이다. 공자는 부유한 자가 인색하게 구는 것을 뭣보다 경멸했다:

> 선생님이 이렇게 말했다: "주공(周公)처럼 훌륭한 재능이 있어본들, 교만하고 구두쇠처럼 인색하게(吝) 굴면 나머지는 봐줄 것도 없어."[18]

그러나 성대하게 치러지는 제사와 예식은 찬란한 문화의 장식적 부분에 해당한다. 공자가 예(禮)의 근본을 묻는 제자의 질문에 "검소한 것이 낫다"라고 한 이유는, 형편이 도저히 돌아가지 않아 어쩔 수 없이 제사나 예식을 예법에 맞게 성대하게 치르지 못하는 사람들을 감싸주고 그들에 대한 비난을 차단하려는 뜻이 담겨 있다. 아무 음식도 진설하지 못하고, 제대로 된

겹관이나 봉분도 세울 형편이 못 되고, 삼베로 격식에 맞게 제작된 비싼 치포관을 마련하기 어려운 사람들일지라도, 진심을 담아 정성스럽게 제사를 지내고, 장례를 치르고, 성인식(冠禮)을 치른다면, 그런 이들을 예법과 격식을 내세우며 비난하고 공격하는 것은 가혹하고 무자비하고 무식한 짓이다. 예법의 준수 여부를 이런 식으로 고지식하게 판단하여 어려운 처지에 놓인 사람들을 공격해대는 자는 예법의 근본을 모르고 지엽말단에만 집착하여 까다롭게 구는 소인배라는 것이 공자의 입장이다. 하지만, 돈도 있고 형편도 돌아가는 것들이 지갑 열기가 싫어서 "그저 진실된 마음만 있으면 그만이지"라면서 예법의 장식적 측면을 무시하는 것은 야만이고, 탐욕스러운 구두쇠 짓이다.

의전(儀典)의 규칙 ─────────────

제사나 예식뿐 아니라, 일정한 지위에 있는 자가 공식적 업무를 수행하는 상황에서 격식을 갖추어 상대를 맞이하고 연회를 열거나 행사를 거행하는 데 적용되는 의전(儀典) 절차 또한 예(禮)라고 불렸다. 예를 들어, 공자가 52세때 노나라 제후 정공(定公)의 의전비서관(相禮)을 대행하는 지위에서 제(齊)나라 제후 경공(景公)과 노나라 제후 정공의 정상회담을 준비하고 보좌한 사례는 사마천이 『사기』「공자세가」에 상세히 기록하여 남겨두었다. 양 제후국 정상이 격식을 갖추어 상대방을 맞이하는 외교적 의전 절차를 사마천은 '회우지례(會遇之禮)', 즉, 정상이 만나는 예법이라고 적고 있다.[19]

공자보다 약 170년가량 전에 활약했던 제나라의 유명한 재상 관중(管仲)에 대해서 공자는 매우 흥미로운 평가를 내리고 있다. 이 문제는 인(仁)을 설명하는 기회에 보다 상세히 보겠지만 우선 예(禮)와 관련하여 논어에는 이런 구절이 수록되어 있다:

> 선생님이 "관중은 쪼잔해"라고 했다. 그러자 누가 "관중이 검소했다는 뜻입니까?"라고 물었다. 선생님이 이렇게 말했다: "관씨는 집이 세 채나 있었고 집마다 직원과 하인들이 따로 있었어. 그게 검소한 건가?" "그러면 관중이 예법(禮)을 알았다는 뜻인가요?"라고 묻자, 선생님이 이렇게 말했다: "제후국의 최고 통치자가 사용하는 나무장식문을 관씨도 자기 집에 달아 놓고 있었고, 제후들이 서로 접대할 때 사용하는 음료 테이블을 관씨도 사용하고 있었어. 관씨가 예법을 안다면 개나 소나 예법을 알게?"[20]

관중이 검소하기는커녕 집이 세 채나 있고, 집마다 여러 명의 직원과 하인을 둘 정도로 돈이 많았다고 공자가 이야기하자,

상대방은 관중이 돈을 아끼지 않고 예법과 격식을 제대로 지킨 사람이냐고 추가 질문을 한다. 그러자 공자는 아낌없이 돈을 쓴다고 예법을 제대로 지키는 것은 아니라고 지적한다. 제후를 보좌하는 재상에 불과했던 관중이 제후에게나 걸맞은 의전(儀典)을 함부로 행하고 있었으니, 예법을 몰랐다는 것이다.

제사와 예식은 물론이고, 의전 또한 제대로 격식을 갖추려면 돈이 많이 든다. 하지만 돈을 펑펑 쓴다고 의전 예법이 준수되는 것은 아니다. 노나라의 대부 장문중(臧文仲)은 유난히 화려한 취미를 가졌던 모양이다. 하지만 지위에 걸맞지 않게 무턱대고 호화롭고 사치스럽게 요란을 떠는 것은 교양 없음을 만천하에 드러내는 행위일 뿐이다.

> 선생님이 이렇게 말했다: "장문중은 큰 거북(蔡)을 자기 집에서 길렀고, 기둥 끝 장식인 공포(斗栱)에는 산의 모습을 조각했고, 대들보 위의 장식 기둥에는 화려한 물풀 무늬를 그려 넣었어. 그자가 알긴 뭘 알아?"[21]

큰 거북은 제후나 되어야 기를 수 있는 것이고, 대들보 위의 장식 기둥에 물풀 무늬를 새겨 넣는 것은 천자의 종묘에나 하는 장식인데, 대부에 지나지 않는 장문중이 자기 집을 이렇게 꾸미는 것은 의전 예법에 어긋난다는 점을 지적한 것이다.[22]

노나라의 권세가 계손씨(季孫子)가 자기 집에서 연회를 열면서 64명의 무용수가 여덟 줄로 서서 추는 팔일무(八佾舞)를 선보인 일화는 꽤 유명하다. 올바른 의전 예법에 따르자면 천자, 즉, 주나라의 왕실에서나 팔일무를 거행할 수 있고, 제후국의 군주는 6열로 추는 육일무를, 계손씨와 같은 대부는 사일무를 추도록 하는 것이 옳다는 설명은 여러 주석가들이 제시하고 있다.[23] 당시 노나라의 정권 실세였던 계평자(季平子)가 의전 예법을 무시하고 자기 집 정원에서 팔일무를 선보이는 연회를 열며 오만방자하게 구는 상황에 대해서 공자가 격분했다는 이야기는 예법에 관한 구절들을 모아둔 논어 제3편의 첫 머리에 수록되어 있다.[24]

국가 원수가 제대로 격식을 갖추어 선보이는 의전은 매우 중요하다. 다음 구절에 나오는 계강자(季康子, 이름은 季孫肥; 기원전 468년 사망)는 계평자의 손자이고, 기원전 492년부터 노나라의 대부로서 24년간 노나라의 정치에 상당한 영향력을 행사했었다. 공자는 계평자에 대해서는 천자의 의전을 함부로 채용하여 팔일무를 자기 집 정원에서 추게 한 무례하기 짝이 없는 정권실세로 규정하고 분노했지만, 그의 손자 계강자와는 일정한 협력 관계를 유지했었다. 계강자는 공자의 제자인 자공(子貢), 염유(冉有), 중궁(仲弓) 등을 가신으로 중용하였다.

계강자가 "백성들이 정부의 권위를 존중하고 충성스러운 마음으로 열심히 노력하게 하려면 어떻게 하면 되는가?"

라고 묻자, 선생님이 이렇게 말했다. "장중(莊重)한 모습으로 백성을 대하면 정부의 권위를 존중하게 되고, 효심과 자비심을 백성에게 베풀면 충성스러운 마음을 가지게 되고, 뛰어난 사람들을 기용하여 능력이 모자라는 이들을 가르치면 모두들 열심히 하게 될 것입니다."[25]

백성을 대할 때 성대하고 위엄 있는 모습을 연출할 수 있도록 하는 것이 바로 의전 예법이다. 의전 절차는 통치자의 권위와 정부의 존재감을 시각적, 직관으로 사람들에게 각인시키는 기능을 수행한다. 의전 예법은 통치의 위계질서와 외교 선린 관계에서 당사국의 위상과 권한의 크고 작음을 상징적이고 극적으로 보여주도록 설계되는 것이다. 대부에 불과한 계평자가 64명의 무용수를 동원하여 자신의 정원에서 팔일무를 추게 한 사건에 대하여 공자가 "이런 꼬라지를 용인한다면, 뭔들 용인하지 못하겠느냐(是可忍也, 孰不可忍也)"라면서 분통을 터뜨린 이유도, 계평자의 행위가 통치의 위계 질서를 시각적, 직관적으로 연출하는 의전 예법의 중요한 기능을 손상시키기 때문이다. 제후(諸侯)가 거행하는 공식 행사가 계평자와 같은 대부의 사적 연회보다 초라해지는 사태는 의전 예법의 파산을 의미한다. 이럴 경우 백성들이 정부의 권위를 존중하지 않게 될 위험이 생긴다는 뜻이다.

공자의 제자 유자(有子)가 말한 다음 구절도 권한의 크고 작음, 지위의 높고 낮음을 직관적, 상징적으로 보여주는 의전 예법의 역할(위계질서의 시각화)을 염두에 둔 것으로 이해할 수 있다:

> 예법의 용도 중에는 사람들이 모이고 화합하도록 하는 것이 귀중하다. 선왕들의 제도는 이것을 아름다운 경지로 승화해서 작고 큰 것이 모두 여기서 비롯된다.[26]

행동 규범, 윤리 규범

공자는 일상 생활에서 모든 사람이, 언제나 지켜야 할 행동 규범을 예(禮)라고 부르기도 했다. 이 점은 다음 구절에서도 알 수 있다:

> [남의 집에 방문했을 때] 댓돌 아래에서 절하는 것이 예(禮)인데 요즘 사람들은 마루에 올라서 절을 하지. 그건 느슨하고 교만한 태도이니 비록 사람들과는 다르게 행동하게 되더라도 나는 댓돌 아래에서 절하겠어.[27]

남의 집을 방문했을 때 댓돌 아래에서 절하느냐 아니면 마루에 올라서서 절하느냐 하는 문제는 제사에 관한 것도 아니고,

공식 행사의 의전 절차에 관한 것도 아니며, 관(冠)례, 혼(婚)례, 상(喪)례, 장(葬)례 등의 격식과 절차와도 상관이 없다. 이 구절에서 공자가 말하는 예법은 일상의 삶에서 어떻게 행동하는 것이 옳은지, 어떤 행동은 해도 되고 어떤 행동은 하면 안 되는지에 대한 판단 기준이자 행동 규범을 뜻한다.

예(禮)가 이처럼 행동 규범이라는 뜻으로 사용된 구절이 논어에는 여럿 있다. 어떤 상황에서 공손하게 행동해야 하고, 어떤 상황에서는 공손하게 굴면 안 되는지에 대한 행동 규범이 예(禮)이며, 이 예법을 어기고 무턱대고 공손하게 구는 것은 부끄러운 것이고(公冶長, 5.25), 치욕을 자초하는 행위라는 구절(學而, 1.13)은 이미 소개했다. 공손은 물론, 신중, 용감, 정직도 자신이 처한 상황과 맥락, 그리고 타이밍까지를 종합적으로 고려한 더욱 고차원적이고 역동적인 (사안에 따라 다르게 적용되는) 행동 규범인 예(禮)에 어긋날 경우에는, 공손(恭)이 아니라 고생일 뿐이고, 신중함(慎)이 아니라 소심함이고, 용맹(勇)이 아니라 질서를 어지럽히는 범행이 될 수 있고, 정직(直)이 아니라 올가미에 걸려 꼼짝달싹 못하는 무기력일 뿐이라는 구절도 이미 보았다(泰伯, 8.2).

어떻게 행동해야 하는지를 가늠하는 기준, 즉, 일상의 행동 규범도 공자는 예(禮)라고 불렀다는 사실은 다음 구절에서 가장 분명하게 드러난다

172

선생님이 이렇게 말했다. "예(禮)에 어긋나는 것은 보지도 말고, 듣지도 말고, 말하지도 말고, 움직이지도 말아." 안연이 이렇게 대답했다. "제가 비록 명민하지는 않지만, 이 말씀을 소중히 받들겠습니다."[28]

보고(視), 듣고(聽), 말하고(言), 움직이는(動) 것은 인간 행동의 모든 측면을 한순간도 빠짐없이 포착한 것이다. 예(禮)에 어긋나면, 보지도, 듣지도, 말하지도, 움직이지도 말라는 것은 예법이 언제나 지켜야 할 행동 규범이요 실천 윤리라는 점을 보여준다. 예법의 여러 의미 중에서 바로 이것이 공자가 제일 강조했던 것이라는 점은 의심할 여지가 없다:

선생님이 이렇게 말했다. "예법(禮), 예법(禮) 그러는데, 내가 무슨 옥이나 비단 이야기 하는 줄 아느냐? 음악(樂), 음악(樂) 그러는데, 내가 무슨 종이나 북 이야기 하는 줄 아느냐?"[29]

"옥이나 비단 이야기"는 제사나 예식의 격식과 절차를 말한다. 옛 문헌에 보면 순임금이 다섯 가지 예법을 정비하여 옥구슬 다섯, 비단 세 필, 살아있는 희생물 두 가지, 죽은 희생물 한 가지를 바치는 격식과 절차를 가다듬었다는 구절이 있다.[30] 공자도 물론 예(禮)를 제사 예법이라는 뜻으로도 사용했지만, 그것은 예(禮)라는 단어가 원래 그런 뜻을 옛날부터 가지고 있었기 때문이다. 위 구절은 그런 뜻의 예법(제사, 예식, 의전 예법)만이 예법인 줄 착각하지 말라는 따끔한 경고를 담고 있는 동시에, 예(禮)라는 말이 나오기만 하면 무턱대고 제사, 예식, 의전 예법이라고 여기는 제자들의 거듭된 오해가 짜증이 날 정도로 빈번했음을 짐작하게 한다. 하지만 제자들의 오해는 공자의 독특한 언어 전략 때문이었다. 공자는 누구나 그리고 언제나(보고, 듣고, 말하고, 움직이는 모든 순간에) 지켜야 하는 윤리 규범을 "예(禮)"라고 불러버림으로써, 원래 천자, 제후, 경(卿), 대부와 같은 귀족들이 제사나 의전 격식과 절차로서 준수하던 "예(禮)"라는 말이 불러일으키는 고급스러운 분위기를 일반인 모두의 행동 규범에까지 확대한 것이다.

"군자(君子)"라는 말도 원래는 최고 통치자의 아들을 뜻하는 말이었다. 하지만 공자는 이 말을 널리 일반화하여 누구든지 훌륭한 덕목을 구비하면 그런 사람을 "군자"라고 불러버림으로써 그 사람의 훌륭한 자질을 치켜세웠는데, 이것과 비슷한 언어 전략을 "예(禮)"라는 말에도 구사한 셈이다. 공자가 이런 식으로 높여 말한 예법(禮)이 천자나 제후들의 옥이나 비단 이야기가 아니라, 모든 인간의 행위를 제약(約)하는 윤리 규범을 뜻한다는 점은 다음 구절에서도 확인된다.

선생님이 이렇게 말했다. "군자가 문물을 폭 넓게 배우고 예법(禮)으로 자신을 제약한다면 선을 넘지는 않겠지!"[31]

여기서 "군자"가 제후의 아들을 뜻하는 것이 아니라 누구든지 올바르고 훌륭하게 처신하는 사람을 뜻하는 것과 마찬가지로, 이 구절에서 말하는 "예법(禮)"은 천자나 제후, 경, 대부들이 준수하는 제사, 예식, 의전 예법이 아니라 지위고하를 막론하고 누구나 언제나 지켜야 할 행동 규범을 뜻한다. 가난한 배경의 '일반인'이었던 제자 안연도 공자를 이렇게 묘사했다:

> 선생님은 자연스럽게 사람들을 좋은 방향으로 이끌고 옛 문헌과 문물제도에 대한 해박한 지식으로 나를 폭넓게 만들며, 예법(禮)으로 나를 제약하신다(約我以禮).[32]

"예법으로 나를 제약하신다(約我以禮)"는 안연의 말은 귀족들이 주로 거행하던 제사나 의전 예법 또는 관혼상제의 격식과 절차에 안연이 얽매이고 제약되도록 했다는 뜻이 아니다. "옥이나 비단 이야기 하는 줄 착각하지 말라!"는 공자의 경고는 몇 번이라도 반복할 가치가 있다. 성년식에 사용되는 모자를 삼베로 하면 어떻고, 비단으로 하면 어떤가? 그리고 말이 났으니 말인데, 안연 자신이 사망했을 때 겹관을 해줄 형편이 되지 않는다고 안절부절못하며 쩔쩔맬 것 있겠는가? "선생님은 예법으로 나를 제약하신다"는 안연의 말은 공자가 비단이니, 옥이니, 겹관 따위의 격식과 절차로 사람들을 얽어맸다는 뜻이 아니다. 올바른 행동 규범, 윤리 규범으로서의 예법을 준수하고 스스로 절제하도록 하셨다는 뜻이다.

통치자가 백성들을 덕으로써 이끌고(道之以德) 예법으로 다스리면(齊之以禮) 백성들이 부끄러움을 알 뿐 아니라, 모든 게 제자리를 찾게 된다는 공자의 말(爲政, 2.3)에서도 예법은 올바른 윤리 규범을 뜻한다. 관혼상제 예법이나 의전 격식과 절차에 온국민이 코가 꿰이고 구속되도록 해야 한다는 의미가 아니다. 다음 구절에서 언급되는 예법도 윤리 규범을 말한 것이지, 제사 예법 따위를 지칭한 것이 아니다. 의전 예법이나 관혼상제의 격식과 절차에 매몰된 시각으로 논어를 해석할 수는 없고, 그래서도 안 된다.

선생님이 이렇게 말했다. "군자는 옳음을 바탕으로 삼아, 예법(禮)에 맞게 행동하고, 겸손하게 나서며, 믿음직스럽게 일을 이루어낸다. 이게 군자 아니겠나!"[33]

공자가 특히 강조한 예법은 옥이나 비단, 치포관, 겹관 등에 관한 예법이 아니었다. 제사 예법은 비록 지킬 형편이 못되더라도 윤리 규범으로서의 예법에 맞게 행동하면 군자 아니겠는가? 윤리 규범으로서의 예법은 어기는 주제에 제사, 의전, 예식 예법을 아무리 칼같이 지켜본들 군자가 될 수 있겠는가? 공자가 가장 역겹게 여긴 것이 바로 윤리 규범으로서의 예법은 어기고 함부로 행동하면서 겉으로 보이는 제사, 의전, 예식, 예법

은 온갖 요란을 떨어대며 보란 듯이 지키는 위선적 모습이었다:

> 선생님이 이렇게 말했다. "높은 자리를 차지하고 있으면서 관대하지 못하고, 짐짓 예법을 지킨다면서 행동은 불경스럽고, 상을 당해서도 슬픔이 없는 것들 꼬락서니를 내가 어떻게 눈뜨고 봐줄 수 있겠니?"[34]

윤리 규범(禮)의 구속력 ─────────

예법과 관련하여 지금까지 논어 해석자들이 그다지 주목하지 않은 부분이 있다. 국법(國法)이 윤리 규범으로서의 예법(禮)에 어긋날 경우, 공자와 그 제자들은 예법을 선택하고 국법을 규탄할 준비가 되어 있었다는 점이다. 예법에 제약된다는 말은 국법이 예법에 어긋날 경우(국가의 법 집행과 공권력 행사가 윤리적 정당성을 잃게 될 경우), 그런 국법에는 제약될 이유가 없다는 말이기도 하다. 선생님은 예법으로 나를 제약하신다는 안연의 말이나, "예법(禮)에 어긋나는 것은 보지도 말고, 듣지도 말고, 말하지도 말고, 움직이지도 말라"는 공자의 말은 비윤리적이고 의롭지 않은 국법, 정당성을 잃은 공권력 행사에 대한 철저한 부정과 결연한 저항, 그리고 규탄을 담고 있는 말이다.

　이 점을 분명히 하려면 '윤리'와 '법'의 관계, 그리고 윤리의 '구속력'에 대한 약간의 설명이 필요하다. 윤리와 법의 차이에 대해서 사람들은 흔히 "법은 구속력이 있는데, 윤리는 구속력이 없다"고 한다. 아마도 그 이유는 법을 어기면 경찰에 불려가 조사를 받고, 재판에 회부될 수도 있고, 벌금을 내거나 징역형을 살거나, 사형을 선고받아 목숨을 잃을 수도 있는 반면, (법이 아닌) 윤리를 어겼다고 해서 경찰이 출동하고, 법원 인력이나 교도소 인력이 동원되거나 강제 집행 절차가 진행되지는 않는다는 점을 주목하기 때문인 것 같다. 물론, 많은 경우에 법 규범과 윤리 규범은 일치한다. 빌린 돈은 제때 갚아야 한다거나, 남의 물건을 훔치면 안 된다거나, 이유 없이 남을 때리거나 죽이면 안 된다는 등의 기본적 윤리 규범은 대체로 같은 내용이 법으로도 존재한다. 그러나, 쪼잔하게 굴면 안 된다, 염치없이 행동하거나 비겁하게 처신하면 안 된다는 등의 윤리 규범을 법으로 정해 두고, 그것을 어기면 징역을 살리거나 벌금을 물리거나 하는 나라를 쉽게 상상해볼 수 있는 것은 아니다.

여기서 법의 '구속력'이 무슨 뜻인지를 좀 더 소상히 살펴볼 필요가 있다. 법의 구속력이 물리적 구속 상태를 달성하거나 물리적으로 상대방을 제압할 수 있는 힘만을 뜻하지는 않는다는 점은 분명하다. 이른바 '불구속' 상태로 민사, 형사 재판 절차가 진행되는 것은 오히려 정상적이고, 흔히 볼 수 있는 법 집행의 모습이다. 민사 소송에서 패소할 경우, 강제 집행을 당하기 전에 판결을 자진해서 이행하는 것도 마찬가지다. 이러한 모습에도 불구하고 사람들은 법에 구속력이 있다고 여긴다는 점을 미루어 볼 때, 법의 구속력은 사람을 물리적으로 실제로 구속하거나, 제압하는 힘에(만) 초점을 둔 말은 아니다.

　　사람들이 말하는 법의 구속력은 아마도 법을 어겼을 때 벌어질 것으로 예상되는 나쁜 결과에 대하여 당사자가 품게 되는 심리적 두려움, 거부감에 근거하는 것 같다. 이 두려움이나 거부감이 충분히 강력하여 당사자로 하여금 일찌감치(물리력 행사가 임박하지 않았더라도) 법이 명하는 행위를 하도록 하거나, 법이 금지하는 행위를 하지 않도록 만들 수 있을 때, 사람들은 그러한 법에 구속력이 있다고 말하고 또 그렇게 믿는다. 17세기 영국의 사상가 토마스 홉스도 채권 증서나 법의 구속력을 다음과 같이 설명하는데, 오늘날 우리가 말하는 법의 구속력도 홉스가 아래 구절에서 말하는 구속력과 크게 다르지 않은 것 같다.

> 사람들을 제약하고 의무를 지우게 되는 채권증서도 마찬가지[로 말이나 행동에서 비롯된]다. 채권증서가 가지는 힘은 그 본성에서 생겨나는 것이 아니라(왜냐하면 사람의 말만큼 어기기 쉬운 것도 없기 때문이다), 그것을 어길 때 일어나는 나쁜 결과에 대한 공포(fear of some evil consequence upon the rupture)에서 생겨난다.
>
> […]

그러나 사람들이 평화를 달성하고 생존을 확보하기 위하여 공동번영체(Common-wealth)라 불리는 인위적 몸, 즉, 국체(國體)를 만든 것처럼, 국법(國法)이라 불리는 인위적 사슬을 만들어 그 한쪽 끝은 인위적 몸의 입술, 즉, 사람들이 주권을 부여한 의회에, 다른 쪽 끝은 사람들 자신의 귀에 묶어 두기로 상호 합의했다. 국법의 구속력은 그 본성상 약하긴 하지만 그래도 끊어지지 않고 유지될 수 있는데, 그 이유는 그 사슬을 끊는 것이 어려워서가 아니라 위험하기 때문이다.[35]

법을 어겼을 때 일어나는 '나쁜 결과' 또는 '위험'은 자신에게 발생하는 것일 수도 있고(본인이 구속되거나, 처형되거나 벌금 또는 강제 집행으로 본인의 재산이 줄어들고 집행 비용까지 부담해야 하는 위험), 공동체 전체에 발생하는 것(사회 질서가 전반적으로 무너져 내리고 치안이 혼란스러워지는 상황)일 수도 있다. 토마스 홉스가 염두에 둔 '나쁜 결과'는 법 질서가 완전히 부재하여 모든 사람이 서로 다투고 싸우게 됨으로써(war of every man, against every man) 공포가 계속되고 모두가 폭력에 노출되어 결국 삶이 고독하고, 곤궁하고, 끔찍하고, 야수적이며, 단명하게 되는 사태였다.[36] 이런 상상이 근거가 있는지, 어째서 홉스가 이런 상상을 하게 되었는지는 별도로 탐구해봐야 할 문제겠지만, 어쨌든, 범법자 자신에게 발생하건 사회 전반에 발생하건, 법을 어겼을 때 생기는 '나쁜 결과'는 생명, 신체의 안전이나 자유 또는 재산이 폭력적 공격(치안 부재 상태에서 벌어질 것으로 홉스가 상상하는 사태) 또는 제도적 무력(치안이 유지되고 법절차가 예정대로 집행될 경우 범법자를 상대로 행사되는 강제력)으로 인하여 박탈되거나 감소되는 사태를 주로 지칭한다고 볼 수 있다.[37]

　　무력이나 폭력으로 생명, 신체, 재산이 침해될 위험에 대하여 가지게 되는 심리적 두려움에 기반하여 법의 구속력을 이해할 경우, 법은 심리적 두려움을 극복한 자에게는 아무런 구속력을 가질 수 없다. 죽음이나 재산 감소가 두렵지 않은 자는 법을 어겼을 때 생기는 생명, 신체, 재산의 침해 가능성을 두려워할 이유가 없기 때문이다. 물론, 보통의 경우, 극소수 사람들만이 생명, 신체, 재산에 대한 애착에서 초연할 수 있다. 따라서 정상적 사회에 사는 대부분 사람들에게 법은 이른바 '구속력'을 유지할 수 있다. 하지만 법이 윤리적 정당성을 잃거나 법을 집행하는 공권력이 민심을 잃고 정당성을 잃을 경우에는 적지 않은 사람들이 자신에게 닥칠 생명, 신체, 재산에 대한 위험을 무릅쓰고서라도 올바른 윤리적 선택을 하겠다는 결연한 의지를 가지고 떨쳐 일어날 수 있다. 이런 결의와 용기를 가진 사람들에게 국법의 '구속력'은 현저히 줄어들거나 없어지게 된다. 죽음의 위협을 무릅쓰고 폭압적 정부에 항거하다가 실제로 투옥되고, 고문을 당하고, 목숨까지 잃은 사람들이 많이 있었다는 사실은 인류 역사가 입증한다. 대대적인 시민 불복종을 통하여 성공적으로 이루어낸 민주화 운동의 역사를 가진 우리 나라의 경우 이 점은 더욱 생생한 최근의 기억이기도 하다.

법이 윤리적이지 않으면 그런 법은 비겁하고 소심한 자들에게 구속력이 있을 뿐, 용기 있고 올바른 사람에게는 구속력을 가질 수 없다. 가혹하고 잔인한 처벌에 대한 두려움에 의존해야 하는 법일수록 그 정당성은 더욱 줄어들 것이므로, 더 많은 사람들의 윤리적 거부감을 자아내게 될 것이다. 용기 있고 올바른 사람이 비윤리적인 법에 구속될 이유는 없다. 비윤리적인 법에 구속되거나, 그따위 법이 구속력이 있다고 믿는다면 그 사람은 이미 올바르지 않은 사람이거나 용기가 없는 사람이다. 부정한 정부, 사악하거나 무식한 지식인이 퍼뜨리는 말에 세뇌되어 '악법도 법이니 지켜야 한다'는 한심하기 짝이 없는 그릇된 믿음에 스스로를 속박한 자가 올바르고 용기 있는 자일 수는 없다.[38] 악법은 지킬 것이 아니라 폐기하거나 개정해야 한다. 악법을 지키는 것이 사회 질서 유지에 도움이 되는 것도 아니다. 악법을 지키는 자가 많아질수록 사회는 더욱 큰 혼란의 도가니로 빠져들 수밖에 없다.

법을 지켜야 할 의무는 윤리적 의무이지, 법적 의무일 수가 없다.[39] 만일, 법을 지켜야 할 '법적 의무'가 있다면, 그것 또한 '법'이고, 바로 그 '법'을 지킬 의무는 결국 윤리에 기반할 수밖에 없다. 비윤리적인 법을 지켜야 할 윤리적 의무는 없다. 비윤리적인 법을 지키는 행위는 비겁하거나, 소심하거나, 못 배워서 무식하기 때문에 벌어지는 일이다. 멀쩡한 법을 비윤리적으로 남용하는 행위는 사악한 자가 '법'의 미명 하에 저지르는 가증스러운 악행이다. 비윤리적인 법을(그런 줄 알면서) 지키는 행위 역시 끔찍한 악행일 뿐이다. 윤리에 기반하지 않은 법은 조직 폭력배의 작동 원리와 다를 바 없다.

비윤리적인 법, 정당성이 없는 법을 지켜야 할 의무는 없고, 그런 법은 용기 있고 올바른 사람에게 아무 '구속력'도 없다는 점은 새로운 이야기가 아니다. 장 자크 루소도 이렇게 적은 바 있다:

무력은 물리적 권능이다. 무력의 효과로부터 무슨 윤리가 생겨날 수 있겠는가? 무력에 굴복하는 것은 불가피해서 그런 것이지 의지에 따른 행위가 아니다. 그건 기껏해야 조심성 있는 행위일 뿐이다. 그게 어떤 의미에서 의무란 말인가? 무력이 받쳐주지 않으면 사라지는 법이 과연 법인가? 무력 때문에 복종해야 한다면 의무로서 복종할 필요는 없다는 말이고, 무력으로 복종을 더 이상 강요하지 않으면 더 이상 복종해야 하는 것도 아니다. 따라서 법이라는 말을 무력에 부여해본들 달라지는 것이 없음을 알 수 있다. 이때 법이라는 말은 아무 의미도 없다.

그러니 무력에서 법이 생겨나는 것은 아니라는 점, 그리고 우리는 오직 정당한 권력에만 복종할 의무가 있다는 점을 인정하자.[40]

윤리적 내용을 담은 올바른 법을 준수할 의무는 그것이 법이기 때문에 생겨나는 것이 아니라, 그 내용이 윤리적이기 때문에 생겨난다. 예를 들어, 함부로 남을 해하면 안 된다는 규범에 내가 구속되는 이유는 그것이 법 규범이 되었기 때문이 아니라, 법 규범으로 되건 아니건 그 윤리 규범을 준수할 윤리적 의무가 있기 때문이다. 루소가 말한 것처럼, 법이란 말을 아무리 갖다 붙여본들 그 내용이 윤리적이지 않으면 어떠한 윤리적, 규범적 가치도 없다.

내용이 윤리적이건 아니건 간에 법이기만 하면 준수해야 한다는 생각은 무식하거나 비겁하거나 사악한 자가 가지는 것이다. 바로 이런 생각을 가진 이들이 끔찍한 일을 저질러 왔었다는 것은 인류 역사가 증언하는 사실이다. "법은 구속력이 있는데, 윤리는 구속력이 없다"는 흔한 말이 실은 비겁하고 무지한 '소인배'들의 저열한 생각임을 깨닫고 부끄러워할 줄 알아야 한다. 어쩌면, 윤리적으로 사악한 것들이 노골적으로 나쁜 의도를 가지고 사람들을 세뇌하려고 이런 저속한 말을 퍼뜨리고 있을 수도 있다. 올바른 내용을 담은 법, 올바르게 집행되는 법은 모두가 준수해야 하지만, 그 이유는 그것이 '법'이기 때문이 아니라 올바르고 윤리적이기 때문이다. 법이 윤리적 의무를 생겨나게 하는 것이 아니라, 오직 윤리적 정당성만이 그런 법을 준수해야 할 이유가 될 수 있다.

비윤리적인 법, 즉, 예법에 어긋나는 국법은 비겁하거나 무지한 '소인(小人)'들을 상대로 구속력을 가질 뿐이다. 용기 있고 올바른 사람에게는 예법에 어긋나는 비윤리적인 국법은 (비록 강제력은 있을지언정) 구속력을 가지지는 못한다. "예법(禮)에 구속되는 삶"은 우아하고 고상하고 단아할 것이라고 쉽게 생각할 수 있다. 물론 그렇다. 하지만, 그것이 전부가 아니다. 국법이 예법에 어긋날 때, 그런 비윤리적인 국법과 부당한 공권력 행사에 용기 있게 저항하고, 그 과정에서 불가피하게 국법을 어기게 되어 자신에게 닥치는 생명, 신체, 재산에 대한 잔혹한 침해와 파괴를 결연히 감수하는 것이 "예법(禮)에 구속되는 삶"이기도 하다. 비열한 정권이 비윤리적인 국법을 동원하거나 멀쩡한 국법을 악용하여 행사하는 제도적 무력에 온 가족이 도륙되고 사지가 찢기는 사태는 우아하고 고상하고 단아한 삶과는 거리가 있어 보인다. 하지만, 예법(禮)에 맞지 않으면 보지도, 듣지도, 말하지도, 움직이지도 않는 용기 있고 올바른 사람이 어쩌면 겪어야만 하는 비극적 결말일 수도 있다. 흔히 들어왔고, 별로 새로울 것도 없어 보이는 "군자는 예법에 어긋나면 행하지 않는다"라는 말이 실은 양날의 칼이라는 점을 이해해야 한다.[41] 우아하고 고상하고 단아한 측면도 있지만,

결연하고 비장하고 참혹한 측면도 있다. 공짜 점심은 없다.

올바른 형벌의 적정한 사용 ──────────────

덕망 있는 통치자가 백성을 이끌고, "예법으로 다스리면(齊之以禮)" 백성들이 부끄러움을 알 뿐 아니라, 모든 게 제자리를 찾게 된다는 공자의 유명한 말은 지금껏 공자가 형벌을 멀리하고 '예(禮)'로써 사람들을 교화하는 우아하고 고상한 이상향(이 세상 어느 곳에도 없는 '유토피아')을 꿈꾸던 몽상가였던 것처럼 오해하게 만들어왔던 구절이다. 그 구절 바로 앞에, 정략(政)으로 사람들을 유도하고 "형벌로 다스리면(齊之以刑)" 좋지 않은 결과가 생긴다는 말이 대조적으로 제시되어 있기 때문에 공자가 형벌을 저급한 수단이라고 생각하여 멀리했다는 해석이 지배적이었다.

하지만, "예법으로 다스린다"는 것이 과연 형벌을 사용하지 않고 통치한다는 뜻일까? 현실 정치의 한복판에 있었던 공자가 과연 이런 기적 같은 신기한 마술이나 꿈꿨던 몽상가였을까?[42] 예법으로 다스린다는 말은 예법에 맞는, 즉 윤리적 정당성이 뒷받침되는 형벌을 올바르게 사용하여 다스린다는 뜻이다. 이 점을 이하에서 보다 상세히 설명한다.

통치자에게 가장 큰 관심사는 어떻게 하면 사람들이 통치

권력에 복종하게 만들 수 있는지일 것이다. 노(魯)나라의 제후 애공(哀公)이 공자에게 질문한 것도 바로 이것이다:

애공이 "어떻게 해야 사람들이 복종하게 됩니까?"라고 문자 공자가 이렇게 대답했다: "올바른 사람을 기용하여 굽은 것들을 갈아내고 버리면(錯諸枉) 사람들이 복종할 것입니다. 굽은 자를 기용하여 올바른 사람들을 갈아내고 버리면(錯諸直) 사람들이 복종하지 않을 것입니다."[43]

이 구절은 앞서 이미 소개했지만, 형벌의 사용과 관련하여 여기서 더 자세히 살펴볼 필요가 있다. 주류적 해석은 "錯"를 버린다(捨置), 해임한다(廢置)는 뜻으로 해석하여(이때 錯은 '조'라고 발음한다), 올바른 사람을 기용하고 굽은 것들을 해임하면, (저절로) 사람들이 복종하게 된다고 풀이해왔다. 하지만, "올바른 사람을 기용한다(擧直)"는 말에는 이미 그렇지 못한 사람은 그 자리에서 제거된다는 뜻이 포함되어 있으므로, 錯諸枉을 "굽은 자들을 해임한다"라고 해석할 경우, 이 세 글자는 앞서 한 말(올바른 자를 기용한다는 말)에 이미 포함된 내용을 반복해서 설명한 것으로 보게 된다. 요컨대, 있어도 그만이고 없어도 그만인 세 글자로 된다.

보다 나은 해석은, "錯"을 숫돌(厲石)이나 줄(鑢)이라는 뜻으로 새기는 것이다. 올바른 사람을 기용하여(擧直) 숫돌처럼 사용하여 굽은 것들을 갈아내고 바르게 만들면(錯諸枉) 사회 기강이 바로 서겠지만, 굽은 사람을 기용하여 올바른 사람들을 갈아내고 쳐내면 사람들이 정부에 불복하게 된다는 말이다. "굽은 것들을 갈아내고 벼린다"는 말에는 형벌권을 행사한다는 뜻도 당연히 포함되어 있다. 굽은 자들에 대해서 형벌권 행사를 자제해야 한다고 해석할 근거는 없다. 정직한 사람을 기용하기만 하면 형벌을 사용하지 않아도 '저절로' 백성들이 복종하며 이상향이 만들어질 것으로 상상하는 것은 안일한 해석이다.

형벌을 올바로 사용해야 사람들이 복종하며, 형벌권 행사가 제대로 되지 않으면 사람들이 불복한다는 공자의 생각은 새로운 것이 아니다. 주공 단이 강숙봉에게 건넨 충고에도 이런 말이 있다:

형벌이 질서 있게 시행되면 백성들이 너에게 분명히 복종하게 되며 스스로 단속하고 화합한다. 백성들이 나쁜 짓을 마치 질병처럼 여겨 안 하게 되고, 평온한 통치를 마치 어린 아이 돌보듯 소중히 하게 된다. 강숙봉 네가 사람을 벌하고 죽이는 것이 아니니 함부로 아무나 벌하고 죽이지 마라. 네가 사람의 코와 귀를 베는 것이 아니니, 아무나 함부로 코와 귀를 베지 말라.[44]

"강숙봉 네가 사람을 벌하고 죽이는 것이 아니다"라는 말은 확립된 법도와 전범(典)에 따라 형벌을 집행해야 하는 것이지, 통치자 개인의 사적 판단으로 형벌이 집행되어서는 안 된다는 뜻이다. 주나라 봉건 제도가 시작될 무렵에 나타난 이 유명한 문헌(康誥)의 마지막 구절에는 "경건히 준수해야 할 법도를 무너뜨리지 말라"는 경고도 있다.[45]

형벌을 가한다고 사람들이 무조건 복종하는 것이 아님은 분명하다. 뒤틀린 자들이 집권하여 자의적으로 형벌권이 행사되면 사람들은 형벌이 아무리 잔학해지고 끔찍해져도 결국에는 떨치고 일어나 불복하기 마련이다. 그렇다고 형벌 제도를 없애고 사람들이 모두 '성인군자'가 되기를 기대하는 것은 터무니없는 망상이다. "형벌(刑)"로 다스리면 나쁜 결과가 생기고, "예법(禮)"으로 다스리면 좋은 결과가 생긴다고 공자가 말했다면서, 공자는 인의예지(仁義禮智)와 덕치(德治)를 강조했고 형벌과 금법(禁法)은 낮게 보았다는 해석은 비록 아주 오랫동안 집요하게 되풀이되어 온 주류적 해석이긴 하지만, 공자를 그야말로 "공자님 말씀"이나 주절거리는 몽상가로 둔갑시킨 불행한 해석이기도 하다.[46] 심지어,『예기』에는 누가 말했는지 알 수 없는 이런 거북한 구절이 갑자기 튀어나오기도 한다:

> 예법은 아래로 서민에까지 미치지 않고, 형벌은 위로 대부에까지 미치지 않는다.[47]

이 구절은 『한서(漢書)』, 『공자가어』 등에도 등장한다. 공자가 형벌을 저열한 수단으로 보았던 반면, 예법과 덕을 최고의 가치로 숭상했다는 판에 박은 해설은 결국에는 아랫것들은 형벌로 엄히 다스려야 되지만, 윗분들은 예법을 지키는 고상한 분들이므로 천한 형벌을 적용해서는 안 되고 점잖게 교화해야 한다는 노골적 계급 차별 의식, 특권 의식과 찰떡궁합을 이루기도 한다.[48]

현실 세계에서 물러나 책갈피를 뒤적이고 활 쏘기 등 고상한 취미 생활이나 즐기며, 우아한 예법이 지배하는 고품격 이상향을 꿈꿨던 사람이 공자라고 굳게 믿으시는 분들은 공자가 형벌을 중요시했다는 사실을 도저히 믿을 수 없을 것이다. 그것을 받아들이는 순간 자신의 해석 체계가 완전히 무너져 내리기 때문이다. 이런 분들은 논어에 수록된 다음 구절의 중요성을 애써 축소하고 무시하려 한다. 심지어는 이 구절은 형벌을 중요시하는 내용이기 때문에 공자가 이런 말을 했을 리가 없다면서, 나중에 누군가 함부로 삽입한 텍스트(interpolation)라는 주장까지도 내세우게 된다.[49] 해석자가 자신의 무오류를 확신하면 텍스트 자체를 이런 식으로 부정하게 되는데, 이런 태도는 옳지 않다. 텍스트를 부정하고 폐기하려 하기보다는 자신의 그릇된 해석을 폐기하는 것이 옳다:

"위(衛)나라 군주가 선생님을 대우하여 정치를 맡기면 선생님은 먼저 뭐부터 하실 건가요?"라고 자로가 묻자, 선생님은 "이름부터 반드시 바로잡아야지!"라고 답했다. 자로가 "멀리 돌아가시는 선생님 스타일은 여전하군요! 이름을 바로잡는다고요?"라고 하자, 선생님이 이렇게 말했다: "너참 무식하구나. 자고로 군자는 자기가 모르는 것에 대해서는 입 다물고 있어야 해. 이름과 실질이 서로 들어맞지 않으면 말이 꼬이고, 말이 꼬이면 되는 일이 없고, 되는 일이 없으면 예법과 음악(禮樂)이 흥하지 못하고, 예법과 음악이 흥하지 않으면, 형벌이 빗나가고(刑罰不中), 형벌이 빗나가면 백성들이 어디에 손발을 둬야 할지 모르게 되지. 그러니 군자는 이름을 정했으면 반드시 그대로 말해야 하고, 말했으면 반드시 그대로 행할 수 있어야 해. 군자는 모름지기 그가 하는 말이 구차해지지 않도록 해야지."[50]

이 구절에서 공자는 단계적, 점진적으로 설명을 이어가는데, 그가 설명하는 각 단계들은 앞에 나오는 '수단'이 갖춰지지 않으면 뒤에 이어지는 '목적'을 달성할 수 없다는 식으로 되어 있다. 그런데 그 순서가 이름(名) → 말(言) → 일(事) → 예악(禮樂) → 형벌(刑罰)이라는 것이다. 정치는 이름을 바로잡는 데서부터 시작해야 한다는 공자의 유명한 정명(正名)론의 궁극적 목표는 예법과 음악을 훌륭하게 하겠다는 것이 아니라, 형벌이 제대로 집행되도록 하겠다는 것이다.

위 구절에 나오는 '형벌부중(刑罰不中)'이라는 말은 형벌이 적중(的中)하지 못하고 빗나간다는 뜻이다. 처벌받아야 할 자가 빠져나가고, 처벌되어서는 안 될 자가 부당하게 처벌되는 상황, 사소한 꼬투리를 잡아 심하게 처벌하거나, 심한 부패와 거악이 발각되어도 솜방망이 처벌로 꼬리를 자르고 눈감아주는 것이 바로 형벌이 빗나가는 상황이다. 뒤틀리고 굽은 것들이 그 무슨 '총장'이니, '판사'니, '검사'니, '장관'이니 하는 이름(名)을 차지하여 그 이름을 더럽히는 판이 되면 나라가 이런 꼴이 된다. 이것이 바로 형벌이 빗나가는(不中) 상황이며, 이름이 올바르지 않은(名不正) 사회이고, 뒤틀리고 굽은 것들이 형벌권을 행사하여 올바른 사람들을 갈아내고 쳐내는 사태이다.

공자가 생각하는 올바른 정치의 시작점은 이름을 바로잡는 것이고, 올바른 정치의 궁극적 목표는 형벌이 적중하고 적정하게 집행되는 사회, 즉, 엄하게 처벌받아야 할 자들은 엄하게 처벌받고, 가볍게 처벌받아야 할 자들은 가볍게 처벌받는 사회를 이룩해내는 것이다. 예악(禮樂)은 형벌의 정당하고 적정한 집행 즉, 형벌적중(刑罰的中) 이라는 궁극적 목적을 이루기 위한 수단인 것이지, 예악 자체가 궁극적으로 떠받들어야 할 무슨 목표는 아니다.

"정략으로 사람들을 유도하고 형벌로 다스리는" 상황은 덕(德) 없는 자들의 권모술수가 판을 치고, 예법에 어긋나는 부당한 형벌이 무고한 사람을 괴롭히는 '형벌부중(刑罰不中)' 상황을 말한다. 이렇게 되면 사람들이 손발을 어디 둬야 할지 모르게 되고 그저 법망을 빠져나가면 그만이라는 냉소주의와 편법주의가 창궐하여 사람들이 부끄러움을 모르게 된다. 반면에 "덕(德)으로써 이끌고 예법(禮)으로 다스리는" 상황은 제대로 된 정치가 이루어지고, 예법에 맞는 정당한 형벌이 정확하게, 때릴 사람을 때리고 때리지 말아야 할 사람은 때리지 않는 '형벌적중(刑罰的中)' 상황을 말한다.

형벌이 명명백백하게 집행되어야 한다는 생각은 고대 문헌에 일관되게 나타나는 사상일 뿐 아니라, 상식적이고 당연한 이치다. 주나라 시대의 기록으로『상서』에 수록되어 전해지는「여형(呂刑)」에도 "사정담당관들이 형벌을 적정하게 시행하여 백성을 제어하고, 덕(德)을 엄숙히 받들도록 교육했다"는 말이 있고, "모름지기 덕(德)을 열심히 실천하고 적정한 형벌집행을 공명정대하게 하여 백성들이 떳떳하게 되도록 잘 이끌고 다스린다"는 말도 있다.[51] 이러한 옛 문헌에 드러나는 사실은 형벌(刑)과 덕(德)이 서로 양립 불가능한 것이 아니라, 형벌이 제대로 적정하게 실행되는 상황(刑之中)이야말로 덕(德)과 분리할 수 없는 밀접한 관계에 있다는 점이다. 주나라의 예법과 관제(官制)를 기록한 문서인『주례(周禮)』에도 "형벌 집행을 공명정대하게 하여 부끄러움을 알게 한다"는 언급이 있다. 제대로 적중하지 못하는 형벌은 사람들을 후안무치하게 만들지만, 예법에 맞는 형벌이 제대로 집행되면 사람들이 부끄러움

을 알게 된다는 공자의 생각은 새로운 주장이 아니었다. 『주역
(周易)』에도 "군자는 형벌을 바르게, 신중히 사용한다"는 설명
이 있다.[52]

공자뿐 아니라, 누구라도 형벌이 제대로 적정하게 집행되
어야 한다는 지극히 당연한 내용을 부정할 이유는 없다. 어느
시절, 어느 누구도 공명정대한 형벌을 포기하라는 터무니없는
주장을 펼 이유는 없다. 적정하게 집행되는 형벌을 포기하고
뭘로 사회 기강을 바로잡겠다는 것인가? 적정하지 않은 형벌,
예법(禮)에 어긋나는 형벌을 공자가 비판한 것은 분명하다. 그
러나 예법에 맞는 적정한 형벌까지도 포기한 채 오로지 인의
예지(仁義禮智)와 온량공겸(溫良恭謙; 따스함, 선량함, 공손함, 겸
손함)이 넘쳐나는 고품격 이상향을 공자가 꿈꿨다는 식의 황당
무계한 설명은 상식에도 반할 뿐 아니라, 고대 문헌의 일관된
입장과도 충돌하고, 무엇보다도 공자를 터무니없는 몽상가로
전락시키는 부당하기 짝이 없는 해석이다.[53]

사마천이 기록한 공자의 행적도 공자가 형벌을 적극 활용
했음을 보여준다. 50대 초반에 능력을 인정받아 노나라 제후
정공의 의전비서관 역할을 대행하게 된 공자는 노나라 제후와
제나라 제후가 정상회담을 하는 상황에서 제나라의 무례한 의
전을 문제 삼아 양국 정상이 보는 앞에서 이른바 "본때를 보여
주는" 행위를 한다. 제나라 측이 정상회담 축하 공연이랍시고
광대와 난쟁이들을 동원하여 난잡한 희극을 펼쳐 보이자, 공

자는 잰걸음으로 뛰어나와 "필부가 제후를 현혹하였으니 그 죄는 주살(誅殺)에 처함이 상당합니다. 처형을 명하십시오"라고 완강히 고집했고, 현장에서 형이 집행되어 광대와 난쟁이들이 사지가 잘려나가 죽었다는 내용이다. 유혈이 낭자한 이 광경을 목격하고 겁에 질린 제나라 경공은 제나라 풍습이 노나라의 품격에 훨씬 못 미친 나머지 노나라 제후에게 큰 실례를 범했음을 깨닫고 사과하면서 과거 노나라로부터 빼앗아 점령해오던 마을들을 노나라에게 돌려주게 된다.[54]

그로부터 4년 뒤, 노나라의 형벌권을 집행하는 대사구(大司寇)에 임명된 공자는 노나라의 대부(大夫) 소정묘가 정치를 어지럽혔다는 이유로 그를 베어 죽이는(誅) 형벌에 처했다.

『예기』에 적혀 있는 "형벌은 위로 대부에까지 미치지 않는다"라는 말을 누가 언제 무슨 뜻으로 내뱉은 것인지는 모르겠으나, 적어도 공자의 생각과는 관련이 없고 공자의 행적과도 들어맞지 않는다. 대부건 필부건, 지위 고하를 막론하고 형벌이 엄정하고 적정하게 실행될 경우 어떤 결과가 생기는지를 사마천은 다음과 같이 기록하고 있다:

[대부(大夫) 소정묘를 가차없이 베어 죽이는 공자의 단호한 형벌권 행사 사례를 기록한 다음] 나라의 정치가 이렇게 행해지고 있다는 소문이 돈 지 석 달이 지나자 양고기와 돼지고기를 파는 자들이 가격을 불리지 않고, 남녀는 서로 떨어져서 길

을 다니고, 길거리에 분실물이 있어도 사람들이 건드리지 않았고, 사방에서 그 나라를 방문한 외지인들이 관리들에게 뇌물을 주지 않고도 원하는 바를 얻어 돌아갔다.[55]

이 정도면 충분하지 않은가? 공자가 희망한 세상은 무슨 성인군자들의 이상향이 아니었다. 나쁜 놈들이 제대로 처벌받고, 용기 있고 올바른 사람들이 제대로 대우받는 세상, 이것이 바로 예법(禮)으로 다스리는 세상이고, 이것이 바로 덕(德)으로 하는 정치다.

제4장 주석

1 憲問恥。子曰:「邦有道, 穀; 邦無道, 穀, 恥也。」(憲問, 14.1)

2 위기가 닥치면 목숨을 기꺼이 바친다는 말(見危授命, 憲問 14.12)과
목숨을 바쳐서 윤리를 완성한다는 말(殺身以成仁, 衛靈公, 15.9)에 대해서는
제5장에서 보다 상세히 설명한다.

3 詩經, 小雅, 北山之什, 楚茨 5; 詩經, 小雅, 桑扈之什, 賓之初筵 2;
尙書, 虞書, 舜典 4, 15

4 子曰:「夏禮, 吾能言之, 杞不足徵也; 殷禮, 吾能言之, 宋不足徵也。
文獻不足故也, 足則吾能徵之矣。」(八佾 3.9)

5 死葬之以禮, 祭之以禮 (爲政 2.5)

6 八佾 3.15

7 爾愛其羊, 我愛其禮 (八佾 3.17)

8 論語集注, 學而 1.12 (天理之節文, 人事之儀則)

9 노인숙, "冠禮의 구조와 특징에 대한 연구", 동아인문학, 제33집 (2015),
405-441면 참조

10 先進, 11.8. 제1장, 44-47면 참조.

11 林放問禮之本。子曰:「大哉問! 禮, 與其奢也, 寧儉; 喪, 與其易也, 寧戚。」
(八佾 3.4)

12 노인숙, 416-417면.

13 子曰: 麻冕, 禮也; 今也純, 儉, 吾從眾。(子罕 9.3)

14 墨子, 節葬下 9

15 子曰:「質勝文則野, 文勝質則史。文質彬彬, 然後君子。」(雍也 6.18)

16 子曰:「周監於二代, 郁郁乎文哉! 吾從周。」(八佾 3.14)

17 子貢曰:「貧而無諂, 富而無驕, 何如?」子曰:「可也。未若貧而樂,
富而好禮者也。」(學而 1.15)

18 子曰:「如有周公之才之美, 使驕且吝, 其餘不足觀也已。」(泰伯 8.11)

19 史記, 孔子世家 17

20 子曰:「管仲之器小哉!」或曰:「管仲儉乎?」曰:「管氏有三歸, 官事不攝,
焉得儉?」「然則管仲知禮乎?」曰:「邦君樹塞門, 管氏亦樹塞門; 邦君為兩君之好,
有反坫, 管氏亦有反坫。管氏而知禮, 孰不知禮?」(八佾 3.22)

21 子曰:「臧文仲居蔡, 山節藻梲, 何如其知也?」(公冶長 5.18)

22 論語注疏, 公冶長 5.18

23 그러나 오규 소라이는 천자는 8일무, 諸公(왕자의 후손 중 즉위하지
못한 자들)은 6일무, 제후는 4일무가 허용되었다는 문헌에 의존하기도 한다.
논어징, 제1권 185면.

24 다산 정약용은 여기서 말하는 계씨(季氏)는 계평자(季平子; 이름은 季孫意如;
기원전 505년 사망)를 말한다는 점을 고증하고 있다. 논어 고금주, 제1권 267면.

25 季康子問:「使民敬·忠以勸, 如之何?」子曰:「臨之以莊則敬, 孝慈則忠,
舉善而教不能, 則勸。」(為政 2.20). 衛靈公 15.33에도 "장엄하지 않은 모습으로
백성을 대하면 사람들이 정부의 권위를 존중하지 않게 된다(不莊以涖之,
則民不敬)"는 말이 반복된다. 莊은 성대하게 장식된 모습을 말한다(盛飾).

26 有子曰: 禮之用, 和為貴。先王之道斯為美, 小大由之。(學而 1.12)

27 拜下, 禮也; 今拜乎上, 泰也。雖違眾, 吾從下。(子罕 9.3)

28 子曰:「非禮勿視, 非禮勿聽, 非禮勿言, 非禮勿動。」顏淵曰:「回雖不敏,
請事斯語矣。」(顏淵 12.1)

29 子曰:「禮云禮云, 玉帛云乎哉? 樂云樂云, 鐘鼓云乎哉?」(陽貨 17.11)

30 尚書, 虞書, 舜典 4 (修五禮。五玉。三帛。二生。一死贄)

31 子曰:「君子博學於文, 約之以禮, 亦可以弗畔矣夫!」(雍也 5.27) 같은 귀절이
顏淵 12.15에도 수록되어 있다. 반(畔)은 밭둑, 즉, 전답의 경계를 말하고
(田界也), 불(弗)은 어기고 위반하는 것(違也)을 말한다. 亦可以弗畔矣夫는
허용된 한계를 넘어서 일탈하는 행동을 하지는 않겠지! 라는 뜻이다.

32 夫子循循然善誘人, 博我以文, 約我以禮 (子罕 9.11)

33 子曰:「君子義以為質, 禮以行之, 孫以出之, 信以成之。君子哉!」(衛靈公 15.18)

34 子曰:「居上不寬, 為禮不敬, 臨喪不哀, 吾何以觀之哉?」(八佾 3.26)

35 Thomas Hobbes, *Leviathan*, Reprinted from the edition of 1651
(Oxford, 1909), Ch.14, p. 101, Ch. 21, pp. 162-163.

36 *Leviathan*, Ch. 13, pp. 96~97.

37 법을 어겼을 때 생기는 또 다른 '나쁜 결과'는 법을 어김으로써 당장에 범법자 자신이 입게 되는 해악(예를 들어, 마약규제 법령을 어기고 마약을 스스로에게 투약한 자가 입게되는 해악, 안전벨트 착용의무를 규정한 법령을 어긴 자가 입게 되는 해악)을 뜻하거나, 범법행위의 직접적이고 즉각적인 결과로서 범법자 자신이 당장에 누리는 '단기적' 이득(예를 들어, 탈세를 함으로써 탈세자가 당장에 누리는 이득)의 윤리적 부당함을 뜻하기도 하는데, 이 점에 대한 논의는 다른 기회에 하기로 한다.

38 이정호, "플라톤의 대화편 기행 2 「크리톤」: 소크라테스는 악법도 법이라고 말한 적이 없다." 시대와 철학, 6.2 (1995). 최봉철, "악법과 법준수의무에 대한 소크라테스의 입장", 법철학연구 VOL 16-3 (2013) 7-38

39 Joseph Raz, "The Obligation to Obey: Revision and Tradition", *1 Notre Dame J.L. Ethics & Pub. Pol'y* 139 (1985).

40 루소, 사회계약론, Liv. 1, Ch. 3, Du droit du plus fort (가장 힘쎈 자의 법)

41 易經, 大壯, 1 (大壯 大者壯也 剛以動 … 大者正也 … 君子以非禮勿履)

42 禮樂이 흔히 제사와 밀접한 관련이 있다는 이유로 공자가 신비로운 주술적 힘에 호소했다는 식으로 상상해보는 연구자도 없지는 않다. 예를 들어, Herbert Fingarette, *Confucius: The Secular as Sacred* (New York, 1972). 하지만 이런 다채로운 상상은 원전(原典)을 멋대로 오해한 결과일 뿐이다.

43 哀公問曰:「何為則民服?」孔子對曰:「舉直錯諸枉, 則民服; 舉枉錯諸直, 則民不服。」(為政 2.19) 顔淵 12.22에도 비슷한 내용이 있다.

44 尙書, 康誥 6

45 尙書, 康誥 16 (勿替敬典)

46 사실 이런 이야기는 법가(法家) 사상가들이 유가(儒家)의 입장을 폄하하고 부정적으로 묘사하는 과정에서 법가 사상가들에 의해서 제기되는 주장임을 유의할 필요가 있다. 이 문제는 제8장에서 보다 상세히 논한다.

47 禮不下庶人, 刑不上大夫 (禮記, 曲禮上 68) 임금이 수레 앞 가로막대에 기대면 대부는 수레에서 내려야 하고, 대부가 수레 앞 가로막대에 기대면 그를 수행하는 관리는 수레에서 내려야 한다는 의전 예법을 적어 둔 귀절에 바로 이어 이 귀절이 등장한다.

48 실제로 孔子家語, 五刑解 2가 그런 설명을 한다.

49 이우재, 논어읽기 553면.

50 子路曰:「衛君待子而爲政, 子將奚先?」子曰:「必也正名乎!」子路曰:
「有是哉, 子之迂也! 奚其正?」子曰:「野哉由也! 君子於其所不知, 蓋闕如也。
名不正, 則言不順; 言不順, 則事不成; 事不成, 則禮樂不興; 禮樂不興,
則刑罰不中; 刑罰不中, 則民無所措手足。故君子名之必可言也, 言之必可行也。
君子於其言, 無所苟而已矣。」(子路 13.3)

51 尙書, 呂刑 3 (士制百姓于刑之中, 以教祗德 ⋯ 故乃明于刑之中,
率乂于民棐彝). 후대에 지어진 고문상서의 일부인 尙書, 大禹謨 10에도
"여러 형벌을 분명히 시행하고(明于五刑)"라는 말이 있다.

52 周禮, 秋官司寇 57 (以明刑恥之); 易經, ䷷旅, 象傳 (君子以明愼用刑).

53 다행히 이승환, "유가는 법치에 반대했는가?-선진 유가와 법가의 법사상
비교연구", 철학과 현실, 제13호 (1992) 279면은 주류적 해석의 오류를
지적하고 유가의 입장을 정확하게 파악한다. ("유가의 ⋯ 통치 이념이 결코
법에 반대하는 법배제주의가 아니며, 또 법의 효과인 형을 배제하려는
형배제주의도 아님을 알 수 있다.")

54 史記, 孔子世家 17

55 史記, 孔子世家 19

제5장

윤리적 결기

논어에는 인(仁)이라는 글자가 자주 나온다(109회). 사람을 뜻하는 인(人)이라는 글자는 그 두 배가량인 219회 나오고, 이 두 글자는 발음도 같고 서로 밀접한 관련도 있어 "인(仁)은 곧 인(人)"이라는 말까지 생겨날 정도이니,[1] 그야말로 논어는 사람(人), 그리고 사람이 가져야 할 마음가짐(仁)에 관한 이야기라고 할 수 있다.

공자 이전의 인(仁) ─────────────

인(仁)은 원래 사람의 번듯하고 훤칠한 외모를 뜻하는 말이었던 것 같다.[2] 옛 민요(詩) 중에는 사냥하러 나간 애인을 그리면서 그만큼 훤칠한(美且仁) 사람은 없고, 그만큼 술 마시기 즐기는(美且好) 사람은 없고, 그만큼 말 타는 모습이 멋진(美且武) 사람은 없다는 노래 가사가 있다. 또 다른 민요에는 사냥개를 앞세우고 사냥 나가는 사람을 묘사하면서 그 사람의 번듯한 외모가 아름답고(其人美且仁), 단정하게 빗은 머리가 아름답고(其人美且鬈), 굳센 모습이 아름답다(其人美且偲)고 노래하는 가사도 있다.[3]

옛 문헌(尚書)에 수록된 글 중에도 인(仁)을 사람의 외모, 즉, 겉으로 보이는 모습이라고 해석해야 뜻이 통하는 구절이 있다. 주나라가 상(商)을 정벌한 후 2년 뒤 무왕이 심한 병에 걸려 위독해지자, 그의 동생 단(周公 旦)이 형님 대신에 자기가 죽어서 선왕들의 귀신이 머무는 곳에서 귀신들을 잘 모실 터이니 형님은 살게 해 달라고 간절히 비는 내용을 수록한 글이 있는데, 거기에 이런 구절이 있다:

제 몸을 그 사람 대신 데려가 주십시오. 제 모습(仁)은 돌아가신 아버지와 비슷하고(予仁若考), 여러 재주도 많아 당신들(귀신)을 잘 섬길 수 있습니다. 제 형님은 저만큼 재주가 많지 않아 귀신을 제대로 모실 수 없습니다. 게다가 그 사람은 선왕의 명을 받아 이곳 땅위에서 당신들의 여러 자손이 사방에 번창하도록 해야 하는 임무를 부여받은 자입니다.[4]

여인약고(予仁若考)라는 구절에 나오는 인(仁)을 '어질다'라고 풀이할 경우 주공이 자기 입으로 자신이 아버지 문왕만큼이나 '어질다'고 뻐기는 내용이 되므로 앞뒤가 맞지 않게 된다. 주공이 여기서 말하는 "予仁(나의 仁)"은 내 모습, 나의 외모라는 뜻으로 해석해야 한다.

단정히 빗은 머리, 말 타는 모습, 굳센 모습, 아버지와 닮은 나의 모습 등과 같이 외모를 묘사하는 맥락에서 거듭 등장했던 "인(仁)"이라는 단어에 공자는 외모와는 매우 다른 새로운 의미를 부여했다. 외모가 아니라, 내면의 반듯한 마음가짐이 인(仁)이라는 것이 공자의 생각이다. 인(仁)은 원래 훤칠한 외모를 뜻했기 때문에 "아름답다(美)"는 단어와 같이 등장하는 경우가 많았다. 하지만, 공자는 진정한 아름다움은 내면에서 나온다는 점을 강조했다. 인(仁)을 아름다움(美)과 연결 지어 설명한 공자의 다음 말이 인(仁)에 대한 구절을 모아 둔 논어 제4장(里仁) 첫머리에 배치된 이유도 이런 맥락에서 이해되어야 한다:

> 반듯한 마음가짐(仁)으로 사는 것이야말로 아름답지(里仁爲美).[5]

'이인(里仁)'은 바로 이어 나오는 '처인(處仁, 仁에 머무른다)', '장처락(長處樂, 행복한 상태에 오래 머무른다)' 등의 표현을 감안할 때, 인(仁)에 둥지를 튼다, 인(仁)에 거처를 마련한다, 인(仁)에 정착하여 살아간다는 뜻이므로 결국 "반듯한 마음가짐으로 사는 것"이다. 인(仁)이라는 말이 원래는 사람의 겉모습을 지칭했다는 점을 알고 나면 이 구절은 그 의미가 더욱 와닿는다. 진정한 아름다움은 겉모습이 아니라 내면에서 나온다. 논어를 편찬한 자들은 진정으로 아름다운 것이 무엇인지에 대하여 공자가 한 절묘한 말(里仁爲美)을 필두로 하여 인(仁)을 설명해 들어가는 것이 적절하다고 여긴 듯하다.

예법(禮)에 대해서도 공자는 겉으로 보이는 제사, 의전, 예식 예법("옥이나 비단 이야기")보다는, 아무도 지켜보지 않더라도 언제나 스스로 지켜야 하는 내면의 행동 규범으로서의 예법을 강조했다는 점은 앞에서 보았다. 마찬가지로, 인(仁)에 대해서도 남의 눈에 보이는 번듯하고 멀쩡한 겉모습이 아니라, 누가 보건 안 보건 사람이면 반드시 지녀야 할 반듯하고 말짱한 (진정으로 아름다운) 속마음을 공자는 인(仁)이라고 불렀다. 한마디로, "껍데기는 가라"는 말이다. 겉으로 보이는 것, 보기 좋고 듣기 좋은 것이 인(仁)인 줄 착각하지 말라는 구절은 논어에 거듭 나온다.

듣기 좋은 말, 보기 좋은 낯 ─────────

논어 첫째 장의 둘째 구절에는 부모 자식 간의 사랑(孝)과 형제 자매 간의 사랑(弟)이 '인(仁)'의 근본 바탕이라는 유자의 말이 수록되어 있다. 인(仁)이라는 단어가 논어에 이렇게 처음 등장하자마자 곧이어 다음과 같은 구절이 배치되어 있다:

> 선생님이 이렇게 말했다. "듣기 좋은 말, 보기 좋은 낯은 인 (仁)과는 거리가 멀어."⁶

말과 표정을 부드럽게 하여 온화한 겉모습을 연출하는 것을 인(仁)이라고 착각하지 말라는 구절은 논어에 세 번이나 나타난다(1.3; 5.25; 17.17). 그만큼 강조할 필요가 있었기 때문이다. 인(仁)이 원래 사람의 외모를 뜻했으며 멋있고 번듯한 겉모양을 이르는 말이었기 때문에, 논어에 나오는 인(仁)이라는 말에 대해서도 사람들이 그렇게 오해할 위험이 클 수밖에 없다는 점을 염려했던 것 같다.

온화하고 부드러운 겉모습을 연출하는 것은 사실 사기극에 불과할 때가 많다는 점은 논어 구절의 배치 순서에서도 드러난다. 논어 17.16에는 "옛날의 어리석은 이들은 우직했는데, 요즘 어리석은 것들은 사기(詐)나 치고 있지"라는 말이 나온다. 바로 이 '사기(詐)'라는 말에 이어서 또다시 "듣기 좋은 말, 보기 좋은 낯은 인(仁)과는 거리가 멀다"는 공자의 경고가 배치되어 있다(17.17). 짐짓 온화한 말을 건네고, 자비심 가득한 표정을 짓는 자들이야말로 사기꾼일 수 있으니 조심하라는 뜻이다. 같은 구절을 두 번, 세 번 거듭 수록해야 할 만큼 중요하다고 판단했던 것이 분명하다.

인(仁)에 해당하는 우리말은 무엇인가? 흔히 인(仁)을 '어질다'라고 풀이하지만 별 도움은 안 된다. 아무도 '어질다'가 무슨 뜻인지 모르기 때문이다. 거북한 말을 가급적 안 하고 좋은 낯으로 사람을 따뜻하게 대하는 것이 '어질다'는 건가? 오히려 이것(순한 말, 좋은 낯)이야말로 공자가 인(仁)과는 거리가 멀다고 거듭 경고했고 수치스러운 짓이라고 본 교언영색(巧言令色) 아니던가?

선생님이 이렇게 말했다. "듣기 좋은 말이나 하고(巧言), 보기 좋은 낯으로 대하고(令色), 아주 공손하게 행동하는 것을 좌구명(左丘明)은 부끄러워했어. 나도 그래. 원한을 감추고 친구처럼 대하는 것을 좌구명은 부끄러워했어. 나도 그래."[7]

윤리적 단호함 ──────────────────

온화하고, 부드럽고, 너그럽고, 따스한 것을 '어질다'고 여기고, 그것이 인(仁)에 가까울 것이라고 오해하는 사람이 적지 않겠지만, 인(仁)은 그런 것과는 정반대라는 점을 공자는 이렇게 설명한다:

군세고(剛), 단호하고(毅), 투박하고(木), 말도 별로 없는 것(訥). 이게 인(仁)에 가까워.[8]

여기서 공자가 사용한 의(毅)라는 단어에는 강하다(剛也), 단호하다(有決也)는 뜻이 있다. 그러므로 강의(剛毅)는 "강하디 강하고"라고 번역할 수도 있고, "군세고 단호하고"라고 번역할수도 있다. 하지만 이 글자(毅)는 또한 적을 반드시 죽이고야 말겠다는 결심을 뜻하기도 하고, 앞뒤 물불을 가리지 않는 저돌적 노여움을 뜻하기도 한다. 멧돼지가 분노하여 온몸의 털이 쭈뼛 솟은 모습을 표현하는 말이 바로 이 글자(毅)다. 분노해야 할 대상에 대해서 분노하는 것. 증오해야 할 자를 제대로 증오하는 것. 흐지부지 넘어가지 않고, 철저히 분노하고 끝까지 증오하고 단호하고 강단(剛斷)있게 대응하는 것. 바로 이것이 인(仁)에 가까울 수 있다는 점은 다음 구절에서도 알 수 있다.

> 선생님이 이렇게 말했다. "오직 인(仁)한 자만이 사람을 제대로 좋아할 수 있고, 사람을 제대로 미워할 수 있지."[9]

미워해야 할 자를 끝까지 미워하는 것은 쉽지 않다. 어떤 사람에 대한 사랑을 끝까지 유지하는 것만큼이나 어려운 것이다. 공자가 안회를 높이 평가한 이유도 바로 "분노를 거두어들이지 않았다"는 것이었다.[10] 불의를 보고도 그저 참고 용서하고 품어주는 것이 인(仁)일까? 그건 비겁한 짓이거나, 불의에 동조하고 가세하는 결과를 낳게 되는 나쁜 짓일 경우가 많다. 옳지 않은 일이 있으면 '참지 않고' 맞서는 용기, 떨쳐 일어나는 결기, 윤리적 단호함, 윤리적 강단이 바로 공자가 말하는 인(仁)에 가깝다:

> 윤리적 결기 있는 사람(仁者)은 반드시 용기가 있지. 그러나 용기 있다고 해서 윤리적 결기가 있는 것은 아니지.[11]

여태껏 많은 이들이 잘못 번역해왔던 다음 구절도 인(仁)이 윤리적 단호함, 윤리적 결기를 뜻한다는 점을 이해한다면 그 의미가 제대로 와닿을 것이다:

> 윤리적 결기가 제대로 있다면, 사단병력(師)이 들이닥쳐도 물러서지 않겠지.[12]

여기서 사(師)를 '스승'이라고 오해하여, "인(仁)을 행함에 있어서는 스승에게도 양보하지 않는다"라고 이 구절을 풀이하는 분들이 많다. 이렇게 풀이하는 분들 스스로가 이미 스승(師, 선생님)이라 불리는 지위에 놓인 사람들(학자, 대학 교수 등)일 가능성도 아마 높을 것이다. 이들은 기본적으로 제자는 스승에게 양보해야 한다는 순종적이고 권위적인 사제(師弟) 관계 설정을 당연시하고 복종과 양보가 스승에 대하여 만인이 보여야 할 기본 태도라고 전제한 다음, 그 유일한 예외가 인(仁)에 관한 것이라면서 그것에 한하여 '양보의 예외'를 인정해 준 것을 스스로 대견해하는 해석을 내놓는 형국이다. 스승은 제자로부터 늘 양보를 받고 대접을 받아야 하지만, 인(仁)에 관해서만은 제자가 스승에게 양보하지 않아도 된다는 식으로 이 구절을 해석하는 사람들이 생각하는 인(仁)이 과연 무슨 뜻인지는 모르겠다. 그러나, 그분들이 생각하는 인(仁)이라는 것이 정녕 옳고 바람직하며 인간이라면 반드시 실천해야 하는 어떤 것이라면, 바로 그러한 일은 제자들을 내세워 그들이 먼저 하도록 하고 자신들은 뒷전에서 관망이나 하고 있겠다는 괴이한 결론을 피하기는 어려울 것이다.

이 구절에 나오는 사(師)는 스승이 아니라, 군사 2500명으로 이루어진 병력을 말한다. 군사 500명을 려(旅)라고 하고, 5려(旅)를 사(師)라고 한다.[13] 진정으로 윤리적 결기와 강단이 있는 사람이라면 사단 병력이 들이닥치더라도 굴복하거나 물러서거나 도망하지 않을 것이라는 말이다. 스승과는 아무 관련도 없는 구절이다. 기회 있을 때마다 사제 간의 지배 복종 관계를 논어 텍스트에서 읽어내려는 저열하고 비겁한 시도는 배격해야 한다. "윤리적 결기 있는 사람이라면 반드시 용기가 있지"라는 말과 "윤리적 결기가 제대로 있다면 사단병력이 들이닥쳐도 물러서지 않겠지"라는 말은 서로 뜻이 통한다. 죽음을 두려워하지 않고 불의에 맞서 싸우는 올바른 선택을 하라는 강력하고 단호한 메시지는 논어에 거듭 나타난다:

> 선생님이 이렇게 말했다. "의지가 굳은 선비, 윤리적 결기 있는 사람은 목숨을 부지하려고 윤리적 결기를 훼손하지 않아. 오히려 목숨을 바쳐서 윤리적 결기를 완성하지."[14]

자로가 공자에게 완벽한 사람은 어떤 사람인지 묻자, 공자는 (완벽한 사람이 있을 리 없다는 생각에서) 약간의 농담을 섞어 당시 노나라의 유명한 대부들과 재주가 많은 제자 염구를 거명하며, "장무중(臧武仲)의 지혜, 공작(公綽)의 초연함, 변장자(卞莊子)의 용기, 그리고 염구(再求)의 재주에다가 문물제도에 관한 세련된 교양을 겸비하면 완벽한 사람이겠지"라고 대답한다. 그런 다음, 보다 진지하게 이렇게 말했다:

> 하지만 요즘 세상의 완벽한 사람은 그럴 필요야 없겠지. 이득을 챙기기 전에 옳은 것이 무엇인지 생각하고, 위기가 닥치면 목숨을 기꺼이 바치고(見危授命), 오래된 약속도 늘 잊지 않으면 이 또한 완벽한 사람이지.[15]

기존의 법이나 예의범절을 고분고분 지키고 순종하라는 것이 공자의 가르침이었다면, 애초에 용기를 운운할 필요도 없었을 것이다. 법과 제도의 요구를 그대로 따르고 권위에 복종하는 데 무슨 용기가 필요하겠으며, 윤리적 결기나 강단이 왜 필요하겠는가? 정부가 폭압적 권력을 함부로 휘두를 때, 정부가 하라는 대로, 시키는 대로 공손히 따르는 것은 용기 있기 때문이 아니라 비겁하기 때문이고, 목숨을 부지하려는 것이지 목숨을 바치려는 것이 아니다. 국법과 제도가 잘못 돌아가고 있을 때 분연히 떨쳐 일어나 이것을 개선하고 개혁하며, 불의에 용감하게 저항하는 데 필요한 것이 윤리적 결기와 강단이다. 이것이 바로 공자가 말하는 인(仁)이다. 단호하고 강단 있게, 그리고 정당한 분노로 뒷받침되는 올바른 윤리적 선택을 용기 있게 하라는 것이며, 최악의 경우에는 목숨까지 바칠 각오와 결기가 있어야 한다는 것이 바로 공자가 거듭 강조하는 인(仁)이다. 번듯하고 멀쩡한 모습으로 보기 좋은 낯을 지으며 온화하고 부드럽게 듣기 좋은 말을 점잖게 건네는 자를 조심해야 한다. 윤리적 결기와는 거리가 먼 비겁하고 저속한 놈이기 십상이기 때문이다.

아무도 그 뜻을 모르는 '어질다'라는 말을 전면에 내세움으로써 우리는 그동안 공자 사상의 핵심을 이루는 인(仁)에 대한 번역을 사실상 포기해왔다. '어질다'라는 흐릿하고 애매모호한 말 때문에, 심지어는 자신의 속내를 감추고 온화하고 부드러운 모습, 모나지 않은 원만한 태도를 연출하는 것이 인(仁)이라고 착각하는 경우도 많다. 속내를 솔직히 드러내면 상대방이 나를 미워할까 두렵고, 이래도 좋고 저래도 좋다는 식으로 '원만하게' 처신하면 누구로부터도 비난이나 원망을 들을 일이 없으니 나에게 이익이 된다는 식의 계산법은 비겁하고 부끄러운 짓이다. 공자의 가르침을 떠받들고 있는 척추에 해당하는 인(仁)을 이런 저열한 셈법이나 처세법이라고 오해하고 나면 공자가 한 나머지 말들도 제대로 전달될 리가 없다.

다른 한편, 전국시대 사상가 맹자와 한나라 시대 사상가의 잘못된 견해를 함부로 채용하여 인(仁)을 오로지 사랑(愛), 너그러움, 인내, 선량함, 착함, 따스함, 인자함, 관대함, 자비로움, 부드러움이라는 식으로 해석하기도 하는데, 이것은 윤리적 결기의 절반만을 가지고 그것이 마치 전부인 것처럼 오해하는 것이다. 올바른 윤리적 결기는 따스한 사랑과 너그러움도 물론 포함하겠지만, 그게 전부가 아니다. 증오도 있고, 분노도 있으며, 추상같은 단호함도 있다. 사단 병력이 들이닥치고, 사지가 찢기어 죽임을 당할 위협이 코앞에 다가와도 결연하고 단호하게 올바른 선택과 행동으로 나아가는 강철같은 용기와 의지와 결기가 바로 인(仁)이다. 아무 뜻도 제대로 전달하지 못하는 '어질다'는 비겁한 말은 폐기되어야 한다.

인(仁)에 대한 쉬운 설명 ——————————————

공자의 제자들은 공자가 이해득실(利), 운명(命) 그리고 윤리적 결기(仁)에 대해서는 별로 말을 하지 않았다고 기록한다.[16] 논어에는 윤리적 결기에 관한 구절이 많고, 인(仁)이라는 글자가 100번도 넘게 나오는데도 제자들이 이렇게 기억하게 된 이유가 있다. 제자들이 개별적 사례를 거론하면서 "이 정도면 윤리적 결기라고 볼 수 있지 않겠습니까?"라는 질문을 던지면 공자는 언제나 "글쎄, 그게 윤리적 결기인가? 난 잘 모르겠네"라면서 대답을 피했기 때문이다. 그러니 공자가 윤리적 결기에 대해서 말을 아꼈다는 제자들의 기억이 틀린 것은 아니다.

그러나, 예외가 있다. 번지(樊遲)라는 나이 어린 제자가 "인(仁)이 뭔가요?"라는 그야말로 막연한 질문을 해올 때인데, 이럴 때 공자는 번지가 이해할 수 있는 수준의 '쉬운' 대답을 해준다. 번지는 공자의 수레를 모는 일을 맡았기 때문에 공자와 1대1로 대화할 기회가 많았다. 하지만 그는 농사일이라도 좀 배워서 생계를 유지해보려는 소박한 제자였다.[17] 예를 들면 이런 것이다.

> 번지가 윤리적 결기에 대해서 물었다. 선생님이 이렇게 말했다. "집에서는 공손히 처신하고(恭), 일처리는 최선을 다하며(敬), 사람들과의 관계에서는 충직하게 행동해(忠). 오랑캐 나라에 가더라도 이걸 포기하면 안 돼."[18]

> 번지가 윤리적 결기에 대해서 물으니 선생님이 이렇게 말했다. "윤리적 결기는 말이야, 어려운 일부터 먼저 하고 수확은 나중에 생각해 보는 것이지. 이 정도면 윤리적 결기라 할 만하지."[19]

> 번지가 윤리적 결기가 뭔지를 묻자 선생님이 이렇게 말했다. "사람을 사랑하는 거지." 앎이 뭔지를 묻자 선생님이 이렇게 말했다. "사람을 아는 거지." 번지가 무슨 말인지 이해하지 못했다.[20]

물론, 더 높은 수준의 제자인 자장이나 자공과의 대화에서도 공자가 윤리적 결기에 대하여 적극적으로 쉽게 설명한 구절이 있긴 하다. 두루 베풀어 모든 백성들이 잘살도록 해주는 것이 윤리적 결기냐고 자공이 묻자, 윤리적 결기는 그런 거창한 것이 아니라 "자기가 성공하고 싶으면 남도 성공하게 하고, 자기가 잘하고 싶은 것이 있으면 남도 잘하도록 하는 것"이고 "가까운 데서 시작하여 멀리까지 가는 것이 윤리적 결기를 실천하는 방법"이라고 설명한다.[21] 자장(子張)이 윤리적 결기가 무엇인지 묻자 공자는 공손함, 관대함, 믿음직함, 부지런함, 베푸는 마음(恭, 寬, 信, 敏, 惠)을 어디에서나 실천하는 것이라고 대답하기도 했다.[22]

그러나 그게 인(仁)인가?

하지만 공자는 살아 있는 어떤 사람에 대하여 윤리적 결기가 있다, 없다는 식으로 단정하여 말하는 것을 피하는 태도를 일관되게 유지한다. 사람의 윤리성이라는 것이 워낙 복합적이고 역동적이라는 점을 누구보다도 잘 알기 때문일 것이다. 제자 안회와 제나라의 재상을 지냈던 관중, 상나라의 귀족이었던 백이, 숙제에 대해서는 윤리적 결기가 있었다고 단정하여 말하지만, 안회는 젊은 나이에 이미 죽었고, 관중, 백이, 숙제 등은 공자보다 170년 또는 500년가량 앞선 시기의 역사적 인물이었으니 살아 있는 사람들이 아니었다. 다음 구절들을 보면 공자가 윤리적 결기에 대해서 말을 아꼈다는 제자들의 평가가 충분히 이해가 될 것이다.[23]

맹무백이 이렇게 물었다. "자로는 윤리적 결기가 있습니까?" 선생님이 이렇게 대답했다. "모릅니다." 맹무백이 다시 묻자 선생님이 이렇게 말했다. "자로는 제후국의 병력 동원을 총괄하는 임무를 맡길 만하지만 윤리적 결기가 있는지는 모르겠습니다." "염구(冉求)는 어떤가요?" 선생님이 이렇게 말했다. "염구는 천 가구가 되는 고을이나 대부의 집안 일을 총괄하는 일을 맡길 만하지만 윤리적 결기가 있는지는 모르겠습니다." "공서적(公西赤)은 어떤가요?" 선생님이 이렇게 말했다. "공서적은 조정에서 허리띠를 두르고 사신이나 손님을 맞이하고 인사를 나누는 일을 맡길 만하지만 윤리적 결기가 있는지는 모르겠습니다."

자장이 이렇게 물었다. "도지사 자문(子文)은 세 번이나 도지사에 임명되었는데 기뻐하는 기색이 없었고, 세 번이나 파면되었는데 나쁜 감정을 담아두는 기색이 없이 신임 도지사에게 업무를 인수인계했습니다. 어떤가요?" 선생님이 이렇게 말했다. "충직하군(忠)." "윤리적 결기 아닌가요?"

라고 자장이 묻자 선생님이 이렇게 말했다. "모르겠네. 그게 윤리적 결기인가?" "최저(崔杼)가 제나라의 군주를 살해하자 진문자는 수십대나 되는 수레와 말을 버리고 제나라를 떠났습니다. 다른 나라에 이르러서 그는 '너희들도 우리 나라의 최대감과 마찬가지군'이라면서 그 나라를 떠났습니다. 또 다른 나라에 가서도 '너희들도 우리 나라의 최대감과 마찬가지군'이라면서 그 나라를 떠났습니다. 어떤가요?" 선생님이 이렇게 말했다. "깨끗하군(淸)." "윤리적 결기 아닌가요?"라고 자장이 묻자 선생님이 이렇게 말했다. "모르겠네. 그게 윤리적 결기인가?"

누가 이렇게 말했다. "염옹(冉雍)은 윤리적 결기가 있지만 말재주는 없어." 선생님이 이렇게 말했다. "말재주가 무슨 소용이 있겠나? 말재주로 사람들을 요리 조리 조종하면 사람들이 미워하게 되지. 염옹이 윤리적 결기가 있는지는 모르겠지만, 말재주는 무슨 소용이 있겠나?"

"이기려는 태도, 자기 자랑, 남에 대한 원망, 물질적 욕망, 이런 것들을 행하지 않는 것이 윤리적 결기 아닌가요?"라고 원헌(原憲)이 묻자 선생님이 이렇게 말했다. "그건 어려운 일이긴 한데, 그게 윤리적 결기인지는 잘 모르겠네."

윤리적 우월감에 대한 경계 ————————

사람이 가져야 할 반듯한 마음가짐이라는 뜻으로 사용된 인(仁)은 공자 사상의 핵심에 놓여 있다. 올바른 마음가짐이 뒷받침되지 않으면, 법이건 제도건 모든 것이 엉망진창이 될 것이라는 다음 구절은 유명하다:

> 사람이 돼먹지 않으면(人而不仁), 예법은 어떻게 되겠니?
> 사람이 돼먹지 않으면 음악은 또 어떻게 되겠니?[24]

예악(禮樂) 즉, 법과 도덕을 포함한 일체의 문물제도는 인간이 마음만 먹으면 언제나 악용될 수 있기 때문에 그 제도를 운용하는 사람이 반듯한 마음가짐을 가져야 한다는 것이 공자의 생각이다. 반듯한 마음가짐, 즉, 윤리적 결기가 모든 문물제도의 가장 중요한 바탕인 셈이다. 윤리적 결기가 없으면(不仁) 제대로 된 인간이 될 수가 없다. 人과 仁이라는 두 단어는 발음도 같기 때문에, "인이불인(人而不仁)"이라는 공자의 말은 "인간이 인간 같잖으면"이라는 뜻으로 들릴 수도 있다. 같은 말이다.

반듯한 마음가짐이야말로 온갖 문물제도의 바탕을 이룬다는 점은 다음 구절에서도 설명되고 있다.

자하(子夏)가 이렇게 질문했다. "옛 민요에 '애교스러운 미

소가 예쁜 그대, 아리따운 눈망울이 또렷한 그대, 순백에 나타나는 영롱한 무늬'라는 게 있는데 이게 뭔 말이에요?" 선생님이 이렇게 말했다. "흰색이 마련된 후에 그림을 그린다는 거지." "그럼, 예법(禮)은 나중 일이란 건가요?"라고 자하가 말하자 선생님이 이렇게 말했다. "너가 나를 일깨우는구나! 이제 너랑 시(詩)를 이야기할 수 있겠구나."[25]

제대로 된 바탕, 즉, 반듯한 마음가짐이 없다면, 예법은 가증스러운 위선의 도구로 전락하게 된다는 뜻이다.

하지만, 자신의 윤리성을 내세우며 상대방에게 윤리적 우월감과 오만함을 가져서는 안 된다는 점을 공자는 유난히 강조한다. 윤리성을 내세우며 잘난 체하지 말라. 윤리적 결기로 네가 무슨 희생과 공헌을 하고 대단한 일을 해낸다고 생각하면서 남들이 그것을 알아주고 칭찬하고 보상해주기를 기대하거나 요구하지 말라. 윤리적 우월감을 경계하라는 공자의 가르침은 소중하다.

윤리성을 내세우는 사람이 빠져들기 쉬운 함정이 바로 윤리적 우월감이며, 윤리적 우월감에 사로잡히는 순간 이른바 '꼰대'로 전락할 것이 분명하다. 공자는 윤리적 결기가 대단하고 거창한 것이 아니라는 점, 자신이 스스로 원해서 윤리적 선택을 하고 윤리적 삶을 사는 것일 뿐이고 남이 시켜서 억지로 그러는 것이 아니라는 점을 강조한다:

선생님이 이렇게 말했다. "윤리적 결기가 멀리 있는 건가? 내가 원하기만 하면 당장에 윤리적 결기를 가질 수 있지."[26]

주나라가 은나라를 정벌하자, 주나라의 정통성을 부정하고 주나라가 베푸는 녹봉을 받을 수 없다면서 굶어 죽었다는 은나라의 귀족 백이와 숙제에 대해서도 다음과 같은 구절이 있다:

자공(子貢)이 이렇게 말했다. "백이와 숙제는 어떤 사람인가요?" 선생님이 이렇게 말했다. "예전의 훌륭한 사람(賢人)들이지." "억울함이 없었을까요?"라고 자공이 묻자, 선생님이 이렇게 말했다. "윤리적 결기를 원해서 윤리적 결기를 이루었는데 무슨 원망이 있겠니?"[27]

자신의 윤리적 선택으로 감당해야 했던 고통과 희생에 대하여 남들이 고마워라도 해야 할 것처럼 여기면서 보상과 칭송을 바라고 대가를 기대하는 것은 더 이상 윤리적 결기가 아니다. 윤리적 결기는 무한한 값어치가 있지만, 남들이 그것을 보상해주고 칭송해주기를 기대하는 마음가짐이 들어서는 순간, 즉시 가치가 없어진다. 자신의 윤리적 선택으로 자신이 감수한 희생에 대하여 억울한 마음이 스멀스멀 고개를 들면 그것은 원한으로 변모하게 되며, 한풀이와 보상에 대한 집요한 요구가 생겨나 새로운 문제를 불러일으키기도 한다. 자기가 윤리적인 삶을 산다고 해서, 남들로부터 받아낼 빚이 있는 것처럼 착각해서는 안 된다.

> 선생님이 이렇게 말했다. "윤리적 결기를 좋아하는 사람 치고 윤리적 결기 없는 자를 미워하는 것을 나는 아직 본 적이 없어. 윤리적 결기를 좋아하는 사람은 그걸 대단한 것으로 떠받들지 않아. 윤리적 결기 없는 자를 미워하는 자는 그게 마치 윤리적 결기인 것처럼 행세하지. 윤리적 결기 없는 자를 이용해서 자기 자신을 돋보이게 하려 하지 마. 누구라도 온 힘을 다하면 하루쯤은 윤리적 결기를 가질 수 있지 않겠니? 그럴 힘이 모자라는 사람은 아직 본 적이 없어. 그런 자가 실제로 있는지 몰라도 난 아직 본 적이 없어.[28]

상대방의 결함에 대하여 윤리적 비난을 퍼부으면서 상대방에 대한 증오가 바로 자기의 윤리성을 입증하는 것인 양 착각하는 모습은 정치판에서나 일상 생활에서나 흔히 벌어지는 일이다. "윤리적 결기 없는 자를 미워하는 자는 그게 마치 윤리적 결기인 것처럼 행세하지"라는 공자의 예리한 말은 두고두고 반추할 가치가 있다. 윤리성이 마치 자신의 전매특허인 양 내세우면서 자신의 윤리적 우월성을 과시하는 것은 민폐가 될 뿐이다. 이 점은 다음 구절에서도 드러난다:

선생님이 이렇게 말했다. "용기는 좋아하고 가난한 것을 싫어하면 반란을 일으키게 되지. 사람들이 윤리적 결기가 없다고 그걸 심하게 싫어하면 반란을 일으키게 되지."[29]

윤리적 엄숙주의, 윤리적 결벽주의, 윤리적 우월감과 오만함으로는 아무것도 이루어낼 수 없다. 자기 동료들에 대한 끊임없는 내부총질로 일관하면서 자신의 입지마저 서서히 줄어들어 고작해야 소란스러운 소음이나 내는 주변 세력으로 머물게 되기 십상이다. 불행하게도 그런 오만한 자들이 권력을 쥐게 되면 무지막지한 억압과 위선과 부패로 점철된 폭력적 공권력 행사로 치닫게 될 것이다.

관중의 '인(仁)'

관중(管仲)은 춘추시대 초기 제(齊)나라의 환공(재위: 기원전 685-643)을 보필한 재상으로서 제나라가 강성한 패권 국가로 자리 잡는 데 공헌한 인물이다. 공자의 제자들은 관중이 자기의 주군을 살해한 적의 진영에 영입되어 재상까지 지냈다는 점을 지적하며, 관중이 충성과 신의를 져버린 비윤리적인 인물이 아닌가 궁금히 여기며 공자에게 질문했으나, 공자는 제자들과는 달리 관중을 높이 평가한다. 먼저 제자들의 질문을 보자:

자공이 이렇게 말했다. "관중은 윤리적 결기가 없는 자 아닌가요? 제 환공이 그의 형인 공자 규(糾)를 죽게 했을 때, 관중은 자살하기는커녕 환공 밑에서 벼슬을 했잖아요."[30]

자로가 이렇게 말했다. "환공이 공자 규를 죽게 했을 때 소홀은 죽음으로 저항했는데 관중은 죽지 않았어요. 윤리적 결기가 없었던 것 아닌가요?"[31]

규(糾)와 소백(小白)은 제나라 군주의 아들들이었고, 관중은 원래 규를 모시고 있었다. 규와 소백이 제나라 제후 자리를 놓고 "형제의 난"을 벌일 때, 규를 보좌하던 관중은 소백을 살해하려 했으나 실패했고, 소백의 군대가 제나라에 먼저 입성하여 소백이 제나라 제후가 되었다(제환공). 그러자 규는 노나라로 망명했고, 환공은 노나라를 압박하여 규를 살해하도록 했다. 그러나 관중은 친구 포숙아의 추천에 힘입어 환공의 재상으로 기용되어 제나라를 강성하게 만들었다. 덕분에 제나라는 여러 제후국들을 아우르는 패권 국가로 자리 잡았다.

한편, 관중과 함께 규를 모시고 있던 소홀은 제환공이 노나라를 압박하여 규가 살해되도록 하자 규와 운명을 같이하고자 자결했다. 은나라의 귀족이었던 백이와 숙제도 자신들이 모시던 군주가 주나라 무왕의 군대에 정벌되어 죽게 되자, 자신들이 모시던 주군과 운명을 같이하겠다는 기백과 결의로 스스로 굶어 죽는 충절을 보여주었고, 공자가 이런 백이, 숙제에 대하여 "윤리적 결기를 원해서 윤리적 결기를 달성한 자"라고 평가했다는 점은 이미 소개했다. 이 같은 전후 사정 하에서 자로와 자공은 관중이 자신의 주군인 규가 살해당한 상황에서 자결할 용기가 없어서 적 진영에게 투항했을 뿐 아니라 오히려 적장을 모시고 높은 벼슬까지 한 비겁하고 비윤리적인 인물이 아닌가 생각하여 질문한 것이었다. 공자의 대답은 좀 의외였다.

> 제환공이 아홉 제후국을 규합하는 일을 전쟁 한 번 안 치르고 성사시킨 것은 관중의 능력이었어. 그만한 윤리적 결기가 어디 있겠니. 그만한 윤리적 결기면 된 거지.[32]

> 관중은 환공을 보좌하여 여러 제후국의 패권을 차지하고 천하를 바로잡았어. 오늘날까지도 사람들은 그 혜택을 누리고 있어. 관중이 없었더라면 오랑캐들이 우리를 지금 지배하고 있을 거야. 필부들처럼 소갈머리 없이 자결했어 봐, 그 시체가 시궁창에 뒹굴어도 아무도 알아보지 못했을 것 아니겠나.[33]

정치인에게 윤리성을 중요한 덕목으로 요구하고, 이른바 '윤리적 결함'이 있는 정치인에 대해서는 극심한 논란이 벌어지는 것은 흔한 일이다. 하지만, 공자는 관중과 같은 정치인의 윤리성과 필부의 협량한 윤리성을 다르게 볼 필요가 있으며, 정치인을 평가할 때 지엽 말단적인 윤리성 논란에 매몰되는 것은 옳지 않다는 입장을 취하는 것 같다. 물론, 좋은 결과를 내놓기만 하면 모든 것이 정당화된다거나, 부패해도 유능하기만 하면 그만이라는 식의 천박한 주장을 공자가 내세우는 것은 아니다. 인간이 지녀야 할 반듯한 마음가짐, 즉, 윤리적 결기는 공자의 가르침을 떠받드는 가장 중요한 주춧돌이지만, 결코 단순한 흑백 논리로 단정 짓거나 절대적이고 무조건적으로 내세울 수 있는 도그마가 아니다. 사안의 경중을 종합적으로 살피고, 상황과 처지를 두루 감안하는 균형 감각이 필요하다. 윤리적 결기가 마치 무슨 절대적 가치인 양, 하늘이 두 쪽 나도 관철되어야 할 철칙인 양, 앞뒤 물불 안 가리고 윤리적 리트머스 시험지와 현미경을 들이밀면서 지엽 말단의 꼬투리를 잡고 비난을 가하는 천박하고 교조적인 태도는 협량하기 짝이 없고, 못 배우고 꽉 막힌 자들이 취하는 태도다.

상대방의 작은 흠을 빌미로 짐짓 엄숙한 표정을 지으며 윤리를 들먹이는 자들 스스로가 실은 저열하고 비윤리적인 삶을 사는 쓰레기 같은 존재들인 경우도 많다. 공자도 이런 가증스러운 사태에 진저리를 치고 있었다는 점은 다음 구절에서도 드러난다:

자공이 이렇게 말했다. "군자도 미워하는 것이 있습니까?" 선생님이 이렇게 대답했다. "미워하는 것이 있지. 다른 사람의 악함을 들춰내서 떠드는 자를 미워하고, 자기는 저속하게 살면서 고귀한 자를 헐뜯는 자를 미워하고, 용기만 있고 무례한 자를 미워하고, 과감하기만 하고 꽉 막힌 자를 미워하지."[34]

공자는 관중이 그 정도면 탁월한 정치인이라고 인정하는 것이 옳다는 입장을 분명히 한다.[35] 물론, 공자는 관중이 쫀잔했고, 예법은 전혀 모른 사람이었다고 혹평을 하기도 하지만,[36] 위대한 정치인으로서의 관중의 윤리적 결기에 대하여 현미경을 들이대면서 티끌이 있니 없니, 자결을 했어야 하느니 마느니 갑론을박 해대는 것은 소탐대실이고, 잔가지를 세느라 수풀이 어디 있는지조차 눈치채지 못하는 멍청한 짓이다. 그만한 정치인이 어디 또 있겠으며, 그가 없었다면 지금 너와 내가 이런 세상을 누리는 것 자체가 불가능했을 것이라는 점을 깨닫고 고마워할 줄 알아야 한다는 것이 공자의 생각이다.[37]

윤리적인 삶이 주는 기쁨 ─────────────

논어의 제4장은 윤리적 결기에 관한 구절들이 많이 모여 있는

장이다. 이 장의 첫 구절은 담담하면서도 심오한 내용을 이렇게 표현해내고 있다:

> 윤리적 결기로 사는 것이야말로 아름답지. 윤리적 삶을 살지 않기로 선택하는 것이 과연 똑똑한 건가?[38]

사람들이 비윤리적인 선택을 하게 되는 이유는 무엇일까? 모두에게 득이 되는 것이 무엇인지를 생각하기보다는 잔머리를 굴려가며 그럴듯한 핑계와 이유를 대면서 자신에게 득이 되는 (하지만 모두에게는 불편과 고통과 피해가 돌아가는) 선택을 하는 자들이 있다. 그런 자들은 흔히 자기가 남들보다 똑똑하다고 여기는데, 과연 그게 똑똑한 것일까? 이런 자들은 자기도 속이고 남들까지 속이다가 결국에는 들통이 나거나, 이미 자신의 파렴치함이 들통났는데도 혼자서만 남들이 아직 모르고 있을 거라고 생각하는 경우가 비일비재하다. 무엇이 자신에게 이익이 되는지를 약삭빠르게 계산하기보다는 무엇이 옳은지를 생각해보고 옳은 것을 단순, 정직, 우직하게 선택하는 것이 더 현명한 선택일 수 있다.

> 선생님이 이렇게 말했다. "사람은 정직하게 살아야 해. 거짓되게 살면 기껏 운이 좋아 봤자 들키는 것을 면하게 될 뿐이지."[39]

"군자는 옳은 것이 뭔지를 훤히 알고, 소인배는 이익이 뭔지를 훤히 알지."[40]

"이익을 좇아서 행동하면 결국 원성을 사게 되지."[41]

윤리적 결기로 올바르게 사느냐, 윤리적 결기를 내팽개치고 부끄러운 삶을 사느냐의 갈림길에서 사람들이 후자를 택하게 되는 이유는 '돈 문제' 때문인 경우가 많다. 우리 사회의 고질적인 병폐인 이른바 명문대에 들어가려는 이유도 결국에는 더 큰 평수 아파트, 더 고급스러운 자동차, 물질적으로 더 풍요로운 삶에 대한 욕망으로 귀결되는 것일 수도 있다. 논어에는 가난과 윤리적 결기에 관한 구절들이 꽤 있다:

선생님이 이렇게 말했다. "윤리적 결기가 없으면 가난한 삶을 오래 견디지 못하고, 행복감을 오래 누리지도 못해. 윤리적 결기 있는 자는 윤리적 결기로 편안함을 얻고, 지혜로운 자는 윤리적 결기로 이득을 얻지."[42]

윤리적으로 산다고 해서 가난해야 하는 것은 아니다. 이득과 명분이 일치하는 경우도 많고, 떳떳하게 노력하여 정당하게 받는 보상을 죄악시할 이유는 결코 없다. 윤리적 삶을 산다고 해서 돈과 지위를 버리고 야인으로 살아야 하는 것도 아니다.

윤리적 결기를 가진 사람이야말로 오히려 높은 지위에 올라야 하고, 그런 사람이 정당한 보상을 두둑히 받고 올바른 결정을 내리고 공동체에게 도움이 되는 정책을 과감하게 추진하는 상황이 바람직하다. 가난해야만 윤리적일 수 있다는 것은 무식한 생각이다.

한편, 부당하게 재산을 모으고 권모술수로 높은 지위를 차지해서는 안 된다는 점도 분명하다. 공자는 이렇게 설명한다:

> 선생님이 이렇게 말했다. "재산과 높은 지위는 누구나 원하지만, 부당하게 획득한 것이라면 거기 머물면 안 돼. 가난과 천한 지위는 누구나 싫어하지만, 부당하게 그리 된 것이라면 그걸 피해보려고 도망해서는 안 돼(不去也). 군자가 윤리적 결기를 버리고 도망간다면 군자라고 부를 수 있겠나? 군자는 심지어 식사하는 동안에도 윤리적 결기에 어긋남이 없고, 아무리 급하고, 아무리 위험해도 반드시 윤리적 결기에 따라 행동하지."[43]

인(仁)을 '어질다'라고 풀이할 경우, 가난에 관한 구절, 부당하게 차지한 부귀영화에 관한 이런 구절들이 과연 어떻게 설명이 되고, 어떻게 이해가 되는지 잘 상상이 가지 않는다. 인(仁)이라는 글자를 '어질다'라는 정체불명의 흐리멍텅한 개념으로 맞바꿔치기하는 바람에 우리는 '반듯한 마음가짐' 즉, 윤리적 결기가 뭔지를 제대로 가르치고 배울 기회조차 아예 가져보지 못한 것이 아닐까?

윤리적 결기를 가지고 올바르게 살아가는 삶은 아름답다. 안락하거나 윤택하지는 않을 수 있다. 때로는 공격과 탄압을 받아 재산을 박탈당하고, 억울한 누명을 쓰고 관직을 잃고 구금되거나, 심지어는 부당하게 처형될 수도 있다. 그것을 피해보려고 윤리적 결기를 포기하고 비굴한 선택을 한다면 군자가 아니라 소인일 것이다. 도망가지 말라(不去也)! 아무리 급해도, 아무리 위험해도 정정당당하게 윤리적 결기에 따라 행동해야 한다.

윤리적 결기를 가지고 살아가는 삶이 주는 기쁨에 대해서 공자는 이렇게 말했다:

지혜로운 자가 누리는 기쁨은 물과 같고, 윤리적 결기 있는 자가 누리는 기쁨은 산과 같다. 지혜로운 자는 역동적이고, 윤리적 결기 있는 자는 흔들림이 없다. 지혜로운 자는 즐거움을 누리고, 윤리적 결기 있는 자는 오래도록 살아 있다.[44]

이 구절 첫 문장(知者樂水 仁者樂山)을 마치 어느 관광청 선전 문구라도 되는양, 누구는 물을 좋아하고 누구는 산을 좋아한다는 식으로 해석하기도 하지만, 그런 해석은 그 다음에 이어지는 문장과 연결되지도 않는 것이므로 채용할 수 없다. 위나라 하안(何晏; 195-249)의 해석은 "윤리적 결기 있는 자가 누리는 즐거움은 산이 주는 편안함과 확고함과 같다. 자연은 움직이지 않지만 그 속에 만물이 살아간다"는 것인데, 이 해석이 올바르다.[45]

마지막에 나오는 세 글자(仁者壽)를 "어진 이는 수를 한다"면서 공자가 산행(山行)과 관련된 장수 비법이라도 알려 준 것처럼 여기는 것은 가소롭기 짝이 없다. 오래 사는 것이 무슨 대단한 목표라고 전제하는 것부터가 우습다. 윤리적 결기가 있다면 사단병력이 들이닥쳐도 물러서지 않을 것이고, 목숨을 부지하려고 윤리적 결기를 훼손해서는 안 되고, 오히려 목숨을 바쳐서 윤리적 결기를 완성해야 한다고 가르친 사람이 공자다. 위기가 닥치면 목숨을 기꺼이 바친다는 구절도 있다. 이런 마당에 뜬금없이 오래 사는 장수 비결을 거론할 상황은 아닌 것이다. 공자가 말하는 수(壽)는 오히려 영원한 삶(永生)에 가까운 의미를 가지는 말이다. 윤리적 결기 있는 사람은 오래도록 살아 있다(仁者壽)는 공자의 말은, 그 사람은 비록 (일찍) 죽었더라도 사람들이 두고두고 그를 기억한다는 뜻이다.

그러나 윤리적 결기만이 능사가 아니다. 배워야 한다. 견문을 넓히고 경험을 쌓고 사태를 판단하는 능력과 균형감각을 길러야 한다. 윤리와 도덕에 열광하여 윤리적 근본주의자가 되는 것은 끔찍하다. 윤리적 결기를 내세워 걸핏하면 목숨을 걸겠다고 설치는 것처럼 멍청한 것도 없다. 윤리적 결기 있는 자는 반드시 용기가 있다면서 함부로 무모한 결단을 밀어붙이면 그저 난감할 따름이고 심한 민폐를 끼치게 된다. 윤리적 결기를 좋아하되 배우기를 좋아하지 않으면 멍청한 짓을 하게 되고, 용기를 좋아하되 배우기를 좋아하지 않으면 반란이나 일으키게 되고, 강인함을 좋아하되 배우기를 좋아하지 않으면 미친 짓을 하게 될 위험이 있다는 공자의 경고를 잊어서는 안 된다.[46]

1 中庸, 20 (仁者人也). 같은 귀절이 春秋繁露, 仁義法 1; 孔子家語, 哀公問政 1 등에도 등장한다.

2 김병환, "공자 이전의 仁개념 연구", 동양철학, 제20집 (2003) 참조.

3 詩經, 鄭風, 叔于田; 詩經, 齊風, 盧令

4 尙書, 金縢

5 里仁 4.1

6 子曰 巧言令色 鮮矣仁 (學而 1.3)

7 巧言。令色。足恭, 左丘明恥之, 丘亦恥之。匿怨而友其人, 左丘明恥之, 丘亦恥之 (公冶長 5.25)

8 子曰:「剛毅。木訥, 近仁。」(子路 13.27)

9 子曰:「唯仁者能好人, 能惡人。」(里仁 4.3)

10 雍也 6.3

11 仁者, 必有勇。勇者, 不必有仁 (憲問 14.4)

12 子曰:「當仁不讓於師。」(衛靈公 15.36)

13 강희자전 참조 (《說文》二千五百人爲師。《周禮·地官》五旅爲師。)

14 子曰:「志士仁人, 無求生以害仁, 有殺身以成仁。」(衛靈公 15.9)

15 曰:「今之成人者何必然? 見利思義, 見危授命, 久要不忘平生之言, 亦可以爲成人矣。」(憲問 14.12) 이 말은 공자가 한 것이 아니라 자로가 한 것이라고 보는 해석도 있다.

16 子罕言利與命與仁 (子罕 9.1) 오규 소라이는 공자가 利만을 이야기한 것이 아니라, 반드시 명(命) 또는 인(仁)과 연결지어 利에 관해서 이야기했다고 해석하지만, 무리한 해석이라고 생각한다.

17 子路 13.4

18 樊遲問仁。子曰:「居處恭, 執事敬, 與人忠。雖之夷狄, 不可棄也。」(子路 13.19)

19 樊遲 … 問仁。曰:「仁者先難而後獲, 可謂仁矣。」(雍也 6.22)

20 樊遲問仁。子曰:「愛人。」問知。子曰:「知人。」樊遲未達 (顏淵 12.22)

21 夫仁者, 己欲立而立人, 己欲達而達人。能近取譬, 可謂仁之方也已。(雍也, 6.30)
자공이 유난히 경쟁심이 많고, 남을 이기려는 욕구가 강하다는 점을 감안하여
(5.9, 5.12, 14.29 참조) 공자가 이렇게 (자기만 성공하려 하지말고 남도
성공하도록 도와주라고) 대답했을 것이다.

22 子張問仁於孔子。孔子曰:「能行五者於天下, 為仁矣。」請問之。曰:
「恭。寬。信。敏。惠。…」(陽貨 17.6)

23 公冶長 5.8, 5.19, 5.5, 憲問 14.1 참조.

24 子曰:「人而不仁, 如禮何? 人而不仁, 如樂何?」(八佾 3.3)

25 子夏問曰:「『巧笑倩兮, 美目盼兮, 素以為絢兮。』何謂也?」子曰:「繪事後素。」
曰:「禮後乎?」子曰:「起予者商也! 始可與言詩已矣。」(八佾 3.8)

26 子曰:「仁遠乎哉? 我欲仁, 斯仁至矣。」(述而 7.30)

27 求仁而得仁, 又何怨。(述而 7.15)

28 里仁 4.6

29 子曰:「好勇疾貧 亂也。人而不仁疾之已甚 亂也。」(泰伯 8.10)

30 子貢曰:「管仲非仁者與? 桓公殺公子糾, 不能死, 又相之。」(憲問 14.17)

31 子路曰:「桓公殺公子糾, 召忽死之, 管仲不死。」曰:「未仁乎?」(憲問 14.16)

32 子曰:「桓公九合諸侯, 不以兵車, 管仲之力也。如其仁! 如其仁!」(憲問 14.16)

33 子曰:「管仲相桓公, 霸諸侯, 一匡天下, 民到于今受其賜。微管仲, 吾其被髮左衽矣。
豈若匹夫匹婦之為諒也, 自經於溝瀆, 而莫之知也。」(憲問 14.17)

34 子貢曰:「君子亦有惡乎?」子曰:「有惡: 惡稱人之惡者, 惡居下流而訕上者,
惡勇而無禮者, 惡果敢而窒者。」(陽貨 17.24)

35 憲問 14.9 에서도 공자는 관중을 걸출한 인물로 묘사한다. 그가 통치하는
마을의 주민들은 비록 궁핍하게 살아도 종신토록 관중을 원망하는 일이
없었다는 것이다.

36 八佾 3.22

37 학자들 간에 관중에 관한 기존 논의가 어떻게 이루어지고 있는지에 대해서는
김성준, "茶山과 日本 古學派 太宰春臺의 管仲論", 동양한문학연구 제34집
(2012) 참조

38 子曰:「里仁為美。擇不處仁, 焉得知?」(里仁 4.1)

39 子曰:「人之生也直, 罔之生也幸而免。」(雍也 6.19)

40 子曰:「君子喻於義, 小人喻於利。」(里仁 4.16)

41 子曰:「放於利而行, 多怨。」(里仁 4.12)

42 子曰:「不仁者不可以久處約, 不可以長處樂。仁者安仁, 知者利仁。」(里仁 4.2)

43 子曰:「富與貴是人之所欲也, 不以其道得之, 不處也; 貧與賤是人之所惡也, 不以其道得之, 不去也。君子去仁, 惡乎成名? 君子無終食之間違仁, 造次必於是, 顛沛必於是。」(里仁 4.5)

44 子曰:「知者樂水, 仁者樂山; 知者動, 仁者靜; 知者樂, 仁者壽。」(雍也 6.23)

45 論語注疏: 仁者樂如山之安固, 自然不動, 而萬物生焉

46 陽貨 17.8

제6장

맹자의 오류

맹자(대략 기원전 372-289)는 전국시대의 사상가로, 공자가 죽은 지 100년가량 뒤에 태어난 것으로 짐작된다. 공자의 손자인 자사(子思)의 문인으로부터 맹자가 수업했다는 기록도 있고,[1] 자사와 맹자를 한 무리로 엮어서 공자의 가르침을 오해하고 왜곡한 자들이라고 순자(荀子)가 맹공격을 퍼부은 구절도 있다.[2] 맹자 스스로는 자신에 대해서 이렇게 적고 있다:

> 나는 공자의 문하생이 되지는 못했고, 여러 사람의 가르침을 토대로 스스로 공부했다.[3]

맹자는 공자의 생각과는 많이 다른 주장을 개진했다. 오늘날 우리가 유가 전통이라고 여기는 것은 상당 부분 맹자의 생각에 근거한 것이고, 논어에 수록된 공자의 가르침과는 거리가 먼 것이 많다. 이 장에서는 윤리적 결기를 뜻했던 인(仁)이라는 단어가 맹자의 손에서 어떻게 변질되었는지, 그리고 군자는 예법으로 스스로를 제약한다(約之以禮)는 공자의 가르침을 맹자가 어떻게 오해했는지 살펴본다. 인(仁)과 예(禮)는 공자의 가르침을 떠받드는 가장 중요한 두 기둥이다. 맹자는 바로 이 두 핵심적 개념을 공자의 가르침과는 정반대로 오해하는 크나큰 잘못을 범했다.

맹자가 상상한 인(仁)

공자의 수레를 모는 일을 맡았던 번지가 "인(仁)이 뭔가요?"라고 막연히 질문했을 때, 공자는 "사람을 사랑하는 것이지(愛人)"라고 짤막하게 대답한 적이 있는데, 맹자는 이 대답을 너무나 좋아했던 것 같다. 맹자는 공자가 인(仁)에 대해서 마치 이 대답 '만'을 한 것처럼 착각이나 한 듯, 오로지 '사랑'으로만 이루어진 인(仁) 개념을 탄생시켰다. 공자가 말한 인(仁)은 윤리적 결기를 뜻했고, 여기에는 단호하고, 강인하고, 과감하고, 날카로운 모서리들이 있었다. 사랑도 물론 있지만, 증오와 분노 그리고 죽음을 무릅쓰고 용기 있게 떨쳐 일어나는 강철같은 의지가 없다면 윤리적 결기가 있다고 할 수는 없다. 그러나 맹자는 인(仁)으로부터 이런 날카로움과 강인함을 모조리 제거하여 이빨 빠진 호랑이처럼 만들고 맹목적인 '가족 감싸기'와 '자학적 자책론'으로 점철된 불행한 인(仁)개념을 탄생시켰다.

맹자의 친친(親親) 사상

맹자는 사례를 들어 설명하기를 좋아했다. 예를 들어, 우물에 빠질 것 같은 어린애를 보면 누구든 불쌍한 마음이 발동하여 구조하게 된다면서, 이처럼 '차마 두고 보지 못하는' 인간의 심정(不忍人之心)은 앞뒤를 재는 계산 속에서 생기는 것도 아니고 비난이나 칭찬을 염두에 둬서 생기는 것도 아니라 직관적, 본능적으로 생겨나는 마음이라고 파악한다.[4] 여기까지는 많은 이들이 공감할 수도 있는 내용이다. 하지만, 맹자는 여기서 멈추지 않고 인(仁)을 다음과 같이 설명한다:

> 사람은 모두 차마 견디지 못하는 것이 있는데, 그 심정을 차마 견디는 것에까지 미치게 하는 것이 인(仁)이다.[5]

> 인(仁)한 자는 사랑하는 마음으로 사랑하지 않는 것에까지 다가가고, 불인(不仁)한 자는 사랑하지 않는 마음으로 사랑하는 것에까지 다가간다.[6]

여기 인용된 구절에서도 알 수 있듯이, 맹자는 대칭적, 대조적 대구(對句)를 사용하는 어법을 좋아했다. 이런 식으로 말하면 뭔가 그럴듯하게 들린다고 생각했던 것 같다. "사랑하지 않는 것에까지 사랑으로 다가가는 것"이 인(仁)이라는 맹자의 말은 얼핏 들으면 그럴싸할지 몰라도, 실상을 알고 보면 괴이하기 짝이 없다. 맹자가 인(仁)과 연결지어 여기서 말하는 '사랑'은 자식이 부모에게 그리고 동생이 형님에게 가져야 한다고 맹자가 믿고 있는 극단적이고 맹목적인 복종과 순종, 그리고 짝사랑을 뜻하기 때문이다. 전설적인 순임금을 등장시키고 그의 부모를 극악무도한 패륜적 부모로 묘사하여 부모가 어떤 끔찍한 나쁜 짓을 자녀에게 저지르고 자녀를 파멸시키려 획책하더라도 자녀는 무조건 부모를 사랑해야 한다는 맹목적인 효 절대주의 사상을 맹자가 전파했다는 점은 앞서 살펴보았다.[7]

맹자는 이러한 기형적이고 병적인 효 절대주의 사상을 한마디로 표현하는 단어가 인(仁)이라고 생각했다. 자기를 사랑하기는커녕, 오히려 자기를 살해하려 호시탐탐 기회를 엿보는 부모에게도 '사랑'으로 다가가는 것이 인(仁)이라는 것이 맹자의 생각이다:

> 만장이 이렇게 물었다. "순임금이 밭에 나가서 하늘을 우러러 크게 부르짖으며 울었는데 어째서 그랬는가요?
> 맹자가 이렇게 답했다. "원망하면서도 사모했기 때문이지. … 큰 효도는 종신토록 부모를 사모하는 것이다. 나이 오십이 되어도 부모를 사모하는 자를 나는 순임금에서 보았노라."[8]

순임금의 형이라는 상(象)도 순의 부모 못지않은 악질로 묘사된다. 그는 날마다 순을 살해하려 시도하는 것을 일로 삼았던 인물이라고 맹자는 상상한다.[9] 이런 극악무도한 자에게도 오로지 '형제이기 때문에' 재산과 지위와 특혜를 무조건 베풀어야 한다면서 이것이 사랑(愛)이요, 이것이 인(仁)이라는 주장을 펴고 있다:

어진(仁) 이는 형제를 대함에 있어 분노를 품지 않고 원망을 간직하지 않으며, 친밀하게 사랑(親愛)할 따름이다. 그를 친밀하게 여기니 그가 귀하게 되기를 원하고, 그를 사랑하니 그가 부유하게 되기를 원하는 것이다. 그러므로 순임금이 상(象)을 유비(有庳) 지방의 영주로 봉하여 그를 부유하고 귀하게 만든 것이다. 자신은 천자가 되었는데 형제는 필부로 남아 있으면 친밀하게 사랑한다고 할 수 있겠는가?[10]

분노가 거세되고 판단력이 마비된 채, 부모형제 간에는 선과 악을 초월하여 무조건 친밀하게(親) 사랑하며(愛) 특혜를 베푸는 것이 인(仁)이라는 맹자의 생각은 공자와는 관련이 없다. 가까운 사이(親)일수록 윤리적 결기(仁)를 유지해야 올바른 판단과 처신을 할 수 있다는 평이한 내용을 담은 논어의 한 구절을 완전히 오해한 맹자의 천박한 주장일 뿐이다. 맹자의 오해가 어떻게 시작되었는지 이하에서 살펴본다.

공자는 배움(學)과 관련하여 이렇게 말한 적이 있다:

너희들 말이야, 집에서는 효도하고 밖에서는 형제애로 사람을 대해야 한다. 매사에 최선을 다하고 신의를 지켜야 해. 모든 이를 두루 사랑하되(汎愛眾), 친밀한 관계에서는 윤리적 결기가 있어야 해(而親仁). 이렇게 하고도 힘이 남으면 그때는 책도 좀 읽어.[11]

"밖에서는 형제애로 사람을 대해야 한다(出則弟)"는 공자의 가르침은 모든 사람을 가족처럼 대하라는 뜻이지, 가족을 특별 대우하라는 뜻이 아니다. 편협한 가족 이기주의를 극복하여 가족이 아니라 누구라도 형제처럼 아끼고 존중하고 도울 수 있으면 도우라는 뜻이다. 공자의 말은 가족과 남을 차별하고 가족에게는 무조건 특혜를 베풀어야 한다는 배타적이고 맹목적인 가족 이기주의를 칭송한 말이 결코 아니다.

"모든 이를 두루 사랑하라(汎愛眾)"는 공자의 말은 모든 인간, 어쩌면 동물까지도 포함하여 살아 있고 고통을 느낄 능력이 있는 모든 존재에 대한 연민과 사랑을 바탕에 가지고 있어야 한다는 의미일 것이다. 이 말 다음에 이어지면서 대비를 이루는 말이 "이친인(而親仁)"인데, 그 뜻은 "하지만(而) 친밀한 관계(親)에서는 윤리적 결기(仁)를 가져야 한다"는 뜻이다. 공자가 말하는 인(仁)은 인간이 가져야 할 반듯하고 말짱한 마음가짐이므로, '친인(親仁)'은 친한 사이일수록 반듯하고 말짱한 마음가짐으로 임해야 한다는 뜻이다. "굳세고, 단호하고, 투박하고, 말도 별로 없는 것이 오히려 인(仁)에 가깝다"는 공자의 말을 늘 기억할 필요가 있다. 친한 사이라고 해서, 그 친함에 휘둘리고 친함에 취하여 흐리멍텅해진 마음으로 "좋은 게 좋은 것 아니겠냐"라면서 그저 서로 감싸주며 밀어주고, 당겨주고, 챙겨주면서 오로지 친밀함을 유지하는 데 급급한다면, 그것이 과연 공자가 말한 '말짱한' 마음가짐, '반듯한' 마음가짐일까? 그것이 윤리적 결기(仁)인가? 목숨을 부지하려고 윤리적 결기를 훼손해서는 안 되며 오히려 목숨을 바쳐서라도 윤리적 결기를 완성하라는 것이 공자의 가르침인데, 고작 '친한 사이'를 유지하기 위하여 옳고 그름을 내팽개치고 "우리가 남이가"를 외치며 얼싸안고 엉겨 붙어 진창 속에 꿈틀거리는 벌레처럼 지내는 것이 과연 공자가 말한 인(仁)인가? 그렇게 사는 것이 진정 아름다운가(里仁爲美)?

모든 이를 두루 사랑하되(汎愛衆), 친밀한 관계에서는 윤리적 결기가 있어야 한다(而親仁)는 공자의 말은 그리 어려운 내용이 아니다. 친밀한 관계에는 사랑하고 아끼고 도와주고 싶은 마음이야 이미 존재하겠지만, 바로 이런 마음 때문에 윤리적 판단과 올바른 선택이 어려워질 수 있으니 각별히 윤리성에 유념해야 올바른 선택과 판단을 할 수 있게 된다는 뜻이다.

하지만 맹자는 이 구절(汎愛衆 而親仁)을 다음과 같이 해석함으로써 그 의미를 완전히 뒤바꾼다.

군자는 만물을 사랑(愛)하되 어짊(仁)은 아니고, 백성에게는 어질되(仁) 친밀한 것(親)은 아니다. 부모형제와는 친밀하되(親親) 백성에게는 어질며, 백성에게는 어질되(仁民) 만물을 사랑하는 것이다(愛物).[12]

만물에 대한 사랑(愛)에서 출발하여 백성에 대한 인(仁)을 거

쳐 단계적으로 좁혀지고 짙어지는 친밀한 감정의 궁극적 종착
점이라고 맹자가 생각하는 지점은 부모 형제에 대한 친밀함(親
親)이다(愛物 → 仁民 → 親親). 이 모두가 '사랑'이긴 하지만, 그
강렬함와 밀도는 점점 증가되고 집중되어 물건에 대한 사랑(愛
物)보다는 백성에 대한 사랑(仁民)이 더 짙고 강렬하며, 가족에
대한 사랑(親親)은 가장 강렬하고 맹렬한 사랑이라는 것이 맹
자의 생각이다. 그러나, 맹자가 말하는 '가족적 친밀함(親親)'
은 모든 것을 빨아들이며, 옳고 그름에 대한 판단 기준이 소멸
되어 어떠한 판단도 선택도 할 수 없고, 어떤 방법으로도 빠져
나올 수 없는 윤리적 블랙홀과 다름없다. 그렇기 때문에 자식
을 거듭 살해하려는 부모일지라도 자식은 죽도록 그 부모를
사모해야 하고(비록 벌판에 나가 혼자 하늘을 보며 울부짖는 한이
있더라도), 동생의 아내를 강간하려는 형님일지라도 동생은 형
님을 친밀하게 사랑하여 부귀영화를 누리도록 벼슬을 줘야 한
다는 맹자의 특이한 결론이 도출되는 것이다.

　　편협한 가족 이기주의를 극복하고 모든 사람을 가족처럼
대하라(出則弟), 출생으로 맺어진 혈연관계에 발목 잡히거나
연연해하지 말고, 인간으로서 올바르게 살아가면 온 세상 사
람이 모두 형제[13] 라는 논어의 포용적이고 보편적인 윤리적 가
르침과 맹자의 괴상한 혈연 종속적 배타적 가족 중심주의는
도저히 양립할 수 없다.

　　친밀한 관계에서는 오로지 친밀함만으로 대해야 하며 다

른 어떤 판단 기준이나 행동 규범도 적용될 수 없다는 맹자의 '친친(親親)' 사상은 공자가 말한 '친인(親仁)', 즉, 친밀한 관계일수록 윤리적 결기를 유지해야 한다는 가르침을 폐기하고 정반대로 뒤집어놓은 것이다. 부모 형제를 챙기기 위해서는 윤리 따위는 아랑곳하지 말고, 심지어는 세상을 내팽개쳐야 하며(살인마 아버지를 구하려고 순임금은 통치자로서의 책임을 방기하고 세상을 헌 짚신처럼 내팽개쳤다면서, 맹자는 순임금을 극진한 효자로 칭송한다[14]), 가족 간에는 무슨 일이 있어도 무조건 감싸고 돌아야 한다는 맹자의 '친친(親親)' 사상은 거기서 반 발짝만 진행하면 곧장 "우리가 남이가"로 둔갑하여 혈연, 지연, 학연 등에 기반한 부패를 정당화하는 이데올로기가 된다. 하다못해 교회나 취미 생활 동아리를 통해서라도 그저 친하기만 하면 서로 밀어주고 당겨주고 덮어주고 감싸주며 친밀한 관계를 유지해야 한다는 가증스러운 '패거리주의'가 우리 사회에 깊숙이 뿌리를 내리는 토양이기도 하다. '친한' 사이에는 윤리적 판단(仁)을 포기하고 오직 '친함'으로 대해야 한다는 맹자의 친친(親親)사상이 실은 노골적으로 비윤리적이며 부정과 부패와 친밀함에 기반한 특혜를 조장하는 사악한 사상이라는 점은 이해하지도 못한 채 부끄러운 줄도 모르고 그것이 유가의 유구한 '전통'이요, '미풍양속'이라고 믿게 된 것이다.[15]

맹자가 고안한 '친친(親親)'이라는 윤리적 블랙홀은 모든 깃을 빨아들이기 때문에 공자가 그토록 강조했던 윤리적 결기는 흔적도 없이 사라졌다. 맹목적 가족 감싸기인 친친(親親)이 곧 인(仁)이라는 맹자의 거듭된 선언(親親仁也)[16]은 공자가 그토록 강조했던 굳세고 단호한 윤리적 결기로서의 인(仁)이 공자가 죽은 후 150년 남짓 시간이 흐른 뒤(대략 5대가 지난 후)에는 완전히 사라졌음을 알리는 실종 선고에 해당한다. 아이러니컬하게도 맹자 스스로 자기는 공자의 문하생이 아니라면서 이렇게 말하기도 했다:

> 군자가 남긴 혜택도 5대가 지나면 끊어지고, 소인이 남긴 혜택도 5대가 지나면 끊어진다.[17]

자학적 자책론

맹자는 또한 인(仁)을 오로지 자기 비판을 위한 자책과 자학의 논리로 둔갑시켰다. 물론, 남의 윤리적 결함을 들춰내는 데 골몰하면서 그것이 자신의 윤리성을 드높이는 것인 양 착각하면 안 된다는 공자의 가르침이 있고, 자신의 선량함을 자랑하지 않는(無伐善) 마음가짐은 고매한 윤리적 경지임이 분명하다.[18] 윤리적 우월감에 사로잡혀 남의 윤리적 결함을 밤낮 없이 지적하는 것을 일로 삼으면 민폐나 끼치게 된다는 점을 공자가 경계한 것은 분명하다. 윤리적 결기 없는 자를 이용해서 자기

자신을 돋보이게 하려 하지 말라는 공자의 날카로운 지적도 언제나 기억할 필요가 있다.[19]

그렇다고 해서 정당한 증오와 정의로운 분노마저도 억누르고 무조건 참으라는 뜻은 결코 아니었다. "윤리적 겨기 있는 자만이 사람을 사랑할 수도 있고, 사람을 미워할 수도 있다"는 공자의 말을 숨겨 덮으려 해서는 안 된다. 윤리적 겨기는 사랑과 증오를 겸비한 양날의 칼이다. "원한을 감추고 친구처럼 좋게 대하는 것"은 위선이요 비겁함이요 부끄러운 짓일 뿐이다.[20] 논어에 수록된 다음 구절도 기억해야 한다:

> "원한으로 나를 대하는 자에게 덕(德)으로 갚아주는 것은 어떤가요?"라고 누가 묻자 선생님이 이렇게 말했다. "덕(德)으로 나를 대하는 자에게는 그럼 뭘로 갚아줄려고? 원한으로 나를 대하는 자는 똑바르게 갚아주고, 덕으로 나를 대하는 자를 덕으로 갚아줘야지."[21]

그러나 맹자는 오로지 사랑만을 강조한 나머지, 타인의 잘못, 책임, 타인의 패륜적 악행은 보이지도 들리지도 않고 비판할 능력마저 거세된 무기력하기 짝이 없는 윤리 공백, 판단 마비 상태를 인(仁)이라고 생각했다. 공자가 말한 인(仁)은 인간이 지녀야 할 반듯하고 말짱한 마음가짐이었지만, 맹자가 생각하는 인(仁)은 어떤 억울한 일을 당해도 절대로 남을 원망하지 않

고 모든 것을 자기 잘못이라며 자책하고 움츠러드는 자학으로 병든 마음가짐이다. 예를 들면 이런 것이다:

> 맹자가 이렇게 말했다. "군자는 사람들과 다른 점이 있는데, 마음에 담아두는 것이 있기 때문이다. 군자는 인(仁)을 마음에 담아두고, 예(禮)를 마음에 담아둔다. 어진 자는 사람을 사랑하고, 예의 있는 자는 사람을 존경한다. 사람을 사랑하는 자는 사람들이 언제나 그를 사랑하게 되고, 사람을 존경하는 자는 사람들이 언제나 그를 존경하게 된다. 이럴진데 사람들이 나에게 행패를 부린다면 군자는 반드시 스스로 반성하여 '내가 필시 어질지 못했고 예의가 없었구나. 어찌 이런 일이 일어난단 말인가'라고 생각한다. 자기 반성을 해봐도 어질었고, 예의가 있었는데도 상대가 행패를 부리면 군자는 반드시 '내가 불충했나 보다'라고 여기고 반성한다. 자기 반성을 해봐도 충직했는데 상대가 행패를 부리면 군자는 '망녕된 자로군. 금수와 다를 바 없네. 금수를 어찌 꾸짖겠는가'라고 한다. 이런고로 군자는 평생 스스로의 행동을 고민하니(終身之憂) 하루 나절의 근심거리는 없다."[22]

평생 스스로의 행동을 고민하는 것이 인(仁)이며 예(禮)라고 믿는 맹자는 자책과 고민의 모범이라면서 순임금을 내세운다:

"어떻게 고민할 것인가? 순임금처럼 하면 된다."[23] 부모형제가 자신에게 저지르는 끔찍한 악행을 불평 없이 감수하고 혼자서 울분을 삭이며 친밀한 사랑(親親)으로 대응하고자 평생을 고민했다고 맹자가 상상하는 바로 그 인물이다.

공자는 예의 바른 몸가짐을 설명하면서 활 쏘기를 예로 든 적이 있다. 군자는 싸우지 않지만, 싸워야 한다면 활쏘기 할 때처럼 예의를 갖추어 싸운다는 내용이었다.[24] 이 구절은 인(仁)에 관한 구절이 아니라 제대로, 본격적으로 싸우는 방법을 설명한 구절이었다. 그러나 맹자는 이 구절마저도 인(仁)과 연결지으면서 인(仁)을 자책과 자기 비판, 자기 수양의 윤리로 뒤틀어서 제시한다:

> 맹자는 이렇게 말했다. "인(仁)은 활쏘기와 같다. 활 쏘는 사람은 자기 자신을 올바르게 한 다음에야 쏜다. 쏘았는데 맞지 않으면 나를 이긴 자를 원망하는 것이 아니라 자기 자신을 돌이켜 반성할 뿐이다."[25]

오로지 "내 탓이오"라면서 자신을 채찍질하고 자책하며 끝없이 고민(憂)하고 반성하는 것이 인(仁)이라는 생각은 맹자의 것일 뿐, 공자가 강조한 용기 있고 과감한 윤리적 결기(仁)와는 무관하다.

실제로 논어에는 이유 없는 자기 비판과 자책에 빠져들어

위축되지 말라는 구절이 있다. "군자는 고민하지 않고 두려워하지 않는다"는 구절이 바로 그것이다. 이 구절이 어떤 맥락에서 나오는지 이해할 필요가 있다. 공자의 제자 사마우는 자기 형 사마환퇴가 공자를 암살하려 시도하는 등 온갖 패악질을 저지르자 형 때문에 심각하게 위축되고 고민에 빠진다. 이런 상황에서 사마우는 공자에게 '군자'는 어떠해야 하는지를 물어본다. 사마우가 왜 그 질문을 하는지 훤히 꿰뚫어 본 공자는 다음과 같이 대답하며 사마우를 격려했다.

> 사마우가 군자에 대하여 질문하자 선생님이 이렇게 말했다. "군자는 고민하지 않고 두려워하지 않아." "고민하지 않고 두려워하지 않는 것이 군자라고요?" 하며 사마우가 되묻자 선생님이 이렇게 말했다. "자신을 반성해서 나쁜 점이 없으면 고민하고 두려워할 이유가 어디 있겠나?"[26]

형의 악행에 자신이 기여한 바 없으면, 패륜적 형 때문에 자신이 위축되거나 고민에 빠질 필요가 없다는 말이다. 사마우가 공자의 격려에 용기를 얻어 형님과의 연을 아예 끊겠다고 단호하게 선언하는 구절이 바로 이어 나온다. 그러자 공자의 제자 자하(子夏)도 사마우를 격려하면서, 세상을 향해 올바르게 살아가면 온 세상 사람이 모두 형제이니 혈연관계에 발목 잡혀 자책하거나 고민(憂)하지 말라고 위로하는 대화가 논어에

수록되어 있다는 점은 앞서 설명했다.[27]

공자의 가르침에는 자기 반성을 촉구하는 내용도 물론 포함되어 있지만[28], 공자가 말한 인(仁)은 무엇보다도 불의와 악행을 단호히 배격하고 올바른 선택과 행동을 하는 데 필요한 굳세고 강인한 용기와 단호한 '윤리적 힘', 윤리적 결기를 뜻하는 말이었다. 그러나, 맹자가 상상하는 인(仁)은 비판의 눈길과 방향을 오로지 자기의 허물로 향하도록 조준함으로써 평생 자신의 내면만을 끝없이 성찰하고 고민하면서 오그라들고 주저 앉도록 만드는 자책과 억압의 이데올로기이다.

맹자가 떠받드는 예법(禮)

맹자는 논어에 나오는 몇 가지 개념을 거창한 어조로 일반화하여, 대칭적인 문장 구조를 채택하여 웅변조로 이야기하기를 좋아했다. 다음 문장도 그런 사례 중 하나다:

> 인(仁)의 실체는 부모를 모시는 것이고, 의(義)의 실체는 형에게 복종하는 것이다. 지혜(智)의 실체는 이 둘을 알고(知) 어기지 않는 것이며, 예(禮)의 실체는 이 둘을 규칙화하여 세련되게 만든 것이다. 악(樂)의 실체는 이 둘을 즐기는 것이다.[29]

그럴듯하게 들릴지는 몰라도, 자세히 뜯어보면 "부모를 모시고 형님께 복종하라(事親從兄)"는 내용을 한껏 멋을 부려 여러 번 적은 것에 불과하다. 이것이 바로 맹자가 말하는 인의예지(仁義禮智)의 실체다. 그런데, 모시고 복종해야 한다는 부모와 형의 대표적 사례로 맹자가 거듭 내세우는 자들은 상습 살인범, 강간 미수범과 같은 자들이므로, 유창한 언설로 맹자가 길게 적은 인의예지에 관한 구절들은 사악한 아버지와 패륜적 형님일지라도 무조건 모시고 복종하고 사모해야 한다는 맹자의 독특한 친친(親親) 사상에 기반하고 있고, 가족 관계에 발목이 잡혀 윤리적 판단 능력이 마비된 상태를 미화하고 예찬하는 효(孝) 절대주의 사상을 박력 있는 문장력으로 포장한 것에 불과하다.

복종(從)과 순종(順)[30]과 공손함(恭)을 유난히 강조하는 맹자는 예법(禮)에 대해서도 공자와는 매우 다른 입장을 취한다. 맹자는 공손한 마음가짐이 곧 예(禮)라고 단순하게 생각했지만[31], 예법과 공손함이 단순한 문제가 아니라는 점은 논어에 거듭 설명되어 있다. 공손하기만 하고 예법을 따르지 않으면 그저 고생스러울 뿐(8.2)이고, 듣기 좋은 말과 보기 좋은 낯으로 아주 공손하게 구는 것은 수치스러운 일이며(5.25), 공손함이 예법에 어긋나면 치욕을 자초하게 된다(1.13)는 구절은 앞서 이미 소개했다.[32] 맹자는 논어에 수록된 이런 내용을 오해한 나머지 다음과 같은 주장을 펴고 있다.

"옛날 제나라 경공이 사냥터에서 새털로 장식된 깃발(旌)을 소환 징표로 삼아 사냥터 관리인을 불렀더니 오지 않았다. [소환 명령을 거역한] 사냥터 관리인은 처형될 처지에 놓였다. 의지가 굳은 선비는 도랑이나 계곡에서 최후를 맞이하게 될 수 있다는 것을 잊지 않는다. 용기 있는 선비는 머리가 잘려 나갈 수 있다는 것을 잊지 않는다. 공자는 여기서 무엇을 취했는가? 초대가 제대로 되지 않으면 가지 말아야 한다는 점을 취한 것이다."[33]

만장이 이렇게 질문했다. "감히 묻건대 사냥터 관리인은 어떻게 소환해야 합니까?"

"가죽모자를 소환 징표로 사용했어야 한다. 일반인을 소환할 때는 무늬 없는 깃발(旃)을 사용하고, 선비를 부를 때는 용이 그려진 깃발(旂)로, 대부는 새털로 장식된 깃발(旌)을 소환 징표로 삼아 소환해야 한다. 대부를 소환할 때 사용하는 소환 징표로 사냥터 관리인을 오도록 불렀기 때문에 사냥터 관리인은 처형당하는 한이 있어도 감히 소환에 응하지 않은 것이다. 선비를 소환할 때 사용하는 소환 징표로 일반인을 소환하면 일반인이 어찌 감히 올 수 있겠느냐?"[34]

제후가 사냥터 관리인을 부를 때 가죽 모자를 소환 징표로 사용해야 하는지 장식된 깃발을 소환 징표로 사용해도 되는지

등의 문제는 외형적인 (눈에 보이는) 격식과 절차인 의전 예법에 해당한다. 찬란하고 질서 정연한 의전 예법은 통치권력과 지배체제의 위계질서를 시각적으로 각인시켜주는 것이므로 물론 중요하다. 하지만, 사냥터 관리인을 부를 때 깃털 달린 깃발을 사용해도 되느냐 가죽모자를 사용해야 하느냐와 같은 지엽말단에 위치한 의전 격식과 절차에 목을 거는 것이 과연 공자가 생각한 예법(禮)이었던가? 예법에 맞지 않게 공손하게 굴면 치욕을 자초할 뿐이라는 논어의 구절을 맹자는 도무지 어떻게 오해했기에 깃발이냐 가죽모자냐 하는 격식과 절차에 목숨을 거는 것이 예법이라고 믿게 되었는지 궁금할 따름이다.

공자가 소중하게 여긴 예법은 이런 외형적인 격식과 절차가 아니었다. 다음 구절은 몇 번이라도 반복할 가치가 있다:

선생님이 이렇게 말했다. "예법(禮), 예법(禮) 그러는데, 내가 무슨 옥이나 비단 이야기 하는 줄 아느냐?"[35]

남들이 지켜보는 상황에서 지켜야 하는 의전, 제사, 예식의 격식과 절차는 모두 "옥이나 비단 이야기"일 뿐이다. 가죽모자니 깃발이니 하는 것도 마찬가지다. 기껏 해야 "옥이나 비단 이야기"에 지나지 않는 것에 사람의 목숨을 거는 짓을 맹자는 예법의 핵심이며 군자의 도리라고 믿었겠지만,[36] 이런 태도는 공자의 가르침과는 거리가 멀다. 예법을 지킨다면서 함부로 사

람 목숨을 가벼이 여기는 불경스러운 태도(爲禮不敬)는 오히려 공자가 경멸해 마지 않았다.[37]

맹자는 논어 구절을 이것 저것 언급하며 논어의 권위에 기대지만 정작 해당 구절의 정확한 뜻이나 맥락은 이해하지 못하고 오히려 정반대되는 뜻으로 논어의 구절을 끌어다 대는 경우가 있는데, 여기서도 그런 사례가 발견된다. "의지가 굳은 선비(志士)"와 "용기가 있는 선비(勇士)"를 거론하는 맹자의 구절은 실은 논어에 수록된 몇 구절이 어지럽게 재편성된 것이다. 맹자는 자기가 끌어다 대는 논어의 구절이 인(仁)에 관한 것인지, 예법(禮)에 관한 것인지도 이해하지 못한 채 아무렇게나 마구 뒤섞은 다음 황당무계한 결론을 내린다. 그 과정을 이하에서 파헤쳐본다.

공자는 인(仁)에 대해 설명하면서 이렇게 말한 적이 있다:

의지가 굳은 선비(志士), 윤리적 결기가 있는 사람(仁人)은 목숨을 부지하려고 윤리적 결기를 훼손하지 않아. 오히려 목숨을 바쳐서 윤리적 결기를 완성하지.[38]

그러나 맹자는 "인(仁)"을 윤리적 결기로 이해한 것이 아니라 가족 친지에 대한 무비판적이고 무조건적인 사랑(親親), 무슨 일이건 자기 잘못이라고 자책하며 평생 고민(憂)하는 소극적 마음가짐을 뜻한다고 믿었기 때문에, '목숨을 바친다'는 내용이 포함된 이 구절이 윤리적 결기에 관한 것이라는 점을 이해할 수는 없었다. 그 대신 그는 이 구절을 의전 예법 준수에 목을 걸어야 한다는 자신의 독특한 예법(禮) 이론을 뒷받침하는 데 사용하게 된다.

공자는 또한 "윤리적 결기가 있는 사람은 반드시 용기가 있지. 하지만 용감한 자(勇者)라고 해서 반드시 윤리적 결기가 있는 것은 아냐"라는 말도 했고 이것 역시 인(仁)에 관한 구절이었다. 하지만, 맹자는 이 구절에 언급된 "용감한 자(勇者)"라는 말과 앞서 소개한 구절에 나오는 "지사인인(志士仁人)"이라는 부분을 재편성하여 "지사(志士)"와 "용사(勇士)"로 시작하는 두 문장을 만들어 (윤리적 결기와는 아무 관련도 없는) 지엽 말단의 의전 예법(禮)에 관한 자신의 주장을 펴는 데 다음과 같이 사용한다:

> 의지가 굳은 선비(志士)는 도랑이나 계곡에서 최후를 맞이하게 될 수 있다는 것을 잊지 않는다.
> 용기 있는 선비(勇士)는 머리가 잘려 나갈 수 있다는 것을 잊지 않는다.

용기 있는 자는 목숨을 잃는 것을 두려워하지 않을 것이라는 생각 자체는 틀린 게 아니다. 그러나 '무엇'을 지키려고 목숨을 거느냐 하는 것이 제일 중요한 부분일 터인데, 바로 여기서 맹자는 치명적 오해를 범한다. 의지가 굳고 용기가 있는 선비의 죽음과 관련하여 맹자가 "도랑이나 계곡(溝壑)"을 언급한 것은 아마도 논어에 수록된 관중(管仲)에 관한 다음 구절을 맹자가 그 맥락을 모르고 어렴풋이 기억했기 때문일 것이다. 이 구절 역시 윤리적 결기에 관한 것이지 예법에 관한 구절이 아니었다. 공자의 제자들은 관중의 윤리적 결기(仁)에 대하여 의문을 제기하면서, 관중은 자신이 섬기던 규(糾)가 살해되었을 때 자결했어야 하는데 그럴 용기가 없었으니 윤리적 결기가 없었던 것이 아닌가라고 질문했지만, 공자는 윤리적 결기를 그렇게 교조적으로 편협하게 이해하면 안 된다고 지적하며 이렇게 말했다:

> 필부들처럼 소갈머리 없이 자결했어 봐, 그 시체가 도랑에 뒹굴어도(自經於溝瀆) 아무도 알아보지 못했을 것 아니겠나.[39]

윤리적 결기를 들먹이며 함부로 목숨을 거는 것은 <u>옳지 않다</u>는 뜻을 전달하고자 공자가 거론한 것이 바로 시체가 도랑(溝瀆)에 뒹구는 상황이었다. 그러나 맹자는 이 구절이 무엇에 관한 구절이었는지 이해 못 했을 뿐 아니라, 함부로 목숨을 내던지는 것은 바람직하지 않다는 뜻을 담은 구절이었다는 점도 이해하지 못했다. 그 결과로 맹자는 사냥터 관리인의 머리가 잘려 "도랑이나 계곡(溝壑)"에 나뒹구는 사태를 마치 바람직한 것처럼 거론하면서, 의지가 굳고 용기가 있는 선비는 윤리적 결기와는 아무 상관도 없는 상황에서 가죽모자냐 깃발이냐 하는 지엽말단의 의전 예법 준수에 목을 걸고 목숨을 내던져야 한다는 기이한 주장을 펴고 있다.

외형적, 전통적 예법에 대해서 공자는 유연한 입장이었다 (시대의 변화에 따르거나, 주머니 사정에 따르거나). 관례(冠禮)에는 반드시 삼베로 된 치포관을 써야 한다느니, 장례를 제대로 치루려면 겹관은 반드시 해야 한다는 따위의 고지식한 입장을 꼬장 꼬장하게 고집했던 사람이 아니었다. 공자가 정말 귀중하게 여겼던 예법은 옥이나 비단, 치포관, 겹관, 가죽모자 등과 같은 외형적 격식과 절차로서의 예법이 아니라, 누가 지켜보건, 지켜보지 않건 지위 고하를 막론하고 누구나 언제나 지켜야 하는 행동 규범으로서의 예법이었다. 예법(禮)에 맞지 않으면 보지도, 듣지도, 말하지도, 움직이지도 말라는 공자의 말은 옥이나 비단, 가죽모자나 겹관 따위에 목을 매고 목숨을 던지라는 뜻이 아니었다. 군자가 문물을 폭넓게 배워 "예법으로 자신을 제약한다면(約之以禮)" 선을 넘지는 않을 거라는 공자의 말은 제후나 귀족들의 주된 관심사였던 의전 예법, 제사 예법에 모든 사람들의 코가 꿰이도록 하겠다는 뜻이 아니었다. 지위고하를 막론하고 인간이라면 반드시 지켜야 하는 올바른 행동 규범, 윤리 규범으로서의 예법(禮)을 스스로 지켜야 한다는 뜻이었다. 더 나아가, 윤리 규범으로서의 예법에 어긋나는 부정의한 국법이나 공권력 행사에 대해서는 용기 있게 저항하고, 필요하다면 목숨을 바쳐서라도 윤리적 결기(仁)를 완성해야 한다는 힘찬 가르침이었다. 하지만 맹자는 공자가 특히 강조했던 예법의 의미가 무엇이었는지 전혀 이해하지 못한 나머지, 고작 가죽모자나 깃발 따위의 사소한 격식과 지엽 말단의 절차 준수에 목숨을 거는 것이 예법이고, 군자의 도리라고 오해한 것이다.

형이상학적 상상세계

맹자는 인간의 본성(性)이 선(善)하다는 (아무도 입증할 수도, 반증할 수도 없는) 형이상학적 주장을 길게 편 것으로 유명하다. 인간은 모름지기 선량하게 행동해야 한다는 실천적 가르침은 무슨 대단한 논란거리가 될 여지가 없다. 그러나 선량하게 행동해야 한다는 윤리적 실천의 문제를 인간 '본성'이 선하다, 선하지 않다 또는 선하지도 악하지도 않다는 등의 형이상학적 확신을 담은 진술과 마구 뒤섞을 경우에는[40], 감당할 수도 없고 아무 소득도 없는 논란의 불을 지피는 결과를 낳는다. 맹자는 또한 동정심, 부끄러움, 존경심, 호기심과 같은 인간의 기본적인 심성이나 감정이 가지는 잠재적 가능성에 대한 자신의 직관적이고 자의적인 주장과 상상을 인의예지(仁義禮智)라는 거창한 개념으로 포장하여 제시하기도 했다.

그러나 맹자의 논의는 지극히 관념적인 경우가 많을 뿐
아니라, 때로는 신비주의적 상상의 세계 속에 진입하여 아무
도 알아들을 수 없는 말을 쏟아내는 것 같은 인상을 주기도 한
다. 예를 들면 이런 것이다.

> 백이(伯夷)는 청렴한 성자였고, 이윤(伊尹)은 어떤 임무도
> 거절하지 않은 성자이며, 유하혜(柳下惠)는 인화력이 좋은
> 성자였고, 공자는 적절한 시점을 잘 판단한 성자였다. 공자
> 는 여러가지를 모아 크게 이룬 자였다. 여러가지를 모아 크
> 게 이루었다는 것은 쇠종의 소리와 옥경의 떨림을 말한다.
> 쇠종 소리는 여러 이치의 시작을 뜻하며, 옥경의 떨림은 여
> 러 이치의 끝을 말한다. 여러 이치의 시작은 지혜를 뜻하
> 며, 여러 이치의 끝은 성스러움을 뜻한다. 지혜는 기술에
> 비유할 수 있고, 성스러움은 힘에 비유할 수 있다. 100보의
> 거리에서 활을 쏠 경우, 과녁에 도달하는 것은 힘이지만,
> 적중하는 것은 힘으로 되는 것이 아니다.[41]

쇠종의 소리와 옥경(玉磬)의 떨림이 온갖 이치(理)의 시작이고
끝이라는 맹자의 언설에 대하여 이른바 성리학의 대가인 주자
는 해설을 길게 적고 있다. 그러나 사람들이 대체로 가지고 있
는 상식에 비추어 봤을 때 쇠의 소리와 옥의 떨림에 관한 맹자

나 주자의 장황한 말이 과연 무슨 의미나 가치가 있는지는 의문이다. 경전 해석이 곧 배움(學)이라고 믿고 있는 많은 '학자'들 또한 쇠의 소리와 옥의 떨림에 대하여 이런 저런 주석을 달고, 문집을 내고, 온갖 심오한 의미를 부여하면서 갖은 이치를 궁구해 보았겠지만, 윤리적 결기를 가지고 올바르게 살아가는 데 쇠 소리와 옥 떨림의 '이치'가 무슨 소용이 있었는지는 의문스럽기 짝이 없다.

실천 윤리 문제와 형이상학적 확신을 어지럽게 뒤섞어 버무린 맹자의 저술에 대하여 오랜 세월 동안 무수히 많은 총명한 인재들이 이치(理)와 기질(氣)에 대한 심오한 이론과 반론, 횡설(橫說)과 수설(竪說)을 제기하는 동안[42] 정작 중요한 두 가지 점은 간과되었다. 첫째는, 공자가 말한 인(仁)은 맹자의 해석을 통하여 윤리적 결기와는 무관한 개념으로 변질되었다는 것이고, 둘째는, 제사, 의전, 예식 예법에 구애되지 말라는 공자의 가르침("내가 옥이나 비단 이야기 하는 줄 아느냐?")은 맹자의 손에서 정반대로 뒤집혀 가죽모자니 깃발이니 하는 의전 격식과 절차에 목숨을 거는 것이 예법이며, 군자의 도리라는 끔찍한 오해가 암세포처럼 자라나기 시작했다는 사실이다.

공자가 말한 인(仁)은 인간이 가져야 할 '반듯한 마음가짐', '말짱한 마음가짐'이며, 죽음을 두려워 않고 불의와 부정의에 용감하게 맞서는 강인하고 단호한 윤리적 결기였다. 하지만, 맹자는 가족에 초월적 의미를 부여함으로써 절대로 빠

저나올 수 없는 블랙홀을 만들고 그 속에 매몰되어 일체의 판단 기능이 마비된 채 맹목적 가족 감싸기로 일관하는 것이 인(仁)이라고 생각했고(親親仁也), 모든 것을 자기 잘못이라며 끝없이 자책하고, 고민하고 자학하는 병든 마음(終身之憂)을 인(仁)이라고 오해했다. 열린 마음으로 세상 사람을 모두 형제처럼 대하고, 불의와 부정의에 저항하며 더 나은 세상을 만들기 위해 윤리적 결기와 용기를 가지고 강단 있게 행동하는 것이 아니라, 가족이라는 편협한 울타리 안에 갇혀 부모와 형님께 절대 복종하고 평생 자책하면서 케케묵은 옛날의 의전 격식과 제사 예법 준수에 거침없이 목숨을 거는 것이 '용기 있는 선비의 도리'라는 맹자의 독특한 사상은 두고두고 많은 이들에게 엄청난 고통을 안겨준 불행한 것이었다.

제6장 주석

1 史記, 孟子荀卿列傳 2 (受業子思之門人)

2 荀子, 非十二子 7

3 離婁下 22 (予未得為孔子徒也 予私淑諸人也)

4 公孫丑上 6

5 人皆有所不忍, 達之於其所忍, 仁也. (盡心下 31)

6 仁者以其所愛及其所不愛, 不仁者以其所不愛及其所愛. (盡心下 1)

7 盡心上 35, 萬章上 2 제3장 142-147면 참조.

8 萬章問曰:「舜往于田, 號泣于旻天, 何為其號泣也?」孟子曰:「怨慕也. …
   大孝終身慕父母. 五十而慕者, 予於大舜見之矣.」(萬章上 1)

9 象日以殺舜為事 (萬章上 3)

10 仁人之於弟也, 不藏怒焉, 不宿怨焉, 親愛之而已矣. 親之欲其貴也,
   愛之欲其富也. 封之有庳, 富貴之也. 身為天子, 弟為匹夫, 可謂親愛之乎?
   (萬章上 3)

11 子曰:「弟子入則孝, 出則弟, 謹而信, 汎愛眾, 而親仁. 行有餘力, 則以學文.」
   (學而 1.6)

12 孟子曰:「君子之於物也, 愛之而弗仁; 於民也, 仁之而弗親. 親親而仁民,
   仁民而愛物.」(盡心上 45)

13 四海之內, 皆兄弟也 (顏淵 12.5)

14 離婁上 28, 盡心上 35

15 이 문제에 대한 기존 학자들의 논의는 맹자와 공자 간의 차이점을 이해하지
   못한 채로 진행되고 있다. 강남, "유가「親親相隱」윤리 논쟁에 관한 재고찰",
   성균관대학교 석사학위 논문 (2015); 박례경, "규범의 근거로서 친친(親親)
   존존(尊尊)의 정당화 문제", 동양철학연구, 제54권 (2008); 강봉수,
   "맹자윤리학에서 도덕적 가치갈등의 해결", 윤리연구 제115권 (2017) 등 참조.

16 盡心上 15, 告子下 3

17 君子之澤五世而斬, 小人之澤五世而斬 (離婁下 22)

18 里仁 4.6, 公冶長 5.26 참조.

19 泰伯 8.10, 里仁 4.6

20 公冶長 5.25

21 或曰:「以德報怨, 何如?」子曰:「何以報德? 以直報怨, 以德報德。」(憲問 14.34)

22 離婁下 28

23 憂之如何? 如舜而已矣 (離婁下 28)

24 八佾 4.7

25 公孫丑上 7

26 司馬牛問君子。子曰:「君子不憂不懼。」曰:「不憂不懼, 斯謂之君子已乎?」子曰:「內省不疚, 夫何憂何懼?」(顏淵 12.4)

27 제3장 149-150면 참조. 顏淵 12.5

28 예를 들어, 지위가 없음을 근심하기보다는, 일어설 준비가 스스로 되었는지를 근심하고, 사람들이 몰라주는 것을 근심하기보다는 사람들이 알아줄 만한 일을 해내려 노력하라는 里仁 4.14 참조(不患無位, 患所以立; 不患莫己知, 求為可知也)

29 仁之實, 事親是也; 義之實, 從兄是也。智之實, 知斯二者弗去是也; 禮之實, 節文斯二者是也; 樂之實, 樂斯二者 (離婁上 27)

30 滕文公下 2(순종하는 것이 옳다고 여기는 것이 아내와 첩의 도리이다; 以順為正者, 妾婦之道也); 離婁上 28 (아비에게 순종하지 않으면 아들이 될 수 없다; 不順乎親, 不可以為子)

31 告子上 6 (恭敬之心, 禮也)

32 제2장 98면 이하 참조.

33 萬章下 7 같은 귀절이 滕文公下 1에도 있다.

34 萬章下 7

35 陽貨 17.11

36 사냥터 관리인을 소환할 때 준수해야 할 의전 예법을 설명하면서 맹자는 "義는 도로(路)고, 禮는 출입문(門)"이라는 詩經 귀절을 인용해 가며 군자와 소인의 도리를 거론하고 있다.

37 八佾 3.26

38 衛靈公 15.9

39 豈若匹夫匹婦之為諒也, 自經於溝瀆, 而莫之知也。(憲問 14.17)

40 告子上 참조.

41 萬章下 1

42 이 유명한 이론 투쟁의 얼개에 대해서는 이승환,『횡설과 수설-400년을
이어온 성리 논쟁에 대한 언어분석적 해명』(휴머니스트, 2012) 참조.

제7장

유가사상에 대한
공격과 탄압

윤리적 판단의 독자성과 주체성 ───────────

굳세고(剛) 단호한(毅) 윤리적 결기, 죽음을 두려워하지 않는 올바른 용기를 거듭 강조한 공자의 가르침은 국가와 공권력에 대한 거침없는 비판과 저항으로 직결될 수 있다. 제도화된 강제력으로 뒷받침되는 국법의 권위와 위세를 단호하게 무시하고, 오직 자신의 윤리적 결기에 따라 살겠다는 마음가짐은 다음 구절에서도 엿볼 수 있다. 국법 질서가 자신의 윤리적 기준에 비추어 옳지 않다고 판단될 경우에는, 국법 질서를 따르기보다는 옳음을 따르겠다는 선언이다:

> 선생님이 이렇게 말했다. "군자는 온 세상을 향해서 간다. 꼭 이래야 하는 것도 없고 이러면 안 된다는 것도 없다. 옳음이 그와 함께 간다."[1]

어느 한 제후국이 아니라, "온 세상(天下)을 향해 간다"는 말은 특정 제후국의 제도나 법률 또는 풍습에 구애받거나 좌우되지 않겠다는 말이다. 어느 한 나라의 법과 제도와 풍습이 마치 궁극인 것처럼 떠받들고 거기에 속박되는 것이 아니라, 그 나라를 넘어서서 온 세상을 상대하고 온 세상에 통용되는 보편적 윤리 규범에 따라 행동하겠다는 뜻이다.

　　여러 제후국을 여행하면서 각 제후국의 고유하고 다양한

문화와 법제도를 접했던 공자와 그 제자들에게 이런 생각은 어쩌면 자연스러운 것일 수 있다. "문물을 폭넓게 배우고 예법 (禮)으로 자신을 제약하는" 군자라면 선을 넘지 않을 것이라는 공자의 말도 바로 이 뜻이다.[2] 문물(文)은 법제도도 물론 포함하는 것이며, 폭넓게(博) 문물을 배운다는 뜻은 여러 제후국의 문화와 제도, 법 규범에 대한 해박한 견문을 쌓는다는 뜻이다. 예법은 어느 한 나라의 법 규범이 아니라 모든 나라에 통용될 만한 윤리 규범을 말하며, 남이 지켜보는 상황에서 지켜야 하는 제사, 의전, 예식 예법, 즉, 옥이나 비단 이야기가 아니라, 누가 보건 안 보건 지위 고하를 막론하고 누구나 언제나 지켜야 하는 윤리 규범, 행동 규범이라는 점도 앞서 설명했다.[3]

"꼭 이래야 한다는 것도 없고, 이러면 안 된다는 것도 없다 (無適也 無莫也)"는 말은 특정 국가의 제도나 법령 또는 대중의 여론이나 압박에 구애받지 않고 독자적으로 사고하고 독립적으로 판단하겠다는 뜻이다. 국법 절차에 따라 '범죄자'로 확인되어 실형을 살고 나온 공야장에 대해서 그 사람 잘못이 아니라면서, 공자는 오히려 그를 높이 평가하고 사위로 삼았다는 구절은 이미 소개했다.[4] 이 구절은 이어지는 구절과 대비하면서 그 뜻을 좀 더 살려낼 필요가 있다:

선생님이 공야장에 대해서 이렇게 말했다. "사위로 삼을 만해. 비록 감옥살이를 했지만 그 사람 죄가 아니야." 선생님

은 딸을 공야장에게 시집보냈다.[5]

선생님이 남용(南容)에 대해서 이렇게 말했다. "나라가 제대로 굴러갈 때는(邦有道) 관직을 잃지 않았고, 나라가 엉망일 때도(邦無道) 처형되거나 곤욕을 치르지 않았어." 선생님은 질녀를 남용에게 시집보냈다.[6]

'제대로 굴러가는 나라'는 과연 어떤 나라일까? 여러 설명이 가능하겠지만, 적어도 형벌이 적중하는 나라일 거라는 점은 분명하다. 처벌받아야 할 자들이 제대로 처벌받고, 처벌받아서는 안 될 자들은 처벌되지 않는 것이 바로 형벌이 적중하고 적정하게 실행되는(刑之中) 상황이다. 제대로 굴러가는 나라에서 공야장이 처벌받았다면 공자가 공야장을 좋게 볼 이유는 없었을 것이다. 공야장의 감옥살이는 나라가 엉망으로 되어 형벌이 빗나가는 상황에서 벌어진 일이라는 점은 분명하다. 칭찬받고 높이 대우받아야 할 자가 오히려 처벌받는 상황, 비열하고 천박한 것들이 권력을 장악하고 사법 제도를 악용하여 고귀한 사람을 '범죄자'로 낙인 찍고 조리돌림을 하고 형벌을 가하는 상황, 이것이 바로 나라가 엉망이 된 상황이다. 가까운 예도 물론 있지만, 유명한 과거의 예를 들자면 기원전 399년 무렵 아테네를 장악하여 정치 권력과 사법제도를 주무르던 자들은 소크라테스를 불온하고 위험한 범죄자로 판결하고 사형시켰다. 형벌권이 저열한 것들의 손아귀에 놓이게 되면 재판 절차와 사법 제도는 흉기로 변하고 말짱한 사람이 범죄자로 몰려서 처벌되거나 멸문지화를 당할 위험에 놓이게 된다는 점은 우리가 생생히 목격한 바이기도 하다.

공야장이 관직에 있었는지에 대한 언급은 논어에 없다. 반면에 남용은 나라가 제대로 굴러가는 동안에는 관직에도 올랐고, 나라가 엉망일 때는 나름 처신도 잘해서 형벌이나 치욕을 면했던 사람임을 알 수 있다. 이런 남용보다는, 나라가 엉망일 때 올바르고 용기 있게 행동하다 범죄자로 몰려 실형을 살고 나온 공야장을 공자가 더 높이 평가했다는 점을 논어의 편찬자는 굳이 독자에게 알리고 싶었던 것이 분명하다.

독립적 사고와 독자적 판단의 중요성은 다음 구절에서도 거듭 강조되고 있다:

> "마을 사람들 모두가 좋아하는 사람이 되는 건 어떤가요?"라고 자공이 묻자 선생님이 이렇게 대답했다. "아직 아니야." "마을 사람들 모두가 미워하는 사람이 되는 건 어떤가요?"라고 묻자 선생님이 이렇게 말했다. "아직 아니야. 마을 사람 중 선량한 사람들이 좋아하고 나쁜 것들이 미워하는 사람이 더 낫지."[7]

줏대 없이 여론에 좌우되어서는 안 되고 스스로의 판단 기준이 있어야 한다는 뜻인 것 같다. 그러나 마을 사람들 중 누가 선량하고 누가 나쁜지는 과연 '누가' 판단하는가? 이장님의 판단을 따르라는 뜻은 물론 아닐 것이다. 이장님이나 공권력은 법적, 제도적 판단을 내릴 수는 있겠지만, 나의 윤리적 판단을 대신해줄 수는 없다. 이장님이나 검사, 판사, 대법관이 내린 판단과 판결을 수긍할 것인지, 아니면 그놈들이야말로 진짜로 나쁜 놈들이라고 배척할 것인지는 '누가' 결정하고 판단할 것인가? 공자님의 판단을 따르라는 뜻일까? 아니면 맹자처럼 부모님과 형님께 절대 복종하고 나머지는 모조리 '내 탓이오'라면서 근심과 고민을 평생 끌어안고 자책하며 자기 수양이나 하며 조용히 기다리고 있으라는 뜻일까?[8]

배워야 하는 이유

공자의 대답은 간단하다. 많이 듣고(多聞) 많이 보고(多見) 배워서 스스로 판단하라는 것이었다. 학교를 가고 학위를 따야만 배우는 것은 아니다. 책을 읽어야만 배우는 것도 아니다. 책은 많이 읽었어도 행동과 판단은 엉망인 사람이 수두룩하다. 눈과 귀를 열고 겸허한 자세와 깨어 있는 마음가짐으로 견문을 넓히고 경험을 쌓음으로써 배우게(學) 된다. 경험도 견문도 없는 '못 배운' 상태에서 책에 적힌 내용에만 집착하여 그것이 진리인 양 고집하면 끔찍한 결과를 낳을 것이다.

법적 판단은 판사가 하는 것이지만, 윤리적 판단은 누구도 대신해줄 수 없다. 바로 그렇기 때문에 배워야 하고, 배워서 깨달아야 한다. 공자의 사상체계에서 배움이 근본적 중요성을 가지는 이유가 여기에 있다. 공자의 가르침은 국법이나 스승의 말을 따르라는 것이 아니라, 온 세상에 보편적으로 통용될 만한 윤리적 규범, 즉, 예법에 따라 행동하고 예법에 어긋나는 국법이나 공권력 행사에 대해서는 단호하게 그리고 현명하게 저항하고 개선하라는 것이었기 때문이다:

> 선생님이 이렇게 말했다. "법도에 맞는 말을 따르지 않을 수 있겠나? 하지만 그것을 개선하는 것이 더 소중하지. […] 법도를 따르기만 하고 개선하지 않는 자들은 도무지 어찌해야 할지 모르겠네."[9]

공자의 가르침이 법제도나 공권력의 결정을 따르고 복종하라는 것이었다면 굳이 배울 필요가 없다. 하라는 대로 하면 되기 때문이다. 애초에 윤리적 결기니, 강단이니, 용기를 거론할 필요도 없었을 것이다. 공권력에 순종하고, 부모와 형님에게 복종하는 데 용기나 결기가 필요한 것은 아니다. 충분히 비겁하면 순종에 어려움이 없다.

물론, 많은 경우에 국법과 예법은 일치하고 이런 행복한 상황에서는 국법을 지키는 것이 곧 예법을 따르는 것이 된다. 이처럼 정부의 공권력 행사가 윤리적으로 정당한 상황(나라가 제대로 굴러가는 상황)은 모두가 희망하는 것이기도 하다. 국법을 지키는 것이 곧 윤리적으로 정당한 이런 상황이 바로 예법이 온 나라를 지배하는 궁극의 경지이며 예악(禮樂)이 흥한 나라의 모습이다.

하지만, 공권력 행사가 윤리적으로 정당하게 이루어지는지 그렇지 않은지에 대한 판단 자체가 윤리적 판단이며, 이 윤리적 판단은 국가가 나를 대신하여 해줄 수 있는 것이 아니다. 윤리적 판단과 선택은 오직 자신이 해야 하고, 그렇기 때문에 배워 깨달아야 하고, 배우지 않으면 올바른 윤리적 선택과 판단을 할 수 없다. 윤리적 결기를 좋아하되 배우기를 좋아하지 않으면 멍청한 선택을 하게 된다는 공자의 말은 이미 소개했다.[10]

윤리적 판단은 오로지 자신의 몫이라는 점은 다음 구절에서도 강조되어 있다:

선생님이 이렇게 말했다. "배우기는 같이 배워도 올바른 길로 나아가는 것은 같이 못 할 수 있어. 올바른 길로 같이 나아가긴 하더라도 성공은 같이 못 할 수 있어. 성공은 같이 하더라도 사안의 경중을 가늠하는 것(權)은 같이 할 수가 없어."[11]

가늠한다, 저울질한다(權)는 말은 사태를 종합적으로 판단하여 올바른 선택과 판단을 한다는 뜻이다. 남이 대신해줄 수 있는 것이 아니다. 예법의 두 가지 의미 간의 중요한 차이를 보여주는 다음 구절은 이미 단편적으로 소개하긴 했다. 하지만 이 구절은 누구도 윤리적 판단을 대신해 줄 수 없다는 점을 분명히 드러내는 것이므로 더 자세히 볼 필요가 있다:

선생님이 이렇게 말했다. "관례에 사용하는 모자는 삼베로 만드는 것이 예법(禮)인데 요즘에는 비단으로 만들고 있지. 그게 검소하니 나도 사람들이 하는 대로 따르겠다. 댓돌 아래에서 절하는 것이 예법(禮)인데 요즘에는 마루에 올라서 절을 하지. 그건 느슨하고 교만한 태도이니 비록 사람들과는 다르게 행동하게 되더라도 나는 댓돌 아래에서 절하겠어."[12]

전통적 예법, 즉 제사, 의전, 예식의 절차와 격식(요컨대, 옥이나 비단 이야기)에 대해서 공자는 세태 변화를 그대로 수용하는 입장이다. 시대가 바뀌었으면 격식과 절차도 바뀌는 것이 옳다. 삼베면 어떻고 비단이면 어떤가? 폴리에스터에 고어텍스면 또 어떤가? 제사, 의전, 예식 예법은 인간 문명의 '장식적 측면(文飾)'일 뿐, 윤리와는 무관하다. 삼베와 비단에 무슨 윤리가 있겠는가? 제사, 의전, 예식과 관련하여 옛날의 격식과 절차를 고집하고 옛날 예법에 구속되는 태도는 공자의 입장이 아니다. 시대 변화에 적응 못 한 뒷방 노인의 고루하고 '못 배운' 태도일 뿐이다.

반면에, 남의 집에 방문했을 때 마루에 올라가서 절을 할 것이냐 댓돌 아래에서 절을 할 것이냐는 제사, 의전, 예식 예법과는 무관하다. 누구나 준수해야 할 행동 규범, 윤리 규범으로서의 예법에 관한 이야기이다. 예식 예법에 관해서는 대세를 따랐던 공자지만, 행동 규범으로서의 예법에 대해서는 대세가 무엇인지 아랑곳하지 않고 (雖違衆; "비록 많은 사람들과 거스르게 되더라도") 자신의 독자적 사고와 판단으로 자신의 행동을 선택하겠다는 입장을 보인다. 윤리 규범에 관한 판단은 오로지 자신이 해야 하고, 자신의 판단이 틀렸을 때의 비난과 책임도 오롯이 자신이 감당해야 한다.

물론 시대가 바뀌면 윤리적 판단의 기준도 바뀐다. 시대의 변화와 함께 규범이 바뀌고 있을 때, 예법의 변개(變改)를 받아들일지, 아니면 세태의 변화를 단호히 거부하고 과거의 예법을 고수할 것인지는 중요한 문제다. 이 문제에 대해서 '검소한 것'이면 변화를 받아들이고, '느슨하고 교만한 것'이면 세태의 변화를 단호히 거부해야 한다는 새로운 원칙을 공자가 제시한 것이라고 해석할 수도 있다. 하지만 무엇이 검소한 것이고, 무엇이 거만한 것인지는 결국 스스로가 판단해야 한다. 이 구절을 어떻게 해석하건 간에 변하지 않는 결론은 예법에 관하여 어떤 변화는 수용하고 어떤 변화를 거부할지는 결국 자신의 가치 기준과 자신의 판단에 따라 스스로 결론을 내릴 수밖에 없고, 무작정 '대세'를 따를 수는 없다는 점이다. "비록 많은 사람들과 거스르게 되더라도" 자신이 옳다고 여기는 윤리적 선택을 하는 용기와 강단, 윤리적 결기가 있어야 한다는 것이 공자의 가르침이다.

바로 이 지점에서 공자나 유가 사상가들은 많은 공격과 비판을 받았다. 무엇이 옳고 그른지, 무엇은 해도 되고 무엇은 하면 안 되는지에 대하여, "꼭 이래야 한다는 것도 없고 이러면 안 된다는 것도 없다", "해도 된다는 것도 없고, 하면 안 된다는 것도 없다"면서,[13] 자신의 견문과 배움에 의존하여 독립적, 독자적 판단을 하고, 자신의 윤리적 선택을 '굳세고 단호하게', 그리고 용기 있게 고수하라는 공자의 가르침이 사회를 걷잡을 수 없는 혼란과 혼돈의 소용돌이로 치닫게 만들 것이라는 비판은 줄기차게 제기되었다. 그 내용을 아래에서 간단히 소개한다.

공포와 복종의 논리 ————————————

한비자(기원전 280-233)는 다음과 같이 공자와 유가 사상가들을 비난했다.

공자의 추종자들은 문자를 써가며 법을 어지럽히고, 용맹한 자들은 무기까지 들고 금령을 어기는데도 군주는 이들을 예를 갖추어 대한다. 이러니 세상이 어지러울 수밖에 없다. … 따라서 인의(仁義)를 행한다는 자들을 높이 떠받들면 안 된다. 이들을 떠받들면 정작 공을 세운 이들에게는 해를 가하는 것이 된다. 글 읽은 자들을 기용하면 안 된다. 이들을 기용하면 법이 혼란스럽게 된다.[14]

각자 제각각의 가치 기준과 윤리적 판단을 고수할 경우 사회는 혼란에 빠지고 아무 것도 이룰 수 없는 반면, 국가가 하나의 기준을 내세우고 그것을 강행할 경우 비록 그 기준이 최상이 아니라도 상당한 결실을 거둘 것이라는 주장은 다음과 같이 표현된다:

콤파스를 버리고 망령된 억측에 의존한다면 해중(奚仲)도 바퀴 하나를 못 만들고, 자를 버리고 길고 짧은 것을 가늠한다면 왕이(王爾)도 작대기 절반도 나누지 못할 것이다. 중간쯤 가는 임금이라도 법과 통치술을 활용하고, 서툰 장인이라도 콤파스와 자를 활용하면 절대로 실수가 없을 것이다. 통치자는 똑똑한 자들이 주장하는 실현 불가능한 것을 버리고 중간 수준의 서툰 이들도 실수 없이 해낼 수 있는 것을 챙겨야 한다. 그러면 사람들이 열심히 노력하게 되

고 업적에 걸맞은 명성이 보장될 것이다.[15]

한비자는 세상의 어려움은 결국 물질적 자원이 풍요롭지 못해서 생기는 것이라고 진단한다.[16] 물론 한비자의 진단은 '진단'이라는 이름을 붙이기도 어려운 소박한 상상이며 이른바 '태초 상황'에 대한 아무 근거 없는 가설에서 출발한다. 예를 들면 이런 것이다:

> 옛날에는 남자가 경작을 안 해도 초목의 과실이 사람을 먹이기 충분했고, 여인들이 직조를 안 해도 동물의 가죽으로 사람을 입히기 충분했다. 힘쓰지 않아도 양식이 충분했고, 인구가 많지 않아서 재화가 남아돌았으므로 사람들이 싸우지 않았다. 그랬기 때문에 후한 상을 줄 필요도 없었고, 중한 벌을 사용하지 않아도 사람들은 저절로 다스려졌다.[17]

그가 말하는 '옛날'이 언제인지는 모르겠지만, 에덴의 동산을 연상하게 하는 태초 세계에 대한 이런 소박한 장밋빛 묘사는 역사적 사실을 서술한 것은 물론 아니다. 그가 말하는 '옛날'에는 과연 양식이 충분했고 재화가 남아돌았는지, 아니면 헐벗고 굶주린 상태에서 모두가 살벌한 생존 경쟁에 내몰렸는지는 누구도 입증도 반증도 할 수 없다. 한비자가 태초에는 형벌이나 포상 없이도 백성들이 저절로 다스려졌다고 글 앞머리에서

적어두는 이유는 태초와는 달리 이제는 물질적 자원이 모자라고 인구는 많아져서 싸움이 끊일 날이 없게 되었으므로 형벌과 포상을 사용한 통치가 필요하다는 자신의 결론을 사람들이 쉽게 받아들이도록 하기 위한 것이다. 태초 세계에 대한 이야기를 글머리에 배치하는 것은 곧이어 내세우려는 지금 세상에 관한 자신의 본격적 주장이 설득력 있게 보이도록 준비하는 데 사용되는 수사학적 기법 또는 술책에 불과하다.

공권력에 대한 복종을 강조하는 사상가들은 불복종이 가져오는 혼란과 위험을 과장하기 마련이다. 통치권력에 복종하지 않으면 큰일 난다는 식의 공포 마케팅을 노련하게 구사한 사상가들로는 묵자도 있고 토마스 홉스도 유명하다. 묵자 또한 "옛날에"라고 시작하는 이런 구절을 자기 글의 앞머리에 배치한다:

옛날에 사람의 삶이 시작해서 아직 형벌과 정치체제가 존재하지 않았을 때에는 사람들이 제각각 무엇이 옳은지를 다르게 보았다. 한 사람이 옳다고 여기는 것을 다른 사람은 옳지 않다고 여겼고, 열 명이 있으면 열 명이 옳음에 대한 생각이 달랐다. 사람이 많이 늘어남에 따라 각자가 옳다고 하는 것도 많이 늘어났다. 그런고로 각자 옳다고 하는 것이 인간 세상의 옳음이 아니게 되었다. 그래서 문명은 서로에 대한 비난과 부정을 내용으로 한다. 집안에서는 부모 자식

간에 그리고 형제지간에 원망과 증오가 생겨 뿔뿔이 흩어지고 서로 화합하는 것이 불가능하다. 온 세상 백성들은 모조리 물과 불, 약과 독처럼 서로 헐뜯고 해를 가한다. 힘이 남아돌아도 서로 돕지 못하고, 재물이 넘쳐나 썩어 악취가 나도 서로 나누지 않는다. 선량한 도리는 숨겨서 감추고 서로에게 가르치지 않는다. 온 세상의 어지러움이 마치 동물 세계와 흡사하다.[18]

토마스 홉스도 비슷한 방법으로 자신의 주장을 시작한다:

그런 상황에서는 열심히 노력할 이유가 없다. 왜냐하면 노력의 결과로 생기는 결실을 자신이 누릴 수 있을지 불확실해지기 때문이다. 그래서 아무도 농사를 짓지 않고, 항해술도 없어서 바다를 건너 수입해 와야 하는 것은 사용할 수도 없다. 편리한 건물도 없고, 무거운 것을 옮길 기계도 없고, 지리에 대한 지식도 없으며, 시간에 대한 이해도 없고, 예술도, 문학도 없으며 사교도 없다. 무엇보다도 최악은 폭력적으로 죽게 될 위험에 노출되어 끊임없는 공포에 시달리는 것이며 사람들의 삶은 고독하고, 곤궁하고, 끔찍하고, 야수적이며, 그리고 단명했다.[19]

물론, 묵자나 홉스의 이러한 묘사는 자신의 상상을 마치 역사

적 사실인 것처럼 적은 것이고 자신의 결론(공권력에 복종하라)을 좀 더 설득력 있게 보이도록 하기 위한 수사학적 장치에 불과하다. 하지만 이런 잔기술은 꽤 효과가 있어서, 많은 사람들이 이른바 "태초 상태"에 대한 실증적 근거도 없는 이런 묘사를 곧이 곧대로 믿고, 공권력에 복종하지 않으면 끔찍한 동물의 왕국이 될 것이라면서 공포에 질려 고분고분 순종할 태세에 놓이게 된다. "우리의 의무와 자유는 모두 순종에서 나온다"거나, "통치자의 법과 명령에 따라 사는 데 필요한 수준으로 자신의 자유를 포기하지 않으면 모든 자유를 잃게 된다"는 식의 주장은 개인의 독자적 판단을 불온하고 위험한 것으로 매도하고, 공권력에 대한 저항이 초래하는 혼란과 무질서를 과장함으로써 그 설득력이 높아지게 된다.[20] 공포는 사람의 판단을 마비시킨다.

배움(學)의 불온함 ─────────────

그러나 공자는 열심히 노력하는 사람은 배움을 통하여 올바른 윤리적 선택을 할 역량이 있다는 믿음을 가지고 있었다:

> 태어날 때부터 아는 사람은 최상급이고, 배워서 아는 사람은 그 다음이며, 어렵게 배우는 사람은 그 다음이다. 모르

면서 배우지도 않는 사람은 최하급이지.[21]

"모르면서 배우지도 않는" 최하급의 사람들이 존재한다는 점을 공자는 인정하고 있으므로 모든 사람이 올바른 윤리적 선택을 할 수 있다는 비현실적이고 관념적인 이상론을 내세운 것은 아니다. 공자가 주로 관심을 가진 대상은 통치자를 보좌하고 조력하는 수석비서관이나 장관급 직책을 담당하기를 희망하는 고급 인력이었다. 적어도 이들 고급 인력은 열심히 배워서 스스로 올바른 윤리적 선택을 해야 한다는 것이 공자의 입장이었다. 옛날이건 지금이건 그리고 동양이건 서양이건 간에, 국가나 공동체는 나름 최선 최상의 인력이라고 여겨지는 자들의 역량과 판단에 의존할 수밖에 없지 않겠는가?

그러나 묵자와 한비자는 무엇이 옳은지(義)에 대한 독립적 사고와 판단, 그리고 윤리적 결기(仁)는 이른바 '국론 분열'을 초래할 뿐이라면서, '인의(仁義)'를 철저히 배격하고 오로지 국가가 가치 기준과 판단 기준을 독점해야 한다는 입장을 취했다. 한비자가 가장 문제 삼았던 것은 '배움'이었다. 자기가 배워서 깨달은 윤리적 기준에 따라 용기 있게 행동하는 자, 국법이 윤리 규범에 어긋난다는 이유로 비판하고 저항하며 고분고분 복종하기를 거부하는 자들이 한비자의 공격 대상이다. 한비자가 "간사하고 거짓되며 나라에 아무 이득이 되지 않는 국민"이라면서 배격하는 6대 세력에는 이른바 "배운 사람들"

이 포함되어 있다:

> 도를 배우고(學道) 방책을 수립한다면서 법과 거리를 두는 자
> 들을 세상은 문물을 배운 선비라고 높이 대우하고 있다.[22]

국법이 흔들리게 되는 핵심적인 원인은 '배움'에 있다는 것이
한비자의 진단이다. 이것저것 보고 들은 것은 많아 이런저런
'딴 생각'을 늘어놓으며 국법과 정부 시책에 딴지를 걸고 토를
다는 무리들을 한비자는 증오했다. 한비자는 배우지 않은 사
람, 과문(寡聞)한 사람들이야말로 유익한 국민이라고 본다. 바
로 이런 사람들이 묵묵히 "밭을 갈고 전쟁을 치르는 유익한 국
민"인데도 오히려 이들이 억울하게 폄하되고 있다는 것이다:

> 과문(寡聞)하고 명령을 따르며 모든 것을 법에 의존하는 사
> 람들을 세상은 오히려 투박하고 비천한 사람들이라고 폄
> 하한다.[23]

딴 소리 말고 국법에 복종해야 한다는 한비자의 생각은 자연
스럽게 반(反)지성주의로 연결된다. 정부의 시책과 정부가 결
정한 법규 외에는 어떤 내용도 가르쳐서는 안 되고 배울 필요
도 없다는 것이다.

아는 사람이 많아지면 법이 무너지고, 힘쓰는 사람이 적어지면 나라가 가난해진다. 세상이 어지러워지는 이유는 여기에 있다. 그러므로 명민한 군주의 나라에는 책에 담긴 문화 대신에 법이 가르쳐진다. 선왕의 말씀 대신에 관리가 선생님 역할을 한다. 사사로운 무력 행사 대신에 적군 목을 베는 것이 용기로 인정된다. 이런 나라의 국민은 법에 의거한 내용만을 입에 담고, 공(功)을 세우는 일 [농사 또는 전쟁 참여]에만 손발을 움직이며, 용기는 오로지 군대에서만 발휘하게 된다. 따라서 평화시에는 나라가 부유하게 되고, 전시에는 강력한 군대를 동원할 수 있게 된다.[24]

이른바 '배운 사람들'에 대한 한비자의 증오는 맹렬하다. 나라를 어지럽히고 좀먹는 '다섯 버러지'라면서 한비자가 거론하는 제일 첫 번째가 바로 이들이다:

배운 것들은 옛 임금들의 도리와 책에서 말하는 인의(仁義)를 들먹이며 성대한 모습으로 번지르르한 말을 해대면서 지금의 법을 의심하게 만들고 통치자의 마음을 헷갈리게 한다.[25]

군주는 마땅히 이런 버러지(蠹) 같은 것들을 모조리 제거하고 '절개 있는 공무원'(耿介之士)을 양성하여 일사분란하게 국법을 집행해야 한다는 것이 한비자의 조언이었다. 최초로 중국을 통일하는 위업을 달성한 진나라의 시황제가 이런 조언을 수용했고, '배움'과 '윤리적 결기'를 예찬하며 국법보다 '예법'의 우위를 강조하던 공자 추종자들에 대한 대대적인 탄압과 처형이 기원전 213년에 이루어졌다는 것은 이 책 첫머리에서 소개했다.

제사에 사용되는 술잔 중, 허리가 잘룩하고 잔의 테두리가 날렵한 곡선으로 마무리된 고(觚)라는 그릇이 있다. 그런 특징적인 모양이 아닌 어떤 술잔을 누가 아무리 고(觚)라고 불러본들 그것이 고(觚)가 되는 것은 아니다. 마찬가지로 국가나 공권력이 "이것이 법이고, 이것이 정의다"라고 선포하고 강제력

고(觚)

을 동원하여 그 입장을 관철하려 해도, 공자의 추종자들은 자신이 배워 깨달은 판단 기준에 따라 '그게 아니다'라고 판단될 경우, 굳세고 단호하게, 죽음을 불사하는 용기와 윤리적 결기를 가지고 "그건 법이 아니고, 정의가 아니다"라는 입장을 굽히지 않는 자들이었음이 분명하다. 공자의 말 중에서 아마도 가장 힘찬 저항의 말은 이것이라고 생각한다:

> 선생님이 이렇게 말했다. "고(觚)가 고가 아닌데, 그게 고냐고? 그게 고냐고?"[26]

정부의 결정과 시책을 백성들이 고분고분 따라야 나라가 부강하게 된다고 믿고 있었던 법가 사상가들의 눈에는 공자의 추종자들은 도저히 그냥 둘 수 없는 너무나 위험한 인물들이었다.

질서 정연한 통치의 두 모습 ─────────

공자가 그린 이상적인 통치 질서는 밤하늘을 찬란하게 장식하는 무수한 별들의 모습이었다. 크고 작은 많은 별들이 하늘을 가득 메우고 있는 광경은 지위가 높고 낮은 많은 사람들에 비견된다. 이들이 모두 제자리를 차지하고 있는 모습을 공자는 "君君 臣臣 父父 子子"라고 묘사하기도 했고, 모든 게 제자리를 찾은 상태(格)라고 부르기도 했다.[27] 모두가 질서 정연하게 한 치의 흔들림도 없이 자기가 가야 할 길(禮)을 벗어나지 않고 진행함으로써 아름답고 역동적인 밤하늘의 장관이 연출되고, 이 황홀한 오케스트라의 구심점을 이루는 존재가 바로 국왕이다. 북극성이 밤하늘의 중심을 잡고 그 자리에 머물고 있고(居其所), 모든 별들은 북극성을 중심으로 자신의 길을 스스로 운행해 가듯이 온국민과 통치자도 그렇게 질서 정연하게, 자신이 가야 할 올바른 길을 가며 온 세상을 아름답게 장식하는 것이 바로 공자가 꿈꾸는 이상적인 통치 질서였다.[28]

한편, 법가 사상가들이 꿈꾸는 이상적인 통치 질서는 묵자의 설명에서 분명하게, 어쩌면 너무나 분명하게 드러나 있다고 생각한다. 묵자의 독특한 글 스타일도 맛볼 겸, 통치 질서에 대한 묵자의 설명을 여기에 인용한다. 다소 길 뿐 아니라, 일종의 론도(Rondo) 형식처럼 미세한 변주와 반복이 거듭되지만 누구도 묵자보다 더 생생하게 이것을 묘사해 내기는 어려울 것이다:

[옛날의 동물세계와 같은] 혼란은 정부와 우두머리가 없어서 생겨난 것이 분명하다. 그래서 하늘은 온 세상에서 훌륭하고 유능한 사람을 골라 천자(天子)로 옹립했다. 천자는 자신의 힘이 부족하므로 세상에서 훌륭하고 유능한 사람을 골라 삼공(三公)을 임명했다. 천자와 삼공이 옹립되었으나

세상은 넓고 크고 먼나라와 다른 풍속에 따라 사는 사람들의 다툼과 이해관계를 명확하게 판단하기 어렵기 때문에 여러 제후국으로 나누어 각 제후국의 통치자(國君)를 책봉했다. 제후국의 통치자는 자신의 힘이 부족하므로 그 나라의 훌륭하고 유능한 사람을 지역 우두머리(正長)로 임명했다.

지역 우두머리가 임명된 후 천자는 천하의 백성에게 이렇게 포고했다. "좋거나 나쁜 것에 관한 내용을 들으면 모조리 상부에 보고하라. 상부가 옳다고 판단한 것은 반드시 모두가 옳다고 해야 하며, 상부가 옳지 않다고 판단한 것은 반드시 모두가 옳지 않다고 해야 한다. 상부의 잘못이 있으면 규정에 따라 간언하고, 하부의 선행이 있으면 주변에서 그를 추천해야 한다. 윗사람을 본받고 아랫사람처럼 되지 않는 자는 윗사람이 상을 줘야 하고 아랫사람들이 칭찬해야 한다. 반면에, 좋거나 나쁜 것에 관한 내용을 상부에 보고하지 않고, 상부가 옳다고 판단한 것을 옳다고 하지 못하고, 상부가 옳지 않다고 판단한 것을 옳지 않다고 하지 못하고, 상부의 잘못이 있어도 규정에 따라 간언하지 않고, 하부의 선행이 있어도 추천을 하지 않으며, 아랫 것들처럼 되고 윗사람을 본받지 못하는 자는 윗사람이 벌을 내릴 것이고 백성의 비난을 받아야 한다." 이것이 바로 상과 벌임을 분명히 깨닫고 새겨야 한다.

그러므로 이장(里長)은 동네 사람 중 제일 난 사람이다. 이장은 동네 사람들에게 이렇게 포고했다. "좋거나 나쁜 것에 관한 내용을 들으면 모조리 도지사(鄕長)에게 보고하라. 도지사가 옳다고 판단한 것은 반드시 모두가 옳다고 해야 하며, 도지사가 옳지 않다고 판단한 것은 반드시 모두가 옳지 않다고 해야 한다. 나쁜 말을 하지 않고 도지사의 훌륭한 말을 배우고, 나쁜 행동을 하지 않고 도지사의 좋은 행동을 배운다면 도내의 질서가 문란해질 이유가 어디 있겠는가?" 도단위를 어떻게 통치하는지 알겠는가? 도내의 옳고 그름을 도지사가 하나로 통일하면 도가 통치되는 것이다.

도지사(鄕長)는 도내에서 제일 난 사람이다. 도지사는 도내 사람들에게 이렇게 포고했다. "좋거나 나쁜 것에 관한 내용을 들으면 모조리 제후국 통치자(國君)에게 보고하라. 통치자가 옳다고 판단한 것은 반드시 모두가 옳다고 해야 하며, 통치자가 옳지 않다고 판단한 것은 반드시 모두가 옳지 않다고 해야 한다. 나쁜 말을 하지 않고 통치자의 훌륭한 말을 배우고, 나쁜 행동을 하지 않고 통치자의 좋은 행동을 배운다면 제후국의 질서가 문란해질 이유가 어디 있겠는가?" 제후국을 어떻게 통치하는지 알겠는가? 제후국의 옳고 그름을 통치자가 하나로 통일하면 제후국이 통치되는 것이다.

제후국 통치자(國君)는 제후국에서 제일 난 사람이다. 통치자는 제후국 사람들에게 이렇게 포고했다. "좋거나 나쁜 것에 관한 내용을 들으면 모조리 천자(天子)에게 보고하라. 천자가 옳다고 판단한 것은 반드시 모두가 옳다고 해야 하며, 천자가 옳지 않다고 판단한 것은 반드시 모두가 옳지 않다고 해야 한다. 나쁜 말을 하지 않고 천자의 훌륭한 말을 배우고, 나쁜 행동을 하지 않고 천자의 좋은 행동을 배운다면 천하의 질서가 문란해질 이유가 어디 있겠는가?" 천하를 어떻게 통치하는지 알겠는가? 천하의 옳고 그름을 천자가 하나로 통일하면 천하가 통치되는 것이다.[29]

묵자, 한비자, 이사 등 법가 계열 사상가들이 꿈꾸는 이상적 통치질서는 이처럼 수직적 관료 체제에 의존하며, 체계적인 사상 탄압에서 출발한다. 옳고 그름에 대한 판단은 오로지 '천자'가 독점해야 하고, 천자의 판단은 일사분란한 지휘 명령 체계를 통하여 온 세상에 관철되어야 한다는 입장이다. 천자는 아래로부터 보고받은 첩보와 정보를 취합하고 분석하기 때문에 다른 누구보다 우월한 판단을 할 수 있다는 법가 사상가들의 주장은 결국에는 천자를 보좌하는 핵심 보좌진의 선량한 판단에 모든 것이 좌우되는 체제인 셈이다. 이런 체제는 바로 이 한 곳이 무너지면 모든 것이 일거에 무너져내리는 취약한 체제일 수밖에 없다. 게다가 한비자는 공자의 추종자들을 제거해야 할 '버러지'로 보는 한편, 자신이 제안하는 통치의 기술은 '절개 있는 공무원'들이 실행하는 일사분란한 체계라고 전제한다.[30] 그러나 그가 꿈꾸는 '절개 있는 공무원'이라는 분들은 과연 어느 별에서 온 사람들인지 알기는 어렵다. 공자가 그토록 힘주어 강조한 '배움'과, 배움을 통하여 비로소 생기는 독립적이고 비판적인 판단 능력, 그리고 자신이 배워서 옳다고 여기는 것을 적절한 시점에 실천하는 데 필요한 '윤리적 결기'가 없다면, 이 험난한 현실 세계에서 '절개 있는 공무원'들이 어디서 어떻게 생겨날 수 있는지에 대해서 법가 사상가들은 별다른 설명이 없다.

합리(利)적 선택 ─────────────────────────

한비자가 노자의 영향을 상당히 받은 사상가였다는 점에 대해서는 많은 연구가 이루어져 있다.[31] 한비자는 정부의 모든 메카니즘이 안정적인 상태에 진입하여 제대로 가동될 경우에 군주는 '비움'과 '고요함'을 달성하고 굳이 무슨 일을 일부러 애써 할 필요가 없는 '무위(無爲)' 상태에 놓이게 된다고 설명한다:

> 모든 신하가 자신의 직분을 지키고, 모든 관리가 정상적으로 업무를 수행하여 그들을 제대로 부릴 수 있게 되면 정부

는 본궤도에 든 상태(習常)라고 할 수 있다. "군주는 자리를 비운 것처럼 적막하고, 어디 갔는지 모를 정도로 아득하게 된다"는 경지가 이것이다. 현명한 군주는 무위(無為)인 상태로 위에 있고, 모든 신하는 아래에서 두려워 떨게 된다.[32]

한비자가 말하는 비움과 고요(虛靜) 그리고 통치자의 무위 상태는 노자 사상과는 매우 다른 의미를 가진다. 노자는 비움과 고요함을 통하여 "이 세상의 분별을 넘어서고자 하는 반면에, 한비자의 군주는 허정[비움과 고요함]을 통해 최종적으로 올바른 시비 분별을 해야 하는 존재"로 묘사된다.[33] 즉, 군주가 그 보좌진이나 신하들의 잘못된 조언이나 부당한 영향력에서 벗어나서 그릇된 생각이나 마음의 갈등 없이 올바른 판단과 결정을 할 수 있는 상황을 한비자는 비움과 고요의 경지라고 불렀을 뿐이다.[34]

　　한비자가 말하는 '무위'는 현세의 이익 추구를 넘어선 초탈의 경지가 아니라, 철두철미한 이익 추구 논리에 기반한 일종의 '합리적 선택' 모델이 작동하여 효율성이 극대화된 결과, 최소의 투입만으로도 최대의 효과를 거두는 상태를 지칭한다. 잘 정비되고 잘 공표된 법제도와 관료 체제를 통하여 포상과 형벌이 정확하게 집행되면, 사람들이 이에 반응하여 제각각 자신의 이익을 최대화하고 손해를 최소화하는 '합리(利)적' 선택을 하게 될 것이라고 한비자는 전제한다.[35] 그렇게 되면 이

제도의 정점에 놓인 군주는 아무 할 일이 없게 된다고 상상하면서 이것을 "무위인 상태로 위에 있다(無爲於上)"고 묘사한다. 이것이 국가 제도가 본 궤도에 진입하여(習常) 안정적으로 굴러가는 상태라고 본다. 한비자는 노자의 사상을 현실 정치적으로 해석하여 매우 다른 뜻으로 사용한 것이다.[36]

한비자는 사람들이 모두 자기 이익을 좇아 행동하는 것이 바람직하다고 생각한다. 남 좋은 일을 한다는 생각이 들면 원망이 생기고 다툼이 일어난다고 한비자는 분석한다:

상대방을 위한 것이라는 생각이 들면 책망하게 되지만, 자신을 위한 것일 경우에는 일이 잘 수행된다. 그래서 부모와 자식 간에는 원망과 언쟁이 일어나지만, 돈을 주고 노동자를 부릴 경우에는 맛있는 국을 내놓게 된다. … 날품을 파는 사람을 사서 밭을 갈고 파종하는 경우 주인이 자기 재산으로 맛있는 음식을 제공하고 좋은 베나 돈으로 넉넉한 일삯을 주는 이유는 일꾼을 사랑해서가 아니다. 그래야 땅을 깊이 파서 일구고 김매는 사람이 풀을 제대로 뽑기 때문이다. 일꾼이 온 힘을 다해서 밭을 갈고 풀을 뽑으며, 자기가 가진 온갖 기술을 사용하여 밭두둑과 논길을 정비하는 이유는 주인을 사랑해서가 아니다. 그래야 맛있는 국을 먹을 수 있고 두둑한 임금을 쉽게 벌 수 있기 때문이다. 공을 세우고 힘을 쓴 자를 잘 대우하는 이런 논리는 부모와 자녀

간에 서로 혜택을 주는 행위에도 존재한다. 성의껏 노력하는 경우는 모두 자신의 이익을 위하는 마음을 품기 때문이다.[37]

통치자가 형벌과 포상을 잘 활용하기만 하면[38] 사람들이 자신의 '이익'을 추구하는 선택을 할 것이므로 저절로 사회가 잘 굴러가게 될 것이라는 한비자의 진단은 오늘날 법경제학자들의 전폭적 지지를 받을 수 있는 생각일지는 모르겠다. 그러나, 무엇이 이익이고 무엇이 손해인지를 잘 계산하기만 하면 만사가 잘 굴러가게 된다는 사고방식은 옳음(義)과 옳지 않음(不義)에 대한 윤리적 판단이 자리할 여지를 아예 없애버린다. 옳음에 대한 판단은 통치자가 알아서 할 터이니, 나머지 사람들은 국가가 집행하는 형벌과 포상에서 생기는 이익과 손해를 계산하여 자기 이익에 부합하는 '합리(利)적' 선택을 하면 된다고 선전하는 법가 사상가들의 입장은 인간의 행동 원리 중 일부(이로움을 추구하는 성향)만을 과장하여 마치 그것이 전부인 것처럼 왜곡한 잘못이 있다.

인간은 무엇이 이득인지 간파하는 능력도 물론 있지만, 무엇이 옳은지를 판단하고 옳은 선택을 (손해를 무릅쓰고도) 실천할 역량이 있다. 옳은 선택이라고 해서 언제나 불리한 선택인 것도 아니다. 이득과 명분이 일치하는 경우도 많다. "지혜로운 자는 윤리적 결기로 이득을 얻는다".[39] 그러나 이익(利)과 옳음(義)이 충돌할 때, 이익을 과감하게 포기하고 옳음을 선택할 역량이 인간에게는 분명히 있음에도 불구하고 법가 사상가들은 오직 자신들만이 이런 올바른 윤리적 선택을 할 수 있다고 여기면서, 나머지 사람들은 '버러지'처럼 취급하는 오류를 범한다.[40]

자신의 이익을 위하는 마음(自為心)을 품으면 일이 잘 수행된다면서, 국가의 법제도와 인간의 행동을 오로지 형벌과 포상이 가져다주는 손해와 이익 위주로만 분석하고 설명하려는 법가 사상가들의 입장은 인간의 윤리적 감수성과 윤리적 결기를 의도적으로 퇴행시키고 폄하하면서 사람들을 모조리 손익 계산에나 골몰하는 소인배로 치부해버리는 태도다. 세상에는 소인배들이 물론 없지 않다는 점은 공자도 당연히 인정한다. 하지만, 소인배들로만 이 세상이 이루어져 있지는 않다:

> 선생님이 이렇게 말했다. "군자는 옳은 것이 뭔지를 잘 알고, 소인은 이득이 뭔지를 잘 알지(小人喩於利)."[41]

법가 사상가들의 영향을 받았는지는 모르겠으나, 법 규범이 윤리적인지 여부는 따져보지도 않은 채 "법 규범은 구속력이 있지만, 윤리 규범은 구속력이 없다"고 믿는 이들이 무수히 많다(동서양을 불문하고). 그러나 윤리 규범에 구속력이 없다는 설명은 윤리 규범 따위는 어겨도 처벌을 받거나 재산상 손실이 생기지 않기 때문에 나에게 '손해'가 없다는 소인배적 발상과 쉽게 결합할 수 있다. 더 나아가, 법 규범은 심지어 패륜적으로 집행되는 경우에도(오히려 그런 경우일수록), 공권력이 강제력과 무력을 동원하여 나를 때리고, 나에게 '손해'를 입힐 수 있으므로, 이 손해를 피하기 위해서는 그런 악법이라도 지켜야 하고 그런 패륜적 공권력 행사도 거슬러서는 안 된다는 비겁한 소인배들의 '합리(利)적' 판단이 마치 '합리(理)적'인 것처럼 사람들을 현혹한다. 이처럼 윤리를 무시하고 법을 떠받들면서, "법규범은 구속력이 있다"고 여기는 것은 자기에게 '손해'가 생길까 염려하며 오로지 이득을 챙기는 데에만 골몰한 소시민적인 발상이긴 하겠지만, 올바른 사람의 선택은 아니다.

윤리적 결기가 있는 사람은 반드시 용기가 있다. 용기가 없으면 윤리적 결기도 없는 것이다. 윤리적 결기와 강단이 있는 큰 인물(君子)이라면, 법이 자신에게 가할 수 있는 해악과 불이익에 겁을 먹고 법에 구속되는 것이 아니라, 오직 윤리적 당위에 구속될 것이다. 비윤리적인 법은 비겁한 소인배들에게나 구속력을 가질 수 있다. 반듯하고 말짱한 마음을 가진 굳세고 단호한 사람이라면, 정당성을 잃은 공권력이 동원하는 강제력에 겁을 먹거나 비윤리적인 법에 구속되지는 않는다. 패륜적인 법과 사악하고 잔인하게 행사되는 공권력에 의하여 처벌을 받고 투옥이 되고 생명을 빼앗기는 상황이 오더라도, 심지어는 사단병력이 탱크를 앞세우고 들이닥쳐도 윤리적 결기가 있다면 물러서지 않을 것이다. 앞서 설명했듯이(제4장 참조)

윤리적 결기가 있는 사람에게는 오로지 윤리적인 법만이 구속력을 가질 수 있는데, 그 이유는 그것이 법이기 때문이 아니라 윤리적이기 때문이다. 옳음(義)보다는 손익 계산(利)을 앞세우는 소인들에게는 법보다 주먹이 무섭고, 윤리는 아예 구속력이 없겠지만, 군자를 구속하는 것은 윤리 말고는 없다. "법은 구속력이 있으나 윤리는 구속력이 없다"고 생각하고 그런 말을 퍼뜨리고 다니는 자는 자신이 혹시 손익 계산에만 눈이 밝은 소인배가 아닌지 스스로 돌아볼 필요가 있다. 자기가 소인이라고 해서 모든 사람이 자기 같은 소인배일 것이라고 단정해서는 안 된다.

1 子曰:「君子之於天下也, 無適也, 無莫也, 義之與比。」(里仁 4.10)

2 君子博學於文 約之以禮 亦可以弗畔矣夫 이 귀절은 논어에 두번이나
   수록되어 있다. 雍也 5.27 顏淵 12.15

3 제4장 171면 이하 참조.

4 제1장 24면 이하 참조.

5 子謂公冶長,「可妻也。雖在縲絏之中, 非其罪也」。以其子妻之。(公冶長 5.1)

6 子謂南容,「邦有道, 不廢; 邦無道, 免於刑戮。」以其兄之子妻之。(公冶長 5.2)

7 子貢問曰:「鄉人皆好之, 何如?」子曰:「未可也。」「鄉人皆惡之, 何如?」
   子曰:「未可也。不如鄉人之善者好之, 其不善者惡之。」(子路 13.24)

8 孟子, 盡心上 1 (修身以俟之)

9 子曰:「法語之言, 能無從乎? 改之為貴 … 從而不改, 吾末如之何也已矣。」
   (子罕 9.24)

10 好仁不好學 其蔽也愚 (陽貨, 17.8) 제2장 102면, 제5장 232-233면 참조.

11 子曰:「可與共學, 未可與適道; 可與適道, 未可與立; 可與立, 未可與權。」
   (子罕 9.30)

12 子曰:「麻冕 禮也 今也純 儉, 吾從眾。拜下 禮也 今拜乎上 泰也。
   雖違眾 吾從下。」(子罕 9.3)

13 無適也無莫也 (里仁 4.10) 無可無不可 (微子 18.8)

14 韓非子, 五蠹 8

15 韓非子, 用人 2 그러나 순자는 국법이 오히려 (그것을 집행하는 사람이
   선량하냐 그렇지 않으냐에 따라) 종잡을 수 없기 때문에, 예법이야말로
   믿을 만한 콤파스, 자와 같다는 주장을 편다: "예법은 나라를 바로잡는 데
   필요한 것이다. 비유하자면, 저울로 무겁고 가벼운 것을 가늠하고, 먹줄로
   굽었는지 똑바른지를 판단하고, 직각자와 콤파스로 직각과 원을 판단하는

것과 같다.”(王霸 9) “먹줄은 올바름의 극치이고, 저울은 공평의 극치이고, 콤파스는 직각과 원의 극치이다. 예법은 인간 도리의 궁극이다.”(禮論 15)

16 고대 중국 정치담론의 전통적 입장은 이와는 달랐다. “내가 듣기로, ‘백성의 원망은 재물의 많고 적음에서 나오는 것이 아니라, 위정자가 너그러운지 아닌지, 열심히 노력하는지 아닌지에 달렸다’고 한다.” 尙書, 康誥 4

17 韓非子, 五蠹 2

18 墨子, 尙同上 1

19 Hobbes, *Leviathan*, ch. 13. 토마스 홉스의 ‘태초 시대’ 묘사는 그보다 약 70년 전인 1576년에 출간된 장 보댕의 공화국론(*Les Six Livres de la République*)에 제시된 태초 시대 묘사와 대체로 비슷하다. *République*, I, 111-112.

20 Hobbes, *Leviathan*, ch. 21. “For in the act of our Submission, consisteth both our Obligation, and our Liberty. …” Bodin, *République*, I, 111-112.

21 季氏 16.9

22 韓非子, 六反 1 (學道立方, 離法之民也, 而世尊之曰文學之士)

23 韓非子, 六反 1 (寡聞從令, 全法之民也, 而世少之曰樸陋之民也)

24 韓非子, 五蠹 10

25 韓非子, 五蠹 13

26 子曰:「觚不觚, 觚哉! 觚哉!」(雍也 6.24)

27 顏淵 12.11 爲政 2.3

28 爲政 2.1.

29 墨子, 尙同上 2-6

30 韓非子, 五蠹 13

31 정세근, “한비자의 노자 이해”, 동서철학연구, 제56호 (2010); 김태용, “해로, 유로의 한비자 법치사상 연구”, 한국철학논집, 제63집 (2019); 양순자, “한비자의 통치술: ‘마음 비움(虛)’과 ‘고요함(靜)’을 중심으로”, 범한철학, 제75집 (2014) 등 참조.

32 韓非子, 主道 1

33 양순자, 28면

34 韓非子, 揚摧 4

35 韓非子, 八經 1 (凡治天下, 必因人情。人情者, 有好惡, 故賞罰可用;

賞罰可用則禁令可立而治道具矣。)

36 양순자, 27–28면, 37면.

37 韓非子, 外儲說左上 3, 30

38 韓非子, 二柄 1

39 知者利仁 (里仁 4.2)

40 한비자가 직접 집필한 부분은 아닐 수 있지만, 또다른 법가 사상가 상앙이
진나라 혜문왕에 의하여 잔인하게 처형되고 구족이 멸하는 참화를 겪은 일을
언급하면서 한비자 자신도 "난폭한 군주와 멍청한 상관이 자신에게 가할지
모르는 참화를 두려워하지 않고 백성을 구제하고 윤택하게 할 방도를
생각한다. 이것이 윤리적 결기 있고 지혜로운 행동이다. 난폭한 군주와
멍청한 상관이 가할 참화를 두려워하고, 죽음을 피하는 것은 자기의 일신만을
돌보는 것이고 백성을 윤택하게 하는 방도는 보지 않는 것인데, 이것은
탐욕스럽고 비루한 짓이다"라고 적고 있다. 韓非子, 問田 2 나중에 한비자도
진시황에 의하여 처형당했다. 사람들은 자기 이익을 위해 행동하게 되어
있다는 한비자의 생각은 한비자가 스스로 사실이 아님을 입증한 셈이다.

41 子曰:「君子喩於義, 小人喩於利。」(里仁 4.16)

제8장

동중서와
관학의 탄생

기원전 213년에 진나라 시황제가 공자 추종자 수백 명을 처형하고 의학, 약학, 점복, 종자와 수목에 관한 것 외에는 일체의 서적을 금지하는 광범한 금서 정책을 추진했다는 사실은 이 책 첫머리에서 소개했다. 진나라 패망 후 들어선 한나라의 제2대 황제 혜제(惠帝)는 진시황제가 도입했던 금서정책을 폐지했다(기원전 192).[1] 그러나 20여 년간 체계적이고도 철저히 시행된 금서 정책의 결과 공자의 가르침은 상당한 타격을 입었던 것으로 보인다. 『한서(漢書)』를 집필한 반고(班固; 32-92)의 평가에 따르면, 공자가 죽은 후에는 그의 미묘한 말이 끊겼고, 70여 명에 이르는 제자들은 공자의 큰 뜻에 반하는 견해들을 내놓았으며, 전국 시대를 거쳐가는 동안 과거의 예법 절차와 격식은 잊혀졌고 군사 작전 연구만 성행했던 반면 공자의 가르침은 억압되었다. 진나라에 이어 한나라가 들어섰지만 진나라가 시행한 가혹한 탄압과 금서 정책의 여파로 훌륭한 선왕들의 가르침은 멀어졌고, 공자의 도는 더더욱 끊겼다고 한다.[2]

　　한나라의 황제들은 진나라를 파멸로 이끈 법가 사상을 대체할 새로운 통치 철학을 모색하였고, 한 무제(재위 기간: 기원전 141-87)도 이러한 상황에서 학식 있는 인재들을 발굴하고자 했다.[3] 이때 동중서(기원전 179-104)는 한 무제에게 이렇게 건의했다:

『춘추』에 나타나는 일관된 사상은 천지의 불변하는 법칙이고 고금을 관통하는 옳은 이치입니다. 하지만 요즘 스승이라는 자들은 제각각 다른 길을 추구하고 사람들도 제각각 다른 주장을 펴게 되어 온갖 무리들이 각자 다른 방안을 제안하며 지향하는 바도 같지 않습니다. 그래서 통치자가 일관된 사상이 없고 법제가 자주 바뀌며, 아래 사람들은 무엇을 준수해야 하는지 알지 못하게 되었습니다. 신의 어리석은 생각으로는 육예[六藝; 시(詩), 서(書), 예(禮), 악(樂), 주역(易), 춘추(春秋)]와 공자의 가르침에 해당하지 않는 것은 모조리 폐지하고 같이 나아가지 못하게 해야 합니다. 간사하고 편향된 주장들이 없어져야 기강이 하나로 통일될 수 있고 법도가 분명해져서 백성들이 무엇을 따라야 하는지 알게 됩니다.[4]

공자의 가르침에 대하여 법가 사상가들이 감행했던 사상 탄압의 논리가 이제는 동중서의 입에서 그대로 반복됨을 알 수 있다. 폭넓은 배움을 통하여 올바른 판단 능력을 기르고(博學於文), 국법이 아니라 예법에 구속되는 삶을 살라(約之以禮)는 공자의 가르침이야말로 국법을 어지럽히고 통치자의 마음을 헷갈리게 한다면서, 이런 간사하고 거짓된 주장을 퍼뜨리는 버러지 같은 것들을 모조리 제거하고, 허락된 범위 외의 책은 모조리 폐기하고 금지해야 한다던 법가 사상가들의 발상을 이제 동중서가 고스란히 되풀이하고 있다. 다만 공격과 탄압의 대상이 바뀌었을 뿐이다.

　법가사상가와 동중서는 일제히 자기 진영 외에는 모조리 '간사하고', '편향되고', '거짓된' 주장이라면서 국가가 나서서 사상 탄압과 금서 정책을 시행해야 국가 기강이 하나로 통일될 수 있다는 주장을 펴는 점에서는 완벽하게 동일하다. 아래에서 간략히 살펴보겠지만, 동중서의 사상은 공자의 가르침과는 근본적으로 대척점에 있다. 공자는 폭넓은 견문과 경험(多聞, 多見)을 통한 배움과 깨달음, 그리고 윤리적 결기를 강조했고 예법에 어긋나는 국법의 권위를 인정하지 않았다. 또한 군자는 공권력의 위세에 겁을 먹고 국법에 구속될 것이 아니라 예법에 구속되는 삶을 살아야 한다고 주장했다. 이와 달리 동중서의 사상은 하늘의 권위를 땅위에서 행사하는 정부에 대한 절대 복종을 토대로 한 전제 군주적 통치 이데올로기였다.

　사상 탄압을 제안한 동중서의 건의를 한 무제가 그대로 수용하지는 않았다. 진의 시황제와는 달리 한 무제가 유가 계열 외의 인사들을 처형했다거나 시(詩), 서(書), 예(禮), 악(樂), 주역(易), 춘추(春秋) 외의 서적 소지를 금지했다는 기록은 없다. 그러나 한 무제는 예악의 붕괴를 심히 민망하게 생각하여 유가 사상의 부흥을 희망했다.[5] 그는 정부가 임명하는 예관(禮官)과 박사(博士)들로 하여금 유가 계열의 주요 텍스트들을 적극 발굴해내어 강의하도록 하고, 각 지역에 정부가 설립하는

교육기관을 세웠다. 이로 인해 유가 사상은 정부가 가르치고 전파하는 관학(官學)이 되었다.[6]

창세기

공자는 인간이 어찌할 수 없는 운명(命)에 대해서는 말을 아꼈고,[7] 괴이한 현상(怪)이나 인간을 뛰어넘는 신(神)에 관한 이야기는 아예 입에 담지를 않았다.[8] 철두철미하게 인간이 지금 여기서 직면하는 현실과 현재의 세상에 밀착하여 '어떻게 행동할 것인가'라는 실천 윤리에 집중한 사람이었다. 다음 구절이 논어에 수록되어 있는 이유도 공자가 이런 사람이었다는 점을 강조하기 위함이다.

> 자로가 귀신을 섬기는 것에 관해서 질문하자 선생님이 이렇게 말했다. "사람 섬기는 것도 제대로 못하는 판에 어찌 귀신을 섬길 수 있겠나?" 자로가 죽음에 대해서 감히 질문하자, 선생님이 이렇게 대답했다. "삶의 문제도 잘 모르는 판에 죽음에 대해서 어찌 알겠나?"[9]

다음 대화도 공자의 관심은 언제나 인간 사회가 직면하는 현실적 문제에 초점이 맞춰져 있었다는 점을 극적으로 드러낸

다. 먼저 전반부를 소개하면 이렇다:

> 안연과 자로가 선생님 시중을 들고 있었는데 선생님이 이렇게 말했다. "자네들이 이루고 싶은 궁극적 목표(志)가 뭔지 한 명씩 말해보게." 자로가 이렇게 대답했다. "저는 수레와 말, 가벼운 털옷 등을 친구와 공유하고 그걸 돌려받을 때 낡아 해져 있어도 괘념치 않는 그런 세상을 원합니다." 안연은 이렇게 대답했다. "저는 자신의 선량함을 자랑하지 않고 자신의 노고를 드러내지 않는 그런 세상을 원합니다."[10]

가난한 배경의 자로는 공산주의 사회를 궁극적 이상향으로 꿈꿨던 것 같다.[11] 한편, 안연은 윤리적으로 완성된 경지를 꿈꾸는 자였다. "선량함을 자랑하지 않고, 노고를 드러내지 않는" 세상이야말로 윤리적으로 원숙한 세상이다. 사람들이 자신의 윤리적 결기를 대단치 않게 여기며 기꺼이 윤리적 삶을 살아가는 최상의 경지이기 때문이다. 자로와 안연이 각자 정치적 이상향과 윤리적 이상향에 대한 원대한 생각을 개진한 데 반하여, 공자의 '포부'는 의외로 소박했다:

> 자로가 "선생님이 이루고 싶은 건 뭔가요?"라고 묻자 선생님은 이렇게 말했다. "어르신들 편안하게 해주고, 친구들 간에 신의 지키고, 어린애들 보듬어 안아주는 세상을 원하지."[12]

공자가 추구했던 궁극적 목표(志)는 바로 공동체를 구성하는
인간들(어르신, 친구, 어린애)의 삶이 행복해지는 것이었다.

공자는 하늘을 의인화하거나, 하늘에 대하여 이러쿵저러
쿵 이야기하는 것을 피했다. 이른바 하늘의 뜻(天志)이라는 것
이 과연 있는지, 무엇인지는 어차피 인간들이 거론할 수 있는
것이 아니라는 입장이었던 것 같다.

> 선생님이 이렇게 말했다. "하늘이 무슨 말을 하더냐? 사계
> 절이 진행되고 온갖 것들이 태어나지만 하늘이 무슨 말을
> 하더냐?"[13]

그러나 동중서는 언제나 하늘을 들먹이며 하늘과 관련지어 사
람의 일을 설명하는 천인감응(天人感应) 이론을 본격적으로 내
세운 인물이다. 동중서는 영구 불변의 도(道)는 하늘에서 비롯
된다면서[14] 일종의 창세기(Genesis)에 해당하는 설명을 제시
한다. '온 세상의 기원이 무엇인가'라는 질문을 스스로 던지고,
하늘이 만물의 창조자라고 답한다:

> 무엇이 근본인가? 하늘, 땅, 사람(天地人)이 만물의 근본이
> 다. 하늘이 만물을 만들고, 땅이 기르고, 사람이 완성한다.
> 하늘은 효심과 형제애를 불어넣어 만물을 만들고, 땅은 입
> 을 옷과 먹을 양식으로 그것을 기르며, 사람은 예악으로 그

것을 완성한다. 이 셋은 수족과 같아서 하나의 몸을 이루며, 하나라도 없으면 안 된다.[15]

효심과 우애(孝悌)는 이로써 인간의 실천 윤리 규범에 머무는 것이 아니라 초월적 가치로 끌어올려진다. 만물이 창조될 때 하늘이 인간에게 장착한 가치라는 것이다. "효심과 우애가 없으면 [존재 자체가] 생겨날 건덕지가 없어지는 것"이라는 동중서의 설명은 실천 윤리 문제였던 효심과 우애가 이제는 형이상학적 존재론과 하늘에 대한 초월적이고 종교적인 믿음과 어지럽게 뒤섞이게 되는 모양을 적나라하게 보여주고 있다.[16]

효심과 우애뿐 아니라, 옳음(正), 윤리적 결기(仁), 정의(義) 등도 모조리 하늘에서 도출되는 초월적이고 종교적인 가치로 변한다.

옳다(正)는 것은 하늘이 사람의 본성으로 운명 지운 것에 부합한다는 뜻이다. 하늘은 사람의 본성을 운명지우면서 인(仁)과 의(義)를 행하고 부끄러움을 알도록 했으니, 살려고만 하고 이득만을 추구하는 짐승과는 다른 것이다.[17]

효심과 우애, 옳고 그름, 윤리적 결기, 정의, 불의 등 사람이 살아가면서 언제나 맞닥뜨리게 되는 인간과 사회의 윤리적, 실천적, 정치적 문제에 대한 논의도 이제 동중서의 사상 체계에서는 하늘을 들먹이지 않고서는 단 한마디도 입에 올리기 어렵게 되었다.

동중서의 음양관: 양존음비(陽尊陰卑) ────

『주역』, 『노자』, 『황제내경』 등의 문헌에 나타나는 음양 개념은 인간 세상을 포함한 대자연에 두루 존재하는 두 상반되는 에너지를 지칭한다. 이 두 에너지는 서로 의존하고 보완하는 대등한 관계에 있고, 이 양자의 조화로운 결합이 생명과 건강의 바탕을 이루는 것으로 인식되어 왔었다. 음과 양을 선(善)이나 악(惡)과 연결 짓거나, 음양 간에 우열 관계를 설정하려는 시도는 발견되지 않는다. 예를 들어, 『주역』에는 "음과 양이 번갈아 나타나는 것이 도(道)이며 이것이 계속 이어지는 것이 좋으며, 이것이 완성된 것이 본성"이라는 설명이 있다.[18] 음이 우월하다거나 양이 우월하다는 암시는 없다. 『도덕경』에도 "도(道)에서 하나가 생기고, 하나에서 둘이 생기며, 둘에서 셋이 생기고, 셋에서 만물이 생겨난다. 만물은 음에 의존하고 양을 품고 있다. 이 기운들이 활발하면 조화롭게 된다"는 설명이 있다.[19] 음양이 균형을 이루고 서로 보완하며 서로를 필요로 할 뿐 아니라, 이 둘 중 어느 하나라도 소홀히 하거나 억압하면 질서와 균형이 무너진다는 생각은 『황제내경』에도 거듭 등장한

다. 예를 들면:

> 그러므로 음양과 사계절은 만물의 시작과 끝이며, 삶과 죽음의 근본이어서, 이것을 거스르면 재해가 생기며, 이 순리를 따르면 가혹한 질병이 생기지 않습니다. 이것을 일러 도를 깨달았다고 합니다. 도는 성인(聖人)께서 실행하는 것이며 어리석은 자들은 그저 장식으로 여기는 것인데, 음양을 따르면 살 것이고, 거스르면 죽을 것이고, 음양을 따르면 다스려지고, 거스르면 어지럽게 됩니다.[20]

그러나, 동중서는 이러한 음양 중립적인 종래의 입장과는 완전히 다른 시각을 제시했다. 그는 음과 양을 갈등과 투쟁의 관계로 설정하면서, 양을 높이고 음을 비하하고, 음은 양에 의하여 늘 억압되어야 할 대상으로 여기는 양존음비(陽尊陰卑) 사상을 내세웠다. 동중서의 독특한 상상 세계에서 음은 나쁘고, 위험하며, 비윤리적이며, 욕정으로 가득한 죽음과 형벌의 기운으로 묘사된다. 동중서는 자신이 상상해낼 수 있는 모든 나쁜 것을 음으로 규정하는 한편, 양은 사랑과 기쁨과 찬란한 태양이 환히 비춰지는 생명과 은혜의 기운으로 묘사한다. 물론, 맹자도 이미 여자는 "남편과 아들을 거스르면 안 되며, 순종하는 것을 옳다고 여기는 것이 바로 아내와 첩의 도리"라는 노골적인 여성 억압적 발상을 내뱉은 적이 있다.[21] 하지만 2천 년 넘게 계속되어 온 여성에 대한 가차 없는 차별과 혐오와 억압의 역사는 동양의 경우 동중서의 양존음비 사상에서 본격적으로 시작한다고 보더라도 무리는 없다.[22]

"음과 양이 번갈아 나타나는 것을 도(道)라고 부른다"는 주역의 음양 중립적 구절을 슬쩍 뒤틀어 언급하면서 동중서는 자신의 기괴한 양존음비 사상을 이렇게 늘어놓기 시작한다. 물론, 하늘을 들먹인다. 무슨 이야기를 해도 하늘의 권위에 기대는 것이 동중서 사상 체계의 특징이다:

천지의 불변하는 법칙은 음양이 번갈아 나타나는 것이다. 양은 하늘이 베푸는 은혜(德)이며, 음은 하늘이 내리는 형벌(刑)이다.[23]

하늘은 양에게 임무를 맡기고 음에게는 맡기지 않는다. 덕을 좋아하고 형벌을 좋아하지 않는 것은 이런 이유에서다.[24]

양이 시작하고 나타나면 만물 역시 시작하고 나타난다. 양이 왕성해지면, 만물 역시 왕성해지고, 양이 시들기 시작하면 만물도 시들기 시작한다. 만물은 양의 나가고 들어옴을 따르고 만물의 이치 또한 양의 시작과 끝을 따르니, 하나라 우왕, 은나라 탕왕, 주나라 문왕의 올바름 역시 양이 거듭 일어남에 따른 것이다. 이를 보면 양은 귀하고 음은 천한

것이다.[25]

양은 귀하고 음은 천하다는 자신의 주장을 뒷받침하는 논거로
서 동중서가 제시하는 것은 날짜를 셀 때 낮(晝)을 기준으로 하
고 밤(夜)을 기준으로 하지는 않는다, 햇수를 셀 때 봄을 기준
으로 하고 겨울을 기준으로 하지는 않는다, 남자는 아무리 천
해도 양이고, 여자는 아무리 귀해도 음이다, 십진법이 하늘의
큰 이치인데, 그 첫 달인 정월(正月)에 양기가 땅에 나오기 시
작하여 자연계 생육 주기가 열 달이 되면 완성된다, 사람도 임
신된 지 열 달이면 완성이 된다, 양기는 동북쪽에서 나와 서북
쪽으로 들어가고, 이른 봄에 개시하여 이른 겨울에 마쳐진다
는 등 횡설수설에 가까운 것들이다.[26]

　　동중서의 독특한 음양관은 여성성에 대한 공포, 성욕에
대한 죄책감으로 가득한 금욕주의로 연결된다.

　　내면의 온갖 나쁜 것이 바깥으로 표출되지 않도록 하는 임
　　무를 띤 것이 마음(心)이다. 그러므로 마음을 임(栬; 쉽게 굽
　　는 연약한 가지)이라고 부른다. 사람이 부여받은 정기에 악
　　함이 전혀 없다면 마음이 무슨 필요가 있겠는가? 나는 마
　　음을 지칭하는 글자를 통하여 사람의 진실된 모습을 깨닫
　　는다. 사람에게는 진정 욕심(貪)도 있고 애타심(仁)도 있다.
　　애타심과 욕심의 두 기운이 사람의 몸에 같이 존재한다. 몸

(身)이라는 글자도 하늘에서 취했다. 하늘이 음양의 두 기운을 베푸는 것과 마찬가지로, 사람의 몸에도 욕심과 애타심이라는 두 본성이 있다. 하늘이 음을 양으로 제압하듯이 몸에 있는 감정과 욕망은 하늘의 도(天道)와 일치되어야 한다. 즉, 음의 운행은 봄과 여름에까지 이르지는 못하고, 달의 창백함은 언제나 태양의 찬란함에 억눌려 있는 것과 같다. 온전한 보름달이 되었다가도 다시 줄어드는 것을 보면 하늘이 음을 금지하고 제압하는 것이 이러함을 알 수 있다. 그러니 욕망을 버리고, 감정을 없앰으로써 하늘에 화답하지 않을 수 없다. 하늘이 금하는 것은 몸도 금해야 한다. 그러므로 몸은 하늘에 비유된다고 한다. 하늘이 금지하는 것을 금지하는 것은 하늘이 금지하지 않는다.[27]

음은 인간의 온갖 나쁜 것(惡), 탐욕(貪), 감정과 욕망(情欲)이고, 인간의 마음(心)은 이런 위험하고 두려운 욕정이 바깥으로 표출되지 않도록 안간힘을 쓰는 연약한 바리케이드와 같다는 것이다. 감정과 욕망은 하늘이 금지하는 것이니, 음(陰)을 버리고 욕망과 감정을 없앰으로써 금욕적인 삶을 살아가는 것이 하늘의 도리라는 불행한 발상이 동중서의 양존음비 사상의 한 측면이다. 물론, 양(陽)이야말로 탐욕과 욕정을 표상하는 것이라는 주장을 수십, 수백 페이지에 걸쳐 내세울 수도 있고, 그 뚜렷한 근거라면서 사계절을 포함한 온갖 자연 현상과 인간

제도에 대한 이른바 '심오한 관찰'을 끌어다 댈 수도 있겠지만, 이런 시도는 음(陰)이 탐욕과 욕정을 표상하는 것이라는 동중서의 주장만큼이나 터무니없다고 생각한다. 좋음(善)과 나쁨(惡), 감정과 욕망 등 윤리적, 실천적 문제를 음이나 양과 연결시켜 보려는 시도는 한결같이 무가치할 뿐 아니라 자의적이다.

하지만, 선악과 음양을 멋대로 연결 지은 동중서의 양존음비 사상은 다음 두 입장을 동중서가 내세우는 데 결정적인 역할을 한다.

형벌 억제론

가혹한 형벌(刑)에 의존하는 통치가 아니라, 덕(德)을 베푸는 은혜로운 통치가 필요하다는 주장은 공자의 생각이라기보다는, 동중서가 내세운 것이다. 형벌을 모조리 나쁘게 평가하는 동중서의 생각이 어떤 시대적 배경에서 등장했는지 이해할 필요가 있다. 『한서』 형법지(刑法志)에 따르면, 법가사상가들이 득세했던 전국시대 한(韓)나라, 진(秦)나라에는 연좌법에 따라 3족을 멸하는 형벌, 정수리를 뚫거나(鑿顛), 갈비뼈를 뽑거나(抽脅), 사람을 가마솥에 삶아서(鑊亨) 죽이는 잔인하기 짝이 없는 신체 훼손을 동반하는 육형(肉刑)이 있었다. 또한 진시황제는 전적으로 형벌에 의존해서 통치했으나 범죄자는 계속 늘어나 죄수복을 입은 사람들이 길거리를 메웠고, 감옥은 시장과 같이 북적댔으며, 온세상 사람들이 정부를 원망하여 결국 반란으로 이어졌다는 기록이 있다.[28] 『한서』의 이런 기록이 모두 사실이라고 확신하기는 어렵겠지만, 엄한 형벌과 혹독한 법령(嚴刑峻法)에 의존한 진나라의 통치는 부정적 결과만을 낳았고 오히려 진나라의 급속한 멸망을 초래했다는 것이 당시의 일반적 평가였다는 사실은 대체로 의심의 여지가 없다. 한나라 초기의 이러한 시대적 상황에서 동중서는 한나라가 오래도록 지속되려면 가혹한 형벌이 아니라 사랑(仁愛)과 은혜(德)로 통치해야 한다는 생각을 본격적으로 개진했다.[29] 여기에 동원된 것이 바로 양존음비 사상이다.

양존음비로 요약되는 동중서의 독특한 우주관은 형벌이 아니라 덕으로 다스리는 것이 바로 '하늘의 뜻'이라는 주장을 내세울 수 있게 해준다. 형벌(刑)을 음(陰)이라고 규정하는 순간 형벌은 나쁜 것, 억압되어야 하는 것이 되고, 덕(德)을 양(陽)과 연결지음으로써 통치자는 양의 기운으로(즉, 덕을 베풂으로써) 음(형벌 사용)을 억제, 통제, 금지해야 한다는 새로운 주장을 내세울 수 있게 된다:

나쁜 것을 모두 모아둔 것이 음이고, 좋은 것을 모두 모아둔 것이 양이다. 양은 덕(德)이고 음은 형벌(刑)이다. … 양기는 따뜻하고 음기는 차갑다. 양기는 베풀고 음기는 빼앗는다. 양기는 너그럽고 음기는 사납다. 양기는 관대하고 음기는 가혹하다. 양기는 사랑이고 음기는 증오다. 양기는 생명이고 음기는 죽음이다. … 이는 모두 하늘이 양을 가까이 하고 음을 멀리함을 나타내며 덕을 크게 여기고, 형벌은 작게 여기는 것이다. 그러므로 통치자는 하늘이 가까이 하는 것을 가까이 하고 하늘이 멀리하는 것을 멀리 해야 하며, 하늘이 크게 여기는 것을 크게 여기고, 하늘이 작게 대하는 것을 작게 대해야 한다. 이런 이유로 하늘의 이치는 양(陽)을 중시하고 음(陰)을 중시하지 않으며, 덕(德)을 베푸는 데 힘쓰고 형벌(刑)을 가하는 데 힘쓰지 않는다. 형벌로 세상을 맡아 이루어내는 것이 불가능한 것은 마치 한해의 완성을 음에게 맡겨둘 수 없는 것과 같다. 형벌에 맡겨 나라를 다스리겠다는 것은 하늘을 거스르는 것이라 하겠고, 왕도가 아니다.[30]

형벌에 의존하는 정치는 "하늘을 거스르는 것(逆天)"이라는 동중서의 주장은 엄형주의에 대한 가장 강력한 비난이며, 한나라의 여러 황제들이 형벌제도 완화를 추진하는 핵심적 논거로 작용했다. 덕(德)과 형(刑)의 관계를 음양과 연결 지어 파악하는 동중서의 생각은 독특하고 독창적이며, 완전히 새로운 것이다. 고대 중국 정치 담론의 오랜 전통은 오히려 덕(德)과 형(刑)을 대립 관계로 본 적이 없다. 덕치(德治)가 도달해야 할 궁극 지향점을 형벌의 적정한 집행(刑之中)이라고 보았고, 공자도 예악의 흥륭(興隆)을 통하여 형벌적중(刑罰的中)이라는 궁극 목표에 도달하고자 했다는 점은 앞서 설명했다. 덕(德)과 형(刑)은 고대 중국 정치 담론에서 서로 상극 관계나 대결 관계 또는 일방이 타방을 억제하고 내리 눌러야 하는 관계에 있었던 것이 아니라 상호 불가분의 관계에 있었다. 심지어 맹자도 정치와 형벌이 제대로 정비되어야 강성한 나라가 될 수 있다고 주장했다.[31]

그러나 법가 사상가들은 상과 벌로 인간을 맘대로 통제할 수 있다는 천박한 발상에 근거하여 형벌권을 그저 '기술적' 수단이라고만 생각했고, 겁을 주면 거역하지 못할 것이라는 그릇된 믿음으로 가혹한 형벌에 의존하는 정책을 채택했다. 그러나 인간에게는 윤리적 결기와 용기라는 것이 있어서, 아무리 잔인한 형벌을 개발해내어 겁을 줘도 소용이 없을 수 있다. 이 점은 부인할 수 없는 인간 본성의 한 측면이며 진나라의 신속한 패망으로 입증된 사실이다. 진나라 정책의 참담한 실패를 목격한 한나라 사상가들은 엄한 형벌을 남발했던 과거의 정책은 제발 그쳐야 한다고 여겼으며, 이런 시대적 배경에서 동중서는 훈훈한 봄바람 같은 사랑과 은혜의 정치가 바람직하다는 자신의 소망을 다음과 같이 피력했다:

음은 형벌(刑)의 기운이고, 양은 은혜(德)의 기운이다. 음은 가을에 시작하고 양은 봄에 시작한다. 봄(春)이라는 말은 기쁘고 신난다(偆偆)는 말과 연결되고, 가을(秋)이라는 말은 근심스럽고 슬프다(湫湫)는 말과 연결된다. 그러므로 봄은 기쁘고 여름은 즐거운 것이고, 가을은 근심스럽고 겨울은 슬픈 것이다. 죽음은 슬프고, 삶은 즐겁다. 봄이 성장하면 여름이 되고, 가을이 숨으면 겨울이 온다. 이것이 위대한 사람의 뜻이다. 그런고로 사랑을 우선적으로 베풀고 엄한 처벌은 나중으로 돌려야 한다. 생명을 기쁘게 여기고 죽음을 슬프게 여기는 것은 하늘의 당연한 이치다.[32]

동중서의 형벌관은 가혹한 형벌이 난무하던 진나라의 통치를 겨우 벗어난 한대 사상가들의 간절한 희망과 갈구를 반영한 것이었다. 후대 사람들은 이를 마치 공자의 생각이었던 것처럼 오해한다. 공자가 말한 "덕으로 이끌고 예법으로 다스리는" 정치는 형벌을 폐기하라는 것이 아니라, 예법에 맞는 형벌의 적정한 사용, 즉 형지중(刑之中)을 덕치(德治)의 궁극 경지로 여긴 것이었다. 동중서처럼 형벌을 악(惡)으로 규정하고 덕(德)으로 형(刑)을 억눌러야 한다고 여긴 것이 아니었다.

통치권력에 대한 절대 복종 이데올로기

동중서의 양존음비 사상은 통치권력에 대한 절대 복종을 '하늘'의 섭리로 포장하는 데 사용되기도 했다. 음양의 꼬리표는 아무데나 멋대로 붙일 수 있으므로 여성을 음, 남성을 양으로 규정할 수 있음은 물론이지만 거기서 그치는 것이 아니다. 그리고 남성이라고 언제나 양으로 규정되는 것도 아니다:

> 임금과 신하, 아버지와 아들, 남편과 아내 간의 관계도 모두 음양의 도에 따라 결정된다. 임금은 양, 신하는 음, 아버지는 양, 아들은 음, 남편은 양, 아내는 음에 해당한다.[33]

동중서는 군신(君臣), 부자(父子), 부부(夫婦) 간의 위계 질서를 삼강(三綱)이라고 하면서 이 질서는 하늘에서 도출되는 것이라고 설명한다.[34] 동중서가 이해하는 예(禮)는 귀천과 강약과 대소를 분간하여 수직적 위계질서를 규정 짓는 규칙이다. 물론 예(禮)를 설명하면서도 동중서는 하늘을 들먹이고, 음양을 거론한다:

> 예(禮)는 하늘과 땅을 잇고, 음과 양을 구체화하며, 주인과 손님 관계를 삼가 정립하고, 높고 낮고, 귀하고 천하고, 크고 작은 위치의 서열을 정하고, 안과 밖, 가깝고 멀고, 새롭

고 오랜 것을 구분하여 등급을 매기는 것으로서 덕이 많은 자를 모범으로 삼는다.[35]

군신, 부자, 부부 간의 관계를 양존음비의 질서로 규정하는 순간, 열악한 음은 우월한 양을 거스를 수는 없고, 나쁜(惡) 음은 좋은(善) 양에 의하여 통제되고 억눌려 지내야 하며 이것이 바로 '하늘'의 이치이자 영구불변의 도리라는 절대 복종의 통치 이데올로기, 억압 이데올로기가 탄생한다. 군주의 권위와 백성의 복종은 음양의 수직적 질서(양은 높고 귀하고 음은 낮고 천하다)로 정당화될 뿐 아니라, 사계절, 해와 달 등과 같은 자연 현상에서도 거듭 확인되며, 심지어 인간의 언어에도 이러한 수직적 위계질서가 이미 각인되어 운명 지워져 있다는 것이 동중서의 주장이다.

공자는 인간사에 대한 논의에 하늘을 끌어들이지 말라는 뜻으로 "하늘이 무슨 말을 하더냐?"라고 했지만,[36] 동중서의 생각은 물론 다르다:

하늘은 말을 하지 않지만 사람을 통하여 하늘의 뜻이 드러나도록 하고, 행동하지 않지만 사람이 하늘 뜻대로 행동하게 한다. 이름은 성인(聖人)께서 하늘의 뜻이 드러나도록 해 둔 것이므로 깊이 살펴보지 않을 수 없다. 하늘의 명을 받은 군주는 하늘의 뜻을 부여받은 것이므로 '하늘의 아들

(天子)'이라고 부른다. 그러니 하늘 보기를 아버지 보듯 하며, 효도로써 하늘을 모셔야 마땅하다. 제후(侯)라 불리는 자는 천자를 어떻게(候)[37] 모실지를 삼가 살펴야 마땅하다. 대부(大夫)라 불리는 자는 충직함과 믿음직함을 두텁게 하고, 예법과 옳음을 돈독히 하여 필부들의 옳음보다는 더 큰 (大) 훌륭함으로써 이들을 감화시켜야 한다. 士(선비)라는 말은 윗사람을 모신다(事)는 뜻이다. 民(백성)이라는 말은 눈감고 잠들어 있다(瞑)는 뜻이다.[38]

눈과 귀를 열고 폭 넓게 문물을 배워 자신의 윤리적 기준을 수립하고 굳세고 단호하게 올바른 선택과 실천을 하라는 공자의 가르침은 이제 완전히 사라졌다. 국법보다는 예법의 우위를 주장하며 불의로운 국법과 공권력 행사에 대해서는 단호한 윤리적 결기로 비판하며 저항했던 공자의 추종자들은 대대적으로 처형되었고, 그들의 불온한 가르침을 담은 책들은 금서로 취급되어 폐기되었는 바, 동중서는 이런 불행한 과거가 다시는 되풀이되어서는 안 된다고 결심이나 한 듯 절대 복종의 이데올로기를 설파했다. 그리고 이러한 동중서의 가르침은 한나라 전역에 설립된 공립 학교에서 공립 교원(博士)들을 통하여 전파되었다.

공자가 말한 君君臣臣父父子子는 각자가 자신의 지위와 임무에 충실해야 한다는 양방향의 논리였고, 임금이 임금답지 않으면 임금으로 인정받기 어렵고 언제라도 뒤집어질 것이며, 아버지도 아버지답지 않으면 아버지로 인정받기 어려울 것이라는 역동적인 저항과 날선 비판을 담은 주장이었다.[39] 그러나 양존음비 사상과 결합하여 동중서가 제시하는 군신(君臣) 부자(父子) 부부(夫婦)의 위계질서, 즉, 삼강(三綱)은 일방적인 절대 복종의 수직적 질서이고 동중서가 상상하는 기이한 우주자연적 윤리 질서(우주자연에 존재하는 음과 양의 기운을 선과 악의 투쟁으로 묘사하고, 선한 에너지인 양(陽)이 악한 에너지 음(陰)을 억압하고 금지하는 것이 우주자연의 질서이며 하늘의 도(道)라는 동중서의 상상세계)에 근거한 영구불변의 억압과 복종 관계이다.[40]

네 이웃을 사랑하라

맹자는 가족 구성원들 간의 맹목적 사랑을 예찬하며 "친친(親親)이 곧 인(仁)"이라는 주장을 내세움과 아울러, 타인이 아무리 자신에게 나쁜 짓을 하더라도 언제나 그 원인을 자신에게 돌리고 자책하며 평생 고민을 안고 살면서 남을 원망하지 않는 것이 인(仁)이라는 독특한 주장을 폈다는 점은 앞서 보았다.[41] 동중서는 바로 이 맹자의 자학적이고 자책적인 인(仁)개념을 채용했다. 절대로 남을 비판하거나 원망해서는 안 된다. 모든 것을 자기 잘못으로 돌리고 자책하고 자성하는 것이 인

(仁)이라는 주장을 동중서도 고스란히 되풀이했다. 인(仁)은 사람을 사랑하는 것(愛人)이라는 논어의 구절에 대해서 동중서는 "사람(人)"은 자기가 아니라 남을 뜻하는 것이므로, 자기 자신(我)에 대해서는 엄격한 자책과 자기 교정이 요구되며 스스로의 수양, 즉, 수신(修身)에 집중해야 한다는 내향적 인(仁) 이론을 완성한다. 다른 한편, 세상과의 관계, 남들과의 관계에서 인(仁)은 오로지 사랑이라면서 온화하고, 평온하며, 수월하고 그저 화기애애한 것이 인(仁)이라고 여기고 있다.

죽음을 두려워하지 않고 올바른 윤리적 선택을 용기있게 하는 데 필요한 단호하고 강인한 윤리적 결기로서의 인(仁)은 이제 완전히 잊혀졌다. 어차피 동중서가 상상하는 절대 복종의 우주자연적(양존음비적) 통치 질서에서는 복종과 순종이 필요한 것이지 윤리적 결기가 필요한 것은 아니다. 날카로운 비판과 굳세고 단호한 저항의 에너지는 이제 쓸모가 없다. 사단 병력이 들이닥쳐도 물러서지 않는 윤리적 결기는 필요가 없다. 그저 고분고분 임금을 섬기고 부모님에 복종하며 남편에게 순종하는 온순하고 온화한 사람이 되어야 한다. 동중서는 인(仁)을 이렇게 설명한다:

인(仁)이란 무엇인가? 인(仁)은 아파하고 슬퍼하는 심정으로 남을 사랑하고, 삼가는 마음으로 화합하여 싸우지 않고 (不爭), 좋아함과 싫어함을 도리에 맞게 하며, 미워하는 마음으로 상처를 주지 않고, 꺼리는 뜻을 몰래 담아두지 않고, 질투하고 시샘하는 기운이 없고, 우울하게 만드는 욕망이 없고, 음흉하고 간사한 처사가 없으며, 피하거나 어기는 행위가 없는 것이다. 그렇기 때문에 그 마음은 여유롭고, 의지는 평온하고, 기분은 온화하고, 욕망은 절제되어 있으며, 일처리는 수월하고, 행동은 도리에 맞다. 그렇기 때문에 평화롭고 수월하며 조화롭고 이치에 맞아 싸울 일이 없는 것이다(無爭). 이런 것을 인(仁)이라 부른다.[42]

싸우지 않는 것(不爭), 싸울 일이 없는 것(無爭)이 인(仁)이라고 거듭 강조하는 동중서의 인(仁) 개념은 공자가 말한 인(仁)의 강인함과 날카로움과 맹렬한 분노가 완전히 제거된 것이다. 동중서가 말하는 인(仁)은 국가와 사회의 부조리와 부정의에 분노하거나 대항하여 싸우려 하지 말고 오직 자기 내면의 부조리와 자기 자신의 원죄를 차분히 성찰하고 교정하라는 내향적이고 종교적인 메세지를 담고 있다. 다음 구절은 동중서의 순종적 인(仁) 사상을 분명하게 드러내 보여준다:

> 仁으로 남(人)을 편안하게 하고, 義로써 자신(我)을 바로잡는다. 그러므로 仁이라는 말의 소리가 人과 같고, 義라는 말의 소리가 我와 같다. 말소리에서 벌써 구분이 되는 것이다. 인(仁)은 남에게 향하는 것이고, 의(義)는 자신에 관한

것임을 잘 살펴야 한다. 많은 사람들이 이를 살피지 않고 인(仁)이라면서 자신을 느긋하게 하고, 의(義)라면서 남을 단죄한다. (…)

그러므로 춘추는 인의(仁義)를 행하는 법을 제시한다. 인(仁)의 방법은 자신을 사랑하는 것이 아니라 남을 사랑하는 데 있다. 의(義)의 방법은 남을 교정하는 것이 아니라 자신을 교정하는 데 있다. 내 스스로 올바르지 않으면 비록 남을 바로잡더라도 옳다고 할 수 없다. 남에게 사랑을 베풀지 않으면 비록 자신을 두텁게 사랑하더라도 인(仁)이라고 할 수 없다.[43]

우주자연의 음양 질서에 따라 백성은 통치자에게 영구히 절대 복종해야 한다는 동중서의 통치 철학 하에서는 정부와 공권력에 대한 비판과 저항은 인(仁)도 아니고, 의(義)도 아니며 아예 사람의 몫이 아니다. 사람이 할 일은 그저 이웃을 사랑하고(愛人, 仁), 자신을 바로잡는 것이다(正我, 義): "남을 심판하지 마라. 네 눈의 들보부터 먼저 빼내어라." 이것이 동중서가 말하는 인의(仁義)를 실천하는 방법이다. 나머지는 하느님이 모두 해결해 줄 것이다. 바로 이 장면에서 동중서의 재이(災異)론이 등장한다.

아마도 동중서를 가장 유명하게 만든 것이 바로 괴이한 자연 현상과 재해에 대한 그의 이론일 것이다. 동중서는 자연재해나 사고, 기이한 현상 등은 모두 정부의 실정과 부당한 처사에 대해 하늘이 보내는 경고라고 설명한다. 인간은 정부의 권위에 절대 복종해야 하고, 남을 비판하거나 바로잡으려 해서는 안 되고 오직 자기 자신만을 바로잡아야 하지만 그래도 정부가 엉망진창이 되지 않는 이유는 하늘이 개입하기 때문이라는 것이다. 정부가 잘못을 범하면 하늘은 정부에게 엄중한 경고를 내린다는 것이 동중서의 재이(災異)론이다.

　　동중서와 같은 시기에 살았던 사마천은 동중서의 재이론과 관련된 흥미로운 일화를 기록하고 있다. 동중서는 한 무제의 이복형제였던 유비(劉濞; 기원전 169-127)를 보좌하다가 파면되어 집에 머물면서 재이에 관한 글을 집필했다고 한다. 그 무렵 요동(遼東)에 있던 한 고조(高祖)의 사당에서 화재가 발생했는데, 동중서를 좋지 않게 여겼던 주보언(主父偃)이 재이에 관한 동중서의 글을 무단으로 입수하여 무제에게 바쳤고 무제는 유생들에게 이 글을 보여주었는데, 재앙 현상을 빗대어 정부의 실정을 신랄하게 비판한 내용이었다. 동중서의 제자인 여보서(呂步舒)는 이 글이 자기 스승의 글인 줄 모르고, 동중서의 재이론을 어리석은 견해라고 공격했다. 결국 동중서는 법관에게 넘겨져 사형을 선고받았으나 무제가 사면해주었고, 그 후로 동중서는 다시는 재이(災異)에 관하여 거론하지 않았다고 한다.[44] 자신의 잘못을 교정하고(正我) 이웃을 사랑하는(愛人) 동중서 스타일의 인의(仁義)를 실천하며 조용히 숨죽이고 지냈다는 뜻이리라.

『춘추번로』에 남아 있는 동중서의 재이론은 이런 내용이다:

세상 일에 비정상적인 이변이 생기는 것을 異(괴이함)라고 부르며, 작은 규모의 것은 災(재해)라고 부른다. 재해가 언제나 먼저 나타나고, 그에 이어 괴이함이 따라오게 된다. 재해는 하늘이 주는 경고이고, 괴이함은 하늘이 보이는 위엄이다. 경고를 줬는데도 알아차리지 못하면 위엄으로써 겁을 주는 것이다. 옛 민요에 '하늘의 위엄을 두려워한다'는 말이 있는데 바로 이 뜻이다. 무릇 재해와 괴이함의 근본 원인은 언제나 국가의 실책에 있다. 국가의 실책이 싹트려는 초기 단계에 있을 때 하늘은 재해가 나타나도록 하여 경고를 준다. 꾸짖었는데도 알아차리지 못하고 태도를 바꾸지 않으면 괴이함이 나타나도록 해서 깜짝 놀라도록 한다. 놀라도록 겁을 줬는데도 여전히 알아차리지 못하고 두려움도 모르면 마침내 대재앙이 오게 된다. 이를 보더라도 하늘의 뜻은 인간을 사랑하는 것이지 인간을 함정에 빠트리려는 것이 아니다.[45]

하느님의 무한한 사랑 ─────────────

모든 것이 하늘의 뜻이고, 하늘의 섭리라고 여겼던 동중서의
우주자연적 통치 이데올로기의 궁극적 귀결점이자 출발점은
하늘이 인간을 사랑한다는 것이다. 하늘은 곧 사랑이라는 동
중서의 생각은 이렇게 묘사되어 있다:

> 하늘은 사람을 사랑한다. 하늘은 만물을 덮어서 길러낸다.
> 모든 것을 창조하여 키워내고 완성하며 그 일과 공력이 그
> 치지 않는다. 끝이 나면 다시 새로 시작하며 모든 것은 사
> 람들을 봉양하는 것으로 귀결된다. 하늘의 뜻을 잘 관찰하
> 면 무한하고 끝없는 사랑이다(無窮極之仁). 사람은 하늘로
> 부터 명(命)을 받았으니, 하늘의 사랑을 본받아 사랑해야
> 마땅하다. …

> 하늘은 언제나 사랑과 이로움을 주려는 뜻을 가지고 있고,
> 길러내고 키워내는 것을 일로 삼는다. 봄 여름 가을 겨울도
> 모두 이런 용도로 존재한다. 통치자도 언제나 세상을 사랑
> 하고 이롭게 해주려는 뜻을 지녀야 하고, 세상을 편안하고
> 행복하게 하는 것을 일로 삼아야 한다. 통치자의 좋아함,
> 싫어함, 기쁨과 노여움도 바로 이런 용도로 마련되어 있다.
> 이것들은 하늘이 마련한 봄 여름 가을 겨울에서 본뜬 것이

다. 하늘은 사계절의 따스하고 서늘하며 춥고 더운 것으로서 변화와 성공을 이끌어낸다.[46]

하늘은 곧 사랑이라는 동중서의 종교적 신념은 사실 묵자의 견해를 상당 부분 그대로 채용한 것이라고 볼 수 있다. 동중서의 재이(災異)론 또한 그 씨앗은 묵자가 이미 뿌린 것이다. 묵자는 이렇게 말했다:

그렇다면 하늘이 온 세상 백성을 사랑한다는 것은 어떻게 아는가? … 무고한 사람을 한 명 죽이면, 반드시 불길한 일이 하나 생긴다. 무고한 사람을 누가 죽이는가? 사람이 죽인다. 사람들에게 불길한 일을 보내는 자는 누구인가? 하늘이다. 만약 하늘이 온 세상 백성을 사랑하지 않는다면 사람이 사람을 서로 죽이는 일에 대해서 하늘이 불길한 일을 내려보내겠는가? 이것으로 나는 하늘이 온세상 백성을 사랑함을 안다.[47]

하늘이 백성을 두텁게 사랑하심을 내가 아는 또 다른 이유는 이것이다. 해와 달과 별을 빚어내 밝게 비춰 이끌어주시고, 봄 여름 가을 겨울 사계절을 만들어 기강을 세워주시고, 눈, 서리, 비, 이슬을 내려 오곡과 삼베와 명주가 자라도록 해서 사람들이 그것을 수확하여 이득을 보도록 해주시고, 산천과 계곡을 만들어 온갖 것을 파종하고 수확할 수 있게 하시고, 백성의 착하고 나쁜 점을 맡아 처리할 수 있도록 왕과 제후들을 세워 재능이 많은 이를 상 주고 횡포한 이를 벌주시며, 쇠와 나무와 날짐승 들짐승을 베푸시고, 오곡과 삼베와 명주를 생산하여 백성들이 옷을 입고 음식을 먹을 수 있게 하신다. 예로부터 오늘날까지 늘 이랬다. 여기 한 사람이 있어 그 아들을 기꺼이 사랑하여 힘을 다해 오로지 그 아들을 이롭게 해주었는데, 아들이 커서 아버지의 사랑을 갚지 않으면 온 세상 군자들은 이것을 인(仁)하지 못하고 상서롭지 않다고 할 것이다. 하늘은 온 세상을 두루 사랑하시고 만물을 갖추어 사람들을 이롭게 하신다. 털끝만한 작은 것도 하느님이 하신 일이 아닌 것이 없다.[48]

동중서는 무슨 이유에선지 장막을 쳐놓고 강의를 했기 때문에 학생들이 동중서의 얼굴을 볼 수가 없었다고 사마천은 기록한다.[49] 우주 자연의 섭리를 음양의 조화와 하느님의 사랑으로 풀어내고, 괴이한 현상과 끔찍한 재해에 숨어 있는 하느님의 인간에 대한 끝없는 사랑을 극적으로 전달하기 위한 무대 장치였는지는 알 길이 없다. 한 무제가 즉위했던 기원전 141년에서 기원전 87년 사이는 중국 역사상 가장 크게 영토를 확장했던 시기였고, 동중서의 가르침은 한나라의 확장과 함께 널리 퍼져나갔을 것으로 짐작해볼 수는 있다.

그로부터 100년가량 후에 지중해 동쪽의 유대 지역에서 예수가 등장하여 전통적 유대 사회의 가혹한 형벌과 율법을 공격하면서 율법이 아니라 하느님이 베푸는 은혜와 사랑으로 통치해야 한다는 감동적인 주장을 폈다는 점은 모두가 잘 알고 있다. 우연히도 예수의 주장은 가혹한 형벌과 엄한 율법에 따른 통치를 배격하고 은혜(德)와 사랑(仁愛)으로 다스려야 한다는 동중서의 주장과 일치하는 부분이 많았다. 특히, 하느님이 인간을 지극히 사랑하신다는 예수의 복음은 여호와를 엄격한 정의와 살벌한 응징의 화신으로 여겨왔던 유대 사회의 전통적 시각에서 봤을 때에는 난데없는 발상이었겠지만, 인간을 지극히 사랑하여 인간이 필요로 하는 모든 것을 아낌없이 마련해 주시는 인자한 아버지 같은 하늘은 묵자에게는 당연했고, 무한하고 끝없는 사랑을 인간에게 베푸는 하늘은 동중서에게도 익숙한 개념이었다. 하느님과 나의 관계를 아버지와 아들 관계로 설정하는 예수의 발상은 유대 사회의 전통적 가치 기준에서는 너무나 불경스러운 것이었겠지만, 묵자와 동중서의 사상 체계에서는 익숙하고 당연한 것이었다.

　　물론, 고대 중국 사상가들이 기독교의 '시작'에 어떤 영향을 미쳤는지 여부를 밝혀내려는 시도는 무의미하다. 그러나, 기독교가 나중에 동서양을 막론하고 크게 퍼져나가는 데 성공한 이유 중 하나는 예수의 주장이 우연히도 한나라 이래로 중국 정부가 체계적으로 가르치고 전파해왔던 동중서의 사상과 일치하는 부분이 대단히 많다는 데 있다는 점은 무시할 수 없는 역사적 사실이다.

　공자가 힘주어 설명했던 결기(仁), 윤리(禮), 배움(學) 그리고 실천(習)에 관한 생생한 가르침은 맹자와 동중서를 거쳐 오는 동안 완벽하게 잊혀졌고 변질되었다. 오늘날 우리가 유가 전통이라고 여기는 많은 것들은 공자의 생각이나 가르침과는 오히려 무관하다. 하지만 우리에게 남겨진 논어라는 소중한 텍스트는 공자가 남긴 가르침의 원래 모습이 무엇이었는지를 복원하는 데 필요한 실마리를 간직하고 있다고 생각한다.

1 漢書, 惠帝紀 (4년) 三月甲子, 皇帝冠, 赦天下。省法令妨吏民者; 除挾書律

2 漢書, 楚元王傳 57

3 漢書, 董仲舒傳 2

4 漢書, 董仲舒傳 39 동중서가 말하는 육예는 시, 서, 예, 악, 주역, 춘추에 대한
배움(六學)을 뜻한다는 점은 春秋繁露, 玉杯 5 참조.

5 漢書, 武帝紀 73, 今禮壞樂崩, 朕甚閔焉

6 漢書, 董仲舒傳 43 (立學校之官, 州郡擧茂材孝廉, 皆自仲舒發之) 홍원식,
"동중서 철학의 중국 유학사적 위치", 동아인문학 제39권 (2017); 윤지원,
"한초(漢初) 지식지형의 변화와 유학-董仲舒의 政治思想을 中心으로",
유교사상문화연구, 제82집(2020) 등 참조.

7 子罕言利, 與命, 與仁。(子罕 9.1)

8 子不語怪, 力, 亂, 神。(述而 7.21)

9 季路問事鬼神。子曰:「未能事人, 焉能事鬼?」敢問死。曰:「未知生, 焉知死?」
(先進 11.12)

10 顏淵。季路侍。子曰:「盍各言爾志?」子路曰:「願車馬。衣輕裘, 與朋友共。
敝之而無憾。」顏淵曰:「願無伐善, 無施勞。」(公冶長 5.26)

11 자로의 가난한 배경에 대해서는 子罕 9.26 참조 ("낡아 해진 싸구려 솜옷을
입고 여우 가죽 담비 가죽 옷을 갖춰 입은 자 옆에 서있어도 아무 부끄럼 없는
사람이 바로 자로 아닌가! 옛 노래에 '시기하지 않고 탐하지도 않으면 잘못될
일이 어디 있겠나'라는 가사도 있지.")

12 子路曰:「願聞子之志。」子曰:「老者安之, 朋友信之, 少者懷之。」(公冶長 5.26)

13 子曰:「天何言哉? 四時行焉, 百物生焉, 天何言哉? (陽貨 17.19)

14 漢書, 董仲舒傳 35, 道之大原出於天, 天不變, 道亦不變

15 春秋繁露, 立元神 1 (何謂本? 曰: 天地人, 萬物之本也。天生之, 地養之,

人成之。天生之以孝悌, 地養之以衣食, 人成之以禮樂, 三者相為手足, 合以成體, 不可一無也。)

16 春秋繁露, 立元神 1 (無孝悌則亡其所以生)

17 春秋繁露, 竹林 4

18 周易, 繫辭上 5 (一陰一陽之謂道, 繼之者善也, 成之者性也。仁者見之謂之仁, 知者見之謂之知。)

19 道德經 42 (道生一, 一生二, 二生三, 三生萬物。萬物負陰而抱陽, 沖氣以為和) 물론, 노자에는 오히려 음(陰)의 크나큰 힘을 강조하는 듯한 귀절들도 있지만, 그렇다고 양이 모든 면에서 열악하다고 해석할 여지가 있는 귀절은 없다.

20 黃帝內經, 素問, 四氣調神大論 3

21 無違夫子 以順為正者, 妾婦之道也 (孟子, 滕文公下 7)

22 임채우, "陰陽關係論에서 본 여성관", 동양철학 제25집(2002)은 안타깝게도 동중서에 대한 논의를 누락하고 있다.

23 春秋繁露, 陰陽義 (天地之常, 一陰一陽。陽者天之德也, 陰者天之刑也)

24 春秋繁露, 陰陽位 (天之任陽不任陰, 好德不好刑, 如是也)

25 春秋繁露, 陽尊陰卑 (陽始出, 物亦始出; 陽方盛, 物亦方盛; 陽初衰, 物亦初衰。物隨陽而出入, 數隨陽而終始, 三王之正隨陽而更起。以此見之, 貴陽而賤陰也。

26 春秋繁露 중, 陽尊陰卑, 陰陽終始 등 참조.

27 春秋繁露, 深察名號 4 (眾惡於內, 弗使得發於外者, 心也, 故心之為名, 栣也。
人之受氣苟無惡者, 心何哉? 吾以心之名, 得人之誠。人之誠, 有貪有仁。
仁貪之氣, 兩在於身。身之名, 取諸天。天兩有陰陽之施, 身亦兩有貪仁之性。
天有陰陽禁, 身有情欲, 與天道一也。是以陰之行不得干春夏,
而月之魄常厭於日光。乍全乍傷, 天之禁陰如此, 安得不損其欲而輟其情以應天。
天所禁而身禁之, 故曰身猶天也。禁天所禁, 非禁天也。)

28 漢書, 刑法志 12, 13

29 박동인, "董仲舒 의 禮論", 退溪學報 第 127 輯 (2010), 57면 참조.
漢書, 刑法志 16에는 한나라 효문제때(기원전 180-157년에 재위)에 와서는 진나라를 멸망으로 이끈 정책을 나쁘게 평가하고 관대하고 너그러운 시책에 치중할 것을 논의했다(懲惡亡秦之政, 論議務在寬厚)는 기록이 있다. 임병덕, "漢書 刑法志 譯註", 중국사연구 제10집 (2000), 244면 참조.

30 陽尊陰卑 (惡之屬盡為陰, 善之屬盡為陽。陽為德, 陰為刑。… 陽氣暖而陰氣寒,

陽氣予而陰氣奪, 陽氣仁而陰氣戾, 陽氣寬而陰氣急, 陽氣愛而陰氣惡,

陽氣生而陰氣殺。… 此皆天之近陽而遠陰, 大德而小刑也。

是故人主近天之所近, 遠天之所遠; 大天之所大, 小天之所小。

是故天數右陽而不右陰, 務德而不務刑。刑之不可任以成世也,

猶陰之不可任以成歲也。為政而任刑, 謂之逆天, 非王道也。)

31 제4장 193-194면 참조. 孟子, 公孫丑上 4 (國家閒暇, 及是時明其政刑。

雖大國, 必畏之矣。)

32 春秋繁露, 王道通三 (陰, 刑氣也; 陽, 德氣也。陰始於秋, 陽始於春。春之為言,

猶偆偆也; 秋之為言, 猶湫湫也。偆偆者, 喜樂之貌也; 湫湫者, 憂悲之狀也。

是故春喜夏樂, 秋憂冬悲, 悲死而樂生。以夏養春, 以冬藏秋, 大人之志也。

是故先愛而後嚴, 樂生而哀終, 天之當也)

33 春秋繁露, 基義 (君臣。父子。夫婦之義, 皆取諸陰陽之道。君為陽, 臣為陰;

父為陽, 子為陰; 夫為陽, 妻為陰。)

34 春秋繁露, 基義 (王道之三綱, 可求於天)

35 春秋繁露, 奉本 1 (禮者, 繼天地, 體陰陽, 而慎主客, 序尊卑。貴賤。

大小之位, 而差外內。遠近。新故之級者也, 以德多為象。)

36 陽貨 17.19

37 候는 어떻게(何)라는 뜻으로도 쓰이는 말이다.

38 春秋繁露, 深察名號 1 (天不言, 使人發其意; 弗為, 使人行其中。

名則聖人所發天意, 不可不深觀也。受命之君, 天意之所予也。故號為天子者,

宜視天如父, 事天以孝道也。號為諸侯者, 宜謹視所候奉之天子也。號為大夫者,

宜厚其忠信, 敦其禮義, 使善大於匹夫之義, 足以化也。士者, 事也; 民者, 瞑也。)

39 顏淵 12.11

40 박동인, "董仲舒의 禮論", 退溪學報 第 127 輯 (2010), 66-73면

41 孟子, 告子下 3, 盡心上 15 (親親, 仁也) 離婁下 28 (終身之憂), 公孫丑上 7

(仁者 … 正己 … 不怨)

42 春秋繁露, 必仁且知 2 (何謂仁? 仁者憯怛愛人, 謹翕不爭, 好惡敦倫,

無傷惡之心, 無隱忌之志, 無嫉妒之氣, 無感愁之欲, 無險詖之事, 無闢違之行。

故其心舒, 其誌平, 其氣和, 其欲節, 其事易, 其行道, 故能平易和理而無爭也。

如此者謂之仁。)

43 春秋繁露, 仁義法 (以仁安人, 以義正我, 故仁之為言人也, 義之為言我也,

言名以別矣。仁之於人, 義之與我者, 河不察也。眾人不察, 乃反以仁自裕,
而以義設人。… 仁之法在愛人, 不在愛我。義之法在正我, 不在正人。我不自正,
雖能正人, 弗予為義。人不被其愛, 雖厚自愛, 不予為仁。)

44 史記, 儒林列傳 20

45 春秋繁露, 必仁且知 4 (天地之物有不常之變者, 謂之異, 小者謂之災。
災常先至而異乃隨之。災者, 天之譴也; 異者, 天之威也。譴之而不知,
乃畏之以威。《詩》云「畏天之威。」殆此謂也。凡災異之本, 盡生於國家之失。
國家之失乃始萌芽, 而天出災害以譴告之; 譴告之而不知變, 乃見怪異以驚駭之,
驚駭之尚不知畏恐, 其殃咎乃至。以此見天意之仁而不欲陷人也。)

46 王道通三 (天, 仁也。天覆育萬物, 既化而生之, 有養而成之, 事功無已,
終而複始, 凡舉歸之以奉人。察於天之意, 無窮極之仁也。人之受命於天也,
取仁於天而仁也。… 天常以愛利為意, 以養長為事, 春秋冬夏皆其用也。
王者亦常以愛利天下為意, 以安樂一世為事, 好惡喜怒而備用也。
然而主之好惡喜怒, 乃天之春夏秋冬也, 其俱暖清寒暑而以變化成功也。)

47 墨子, 天志上 5 (然則何以知天之愛天下之百姓? … 殺一不辜者必 有一不祥。
殺不辜者誰也? 則人也。予之不祥者誰也? 則天也。若以天為不愛天下之百姓,
則何故以人與人相殺, 而天予之不祥? 此我所以知天之愛天下之百姓也。)

48 墨子, 天志中 6 (且吾所以知天之愛民之厚者有矣, 曰以磨為日月星辰,
以昭道之; 制為四時春秋冬夏, 以紀綱之; 雷降雪霜雨露, 以長遂五穀麻絲,
使民得而財利之; 列為山川谿谷, 播賦百事, 以臨司民之善否; 為王公侯伯,
使之賞賢而罰暴; 賦金木鳥獸, 從事乎五穀麻絲, 以為民衣食之財。
自古及今, 未嘗不有此也。今有人於此, 驪若愛其子, 竭力單務以利之, 其子長,
而無報子乎父, 故天下之君子與謂之不仁不祥。今夫天兼天下而愛之,
撽遂萬物以利之, 若豪之末, 無非天之所為)

49 史記, 儒林列傳 20 사마천(기원전 145-86)은 동중서(기원전 179-104)와
같은 시대에 살았던 사람이다.

새롭게 만나는 공자

결기(仁), 윤리(禮), 배움(學)에 대한 다른 해석

ⓒ김기창

지은이 김기창

처음 펴낸날
2021년 12월 3일

펴낸이 주일우
펴낸곳 이음
출판등록 제2005-000137호 (2005년 6월 27일)
주소 서울시 마포구 월드컵북로1길 52 운복빌딩 3층
전화 02-3141-6126 | 팩스 02-6455-4207
전자우편 editor@eumbooks.com
홈페이지 http://www.eumbooks.com

편집 김소원
아트디렉션 박연주 | 디자인 권소연
홍보 김예지 | 지원 추성욱
인쇄 삼성인쇄

페이스북
@eum.publisher
인스타그램
@eumbooks

ISBN 979-11-90944-55-7 03150

값 17,000원